François Vanleer
Mary Ann Lyman-Hager

Cours de civilisation française interactif

2. Du Premier Empire jusqu'à nos jours

S.D.S.U - L.A.R.C

SAN DIEGO STATE
UNIVERSITY

Published by Montezuma Publishing.
Please direct comments regarding this product to:

**Montezuma Publishing
Aztec Shops Ltd.
San Diego State University
San Diego, California 92182-1701 619-594-7552**

or email to:

orders@montezumapublishing.com

Website:

www.montezumapublishing.com

Production credits:

Production mastering by: Jane Sanders   Quality control by: Scott Leyland

If the quality of some sections in this reader appear poor, it is due to the nature of the originals. We have made every effort to ensure the best possible reproduction.

L A R C

This work made possible through funding and support provided by the Language Acquisition Resource Center (LARC) at San Diego State University, and housed within the San Diego State University Research Foundation.

http://larc.sdsu.edu/

ISBN-10: 0-7442-8174-1

ISBN-13: 978-0-7442-8174-3

Initiative du projet "Cours de civilisation française" : Dr. Mary Ann Lyman-Hager

Mise en place du projet et division des chapitres : Dr. Mary Ann Lyman-Hager et Dr. François Vanleene

Recherche, écriture et mise en page du *Cours de civilisation française interactif* : Dr. François Vanleene

Relecture et suggestions : Dr. Mary Ann Lyman-Hager, Lise Mercurol et Alexandra Skadberg-Lette

Sommaire

Avant-propos

Ce deuxième volume du *Cours de civilisation française interactif* retrace les événements historiques, culturels et idéologiques compris entre la période napoléonienne et notre époque. Un tel découpage ne fera sans doute pas l'unanimité : il est traditionnellement admis que c'est la Révolution française qui commence l'Époque contemporaine et on ne saurait l'en exclure sans paraître négliger l'importance considérable qu'elle revêt dans la naissance des États démocratiques modernes. Notre intention n'est pas de remettre en question les divisions traditionnelles qui sont, au demeurant, fort logiques. Seulement, notre interprétation de l'Histoire repose sur d'autres critères qui nous paraissent aussi avoir leur importance : il nous a semblé que la Révolution française marquait bel et bien la fin apocalyptique d'un long cycle et que, comme toute effervescence politique et sociale sensationnelle, elle est morte au berceau de sa confrontation avec des réalités bien prosaïques : l'individualisme et le particularisme. Ainsi, le Directoire, le Consulat et l'Empire, puis les restaurations, le Second Empire et la Troisième République constituent un nouveau cycle marqué par le retour aux hiérarchies sociales et matérielles, parfois interrompu par des épisodes révolutionnaires qui tentèrent de réitérer le grand bouleversement de 1789, dont le projet initial fut pourtant enterré. Encore aujourd'hui on s'interroge sur l'ampleur des prérogatives octroyées au chef de l'État et l'écriture d'une nouvelle constitution, si elle n'est pas encore d'actualité, est envisagée. L'Histoire n'en finit pas de se répéter.

Dans le fond, la véritable question est de savoir qui raconte et qui lit l'Histoire. On a souvent dit qu'elle était écrite par les vainqueurs, comme s'il fallait que ceux-ci se dédouanent des horreurs commises sous leur autorité, ou qu'ils justifient la pérennisation de leurs systèmes de gouvernement. On admettra que cette vision est sans nuance, surtout à l'heure des nouvelles technologies de l'information où les données historiques sont filtrées par les milliers d'utilisateurs qui y ont un accès immédiat et qui peuvent en vérifier la teneur de différentes manières. Cependant, il existe encore de fausses idées pérennes sur la façon dont la civilisation française s'est construite et se construit encore, précisément parce qu'Internet et les autres médias jouent le rôle d'un renforcement. Il faut donc s'efforcer de prendre de la distance, considérer plusieurs sources d'information et les comparer les unes aux autres, ne pas hésiter à casser les mythes qui se sont construits au fil du temps, pour servir les desseins d'enjolivement épique de l'Histoire, et ne pas hésiter à faire des choix qui dénatureront nécessairement la réalité historique, si tant est qu'il puisse y en avoir une seule. Surtout, au cours de ce long cheminement, il faut essayer de comprendre et de suivre à la trace les motivations collectives qui se sont exprimées, perpétuées et, parfois, confrontées les unes aux autres, car il est encore question ici de psychologie humaine : le comportement des peuples est très semblable à celui des individus, dont les actions redondantes illustrent les mêmes obsessions et les mêmes égarements, car ils cherchent à définir et à affirmer leur identité. C'est précisément cela qui nous semble caractériser le processus de civilisation.

Comme dans le premier volume, nous avons donc tenté de donner un éventail de caractéristiques idéologiques, politiques et artistiques récurrentes qui peuvent définir le phénomène culturel français. Conscients de la difficulté du but que nous nous sommes fixé, nous avons préféré fournir aux lecteurs les moyens de se faire eux-mêmes leur opinion, en les dirigeant vers des sources parfois en contradiction les unes avec les autres. Par conséquent, nous encourageons les enseignants et les étudiants à se référer à l'abondante liste de références apparaissant à la fin de chaque chapitre et à visiter les liens qui s'y trouvent, signalés par le signe « 🌐 ». Ces derniers renvoient à des articles, des textes littéraires, des vidéos ou des infographies qui pourront servir de support à une variété d'activités pédagogiques. Quant aux extraits de la partie « médiathèque », ils permettent de contextualiser ou de renforcer l'illustration de certains sujets du chapitre.

Bon travail aux étudiants et aux enseignants !

Dr. François Vanleene
& Dr. Mary Ann Lyman-Hager

Le Premier Empire

Recto :

Fig. 12.0.a : Bonamore, Antonio. *Bataille du pont d'Arcole*. 1893.

Fig. 12.0.b : Gros, Antoine-Jean. *Bonaparte visitant les pestiférés de Jaffa le 11 mars 1799*. 1804.

Fig. 12.0.c : Vernet, Horace. *Scène de la campagne de France, 1814*. 1826.

Fig. 12.0.d : Eastlake, Charles Lock. *Napoleon Bonaparte on Board the « Bellerophon » in Plymouth Sound*. 1815.

Fig. 12.0.e (image de fond) : David, Jacques-Louis. *Napoléon, traversant les Alpes*. 1800.

0. Un tyran né des coalitions contre la France

§ **120** A-t-on besoin de présenter Napoléon Bonaparte, général de la Révolution puis consul et enfin empereur, qui domina politiquement et militairement l'Europe pendant une décade et y réforma profondément la vie politique, en tentant d'y implanter des pratiques républicaines ? Pour des raisons qui paraissent évidentes, l'imaginaire collectif en a principalement retenu la figure de général, dépeignant souvent un génie militaire risque-tout, à l'appétit de conquêtes inextinguible ou celle de tyran, imposant son dictat au reste du monde. Cette vision est-elle conforme à la réalité historique ou n'est-elle pas le fait d'un décalage anachronique, souffrant de rapprochements multiples qui ont pu être opérés entre l'Empereur des Français et les autres dictateurs parsemant le cours de l'Histoire ? Sur un plan strictement socio-culturel, la singularité notoire des personnages de cette envergure génère inévitablement des stéréotypes, obstacles à l'exactitude historique. Comprenons plutôt le destin exceptionnel de Napoléon comme le résultat d'un extraordinaire concours de circonstances, favorisant l'ascension d'un jeune soldat doué, profondément influencé par Rousseau et

Fig. 12.1 : Ingres, Jean Auguste Dominique. *Napoléon Ier sur le trône impérial.* 1806.

dont l'enfance fut marquée par la résistance à l'oppression. Vu sous cet angle, il est à présent possible d'interpréter les guerres napoléoniennes comme la lutte calculée d'un homme visant à éliminer la menace contre-révolutionnaire de la coalition des monarchies européennes et à maintenir les acquis de 1789.

C'est donc son origine relativement modeste qui différencie Napoléon des rois qui l'ont précédé. Il ne descend d'aucun grand conquérant, n'a aucune légitimité à s'emparer du trône mais parvient à construire sa notoriété en devenant le point de ralliement de tendances contradictoires, alors que la République est menacée. S'il met tous les Français d'accord pendant un temps, c'est parce qu'il est le rempart derrière lequel ils s'abritent, à un moment où l'Europe entière craint les débordements de la Révolution et combat celle-ci avec acharnement. Mais après que la Grande Armée napoléonienne se sera épuisée dans différents conflits paneuropéens qui réduiront ses effectifs et la feront reculer jusqu'en France, Napoléon Bonaparte perdra progressivement de son crédit et du soutien de ceux qui l'ont propulsé au sommet de l'État. La sixième coalition, apparemment victorieuse en 1814, permet une première restauration de la monarchie. Mais n'est-ce pas reculer pour mieux sauter ?

1. L'ascension vers la suprématie

Du patriote corse...

§ 121.a Napoléon Bonaparte a laissé une abondante documentation épistolaire, bien antérieure à son ascension fulgurante au sommet de l'État, qui permet d'expliquer les orientations politiques qu'il a prises. Il est le second rejeton d'une famille corse de huit enfants dont le père, Charles Bonaparte, a combattu aux côtés de l'indépendantiste Pascal Paoli contre les troupes de Louis XV, durant la guerre de Corse. Après la défaite de ses compatriotes, Charles accepte de coopérer avec la France plutôt que de suivre Paoli en exil[1]. Noble mais peu argenté, ses enfants bénéficient d'une scolarisation gratuite dans les académies royales : c'est ainsi que Napoléon est admis à l'école militaire de Brienne, où il grandit loin de sa famille. Se sentant différent de ses camarades qui lui ont réservé un accueil peu chaleureux, s'identifiant aux modèles romantiques des résistants corses opprimés par l'envahisseur français, il s'immerge dans les études tout en rêvant de la Corse, dont il se souvient comme d'un paradis terrestre à la société idéale (Krajewska). Mais le jeune élève est doué pour les mathématiques : il obtient rapidement le concours d'entrée à l'école militaire de Paris et, 10 mois plus tard, est promu second lieutenant d'artillerie. Il est alors âgé de 16 ans.

... à l'officier républicain

§ 121.b Sa première affectation à Valence lui donne du temps pour poursuivre sa formation autodidacte, notamment en s'intéressant aux

Fig. 12.2 : De Breville, Jacques-Marie-Gaston Onfroy. *Napoléon représenté à l'école de Brienne*. 1910.

biographies des grands chefs militaires et à la philosophie. Il est particulièrement captivé par l'œuvre de Rousseau, y trouvant les principes qu'il aimerait voir s'appliquer en Corse. Retournant plusieurs fois dans son île natale pour soutenir sa famille matériellement, il prend part aux premières révoltes contre la monarchie. En 1789, alors que la Révolution gagne toutes les provinces françaises et met le peuple en ébullition, il est toutefois surpris par l'immobilisme de ses compatriotes qui semblent tenir aux cadres déjà obsolètes de l'Ancien Régime (Ibid.). Il ambitionne alors un statut de chef politique pour rendre aux Corses leur indépendance et leur dignité, rêvant pour eux d'un gouvernement autonome, bien que lié au nouveau pouvoir français mis en place. Il parvient à se fait élire jeune lieutenant-colonel en second, à la tête d'un régiment de gardes

---

1 Peu après la guerre de Sept ans, le ministre Choiseul entreprend de négocier l'intégration de la Corse au royaume de France avec la république de Gêne, en échange des dettes que celle-ci a contractées en luttant contre les velléités indépendantistes des patriotes corses. En effet, l'île représente un avantage stratégique décisif à un moment où la flotte britannique devient une menace permanente pour le littoral français méditerranéen. Si les Génois finissent par accepter les termes proposés par le ministre, ce transfert de territoire entraîne la France dans une guerre contre les indépendantistes, qui s'achèvera en 1769, à la bataille de Ponte-Novo.

nationaux, et passe à l'action contre le gouvernement local, encore sous la dépendance du roi. En octobre 1789, prenant les devants de la Révolution en Corse, il rédige son tout premier texte politique destiné à l'Assemblée nationale pour dénoncer la non-exécution de ses décrets. Celle-ci lui ayant donné raison, il devient dès lors le rival de Pascal Paoli, qui fera tout pour le détruire.

§ 121.c Pendant la Révolution, de nombreux officiers de souches nobles ont émigré ou ont été exterminés par les Jacobins. La carence de gradés qualifiés au sein de l'armée, ainsi que l'expérience de Napoléon en tant que lieutenant-colonel, permet à ce dernier d'être élevé au rang de capitaine dans le 4e régiment d'artillerie[2]. Toutefois, en dépit de la pénurie d'officiers, Napoléon obtient l'autorisation de prolonger son séjour en Corse. Il ne sera donc pas à la bataille de Valmy, préférant prendre part à une expédition républicaine sur les îles sardes de la Madeleine avec son régiment. Mais Pascal Paoli, qui joue un double jeu avec les Français et l'Angleterre, fait lamentablement échouer l'expédition. L'ayant dénoncé à la Convention, Bonaparte et sa famille sont poursuivis et obligés de quitter la Corse définitivement, en juin 1793. Profondément désenchanté par les intérêts privés qui ruinent ses projets d'indépendance pour son île natale et écœuré par le conservatisme de ses compatriotes (Ibid.), il ne se préoccupera plus désormais que de sa propre ascension et de celle de sa famille.

Le siège de Toulon

§ 121.d Après l'exécution du roi, la contre-Révolution s'organise dans plusieurs régions et Toulon fait sécession en livrant son port à la flotte britannique. Les commissaires Salicetti[3] et Augustin Robespierre[4] font obtenir à Bonaparte le commandement de l'artillerie qui combat les forces anti-révolutionnaires. Celui-ci fait alors la

Fig. 12.3 : Detaille, Édouard. *Napoléon au siège de Toulon.* 1793.

démonstration de son sang-froid et de ses qualités de fin stratège, en mettant en application un plan d'attaque qui surprend par son audace et son inventivité. Comprenant rapidement que le fort toulonnais de l'Éguillette constitue l'enjeu stratégique autour duquel toute la bataille se joue, il prévoit de s'en emparer avant de retourner l'artillerie contre les navires anglais, amarrés dans le port. Il donne l'assaut à la tête des troupes françaises, s'empare de la forteresse et fait bombarder les bateaux des assaillants, qui doivent bientôt quitter Toulon, avec les partisans royalistes à leur bord.

L'incarcération

§ 121.e Cette victoire vaut à Bonaparte le grade de général de brigade à 24 ans, sur recommandation de la Convention robespierriste. Il n'embrasse pas pour autant la cause des Jacobins, qu'il trouve tout autant avides et barbares que le peuple dont il se méfie. Pressentant la chute de Robespierre, il décline la position qui lui est offerte d'être le commandant de l'armée de

---

2   Selon le romancier Max Gallo, cette nomination ne l'empêche pas d'être écœuré par les journées du 20 juin et du 10 août 1792, pendant lesquelles la "populace" sème le chaos et prend le contrôle de Paris (2009).

3   Un compatriote corse de Bonaparte.

4   Le frère de Maximilien de Robespierre.

l'Intérieur, à Paris. Malgré tout, en juillet 1794, quand Robespierre est exécuté, il est arrêté par les exécuteurs de l'épuration thermidorienne et emprisonné au fort carré d'Antibes. Il doit sa libération à l'intervention de ses aides de camps et à l'imminence de la menace Sarde dans la vallée de la Roya, où Napoléon a déjà combattu. Des soupçons de jacobinisme n'en continuent pas moins de peser sur lui.

Le général Vendémiaire

§ 121.f En mars 1795, ayant refusé son affectation en Vendée pour y réprimer les dernières insurrections, Bonaparte a été radié de la liste des officiers de réserve. En effet, son ambition le pousse à rester à Paris, où il espère avoir un commandement qui lui permettra de réaliser les rêves qu'il nourrit déjà au sujet de l'Italie. Avec la constitution du Directoire, les Conventionnels perpétuent leur influence dans les deux conseils, provoquant la réaction des sections parisiennes royalistes : celles-ci menacent le gouvernement d'une nouvelle insurrection[5]. À cette même période, Bonaparte fréquente les salons, notamment celui de Thérésa Tallien, la maîtresse du thermidorien Barras. Celui-ci se souvient de Bonaparte, qu'il a vu à l'œuvre à Toulon, lorsqu'il était commissaire de la Convention. Il lui confie le commandement de la seconde armée de l'Intérieur pour venir à bout de la Terreur Blanche. Le 5 octobre, ayant fait disposer 40 canons chargés de mitraille autour du palais des Tuileries et sur la rive gauche de la Seine, Napoléon Bonaparte met rapidement fin à l'émeute des 25 000 opposants dans un bain de sang. Cette victoire lui vaudra le surnom de « général Vendémiaire », ainsi qu'une certaine popularité dans Paris. C'est à la même époque que Bonaparte rencontre Joséphine de Beauharnais, une riche veuve dont le mari a été exécuté sous la Révolution et qui intrigue depuis, dans le sillage de Barras.

La campagne d'Italie

§ 121.g La défaite des royalistes ne signifie pas pour autant la pérennité de la République et de ses institutions. Le Directoire se heurte à

Fig. 12.4 : De Breville, Jacques-Marie-Gaston Onfroy. *Insurrection blanche du 13 vendémiaire.* 1910.

des difficultés économiques qui, une nouvelle fois, risquent de mettre le peuple en état de révolte. Il s'agit surtout de mettre un terme à la guerre qui, depuis quatre ans, oppose la France à la première Coalition monarchique[6] et fait régner un climat d'insécurité, tout en minant les finances de l'État. Depuis son coup d'éclat du 13 Vendémiaire, Napoléon Bonaparte, qui ne se contente ni du commandement de l'armée de Paris, ni de sa nomination comme général de Division (Amiot 29), multiplie les démarches pour voir ses projets de campagnes militaires acceptées par le Directoire. Grâce à son mariage avec Joséphine de Beauharnais en mars 1796, il reçoit la confiance des Directeurs qui lui accorde le commandement de l'armée d'Italie. La mission qu'il doit remplir n'occupe pourtant qu'un rôle de second plan : il s'agit de contenir les forces coalisées en faisant diversion, afin de donner toute latitude aux généraux Jourdan

---

5   À ce sujet, voir § 114l

6   En cette année 1796, elle comporte encore la Grande Bretagne, l'Autriche et le royaume de Piémont-Sardaigne.

Fig. 12.5 : Vernet, Horace. *La bataille du pont d'Arcole.* 1826.

et Moreau de contraindre l'Autriche à la paix (Aubry). Si donc la requête de Napoléon est acceptée, il ne peut compter que sur lui-même pour armer, vêtir et nourrir ses soldats, qui font piètre figure lorsqu'il en prend le commandement. Le tout jeune général Bonaparte va largement dépasser le cadre de la mission qui lui a été confiée : c'est lui qui va en finir avec les guerres de la Révolution.

La fin de la coalition contre la République française

§ **121.h** Contournant les Alpes, l'armée d'Italie conquiert rapidement Montenotte, Millesimo et Mondovi en battant les armées piémontaises. Un armistice est signé avec le roi du Piémont-Sardaigne, qui cède la Savoie et Nice à la France. Puis, fort d'une armée de 40 000 hommes, Napoléon s'empare de la Lombardie, notamment en battant les Autrichiens à Lodi. Ce sera ensuite les villes de Mantoue, Gênes, Parme, Modène et Rome, dont le pillage des richesses permet de renflouer les caisses de l'État français. Ayant capitulé à Mantoue, les Autrichiens sont maintenant menacés dans leurs propres États par les armées françaises, sous le commandement de Bonaparte. Une fois celles-ci parvenues à 100 kilomètres de Vienne, François II, empereur des Romains, accepte de signer la fin des hostilités à Campo Formio, ce qui met un terme à la première coalition. La France récupère les Pays-Bas, la rive gauche du Rhin ainsi que la Lombardie, morcelée en petites républiques[7]. Au cours de toute la campagne d'Italie, c'est la bataille du pont d'Arcole que la postérité retiendra pour illustrer la gloire de Napoléon, combattant au milieu de ses hommes pour passer un guet stratégique. Ce fut pourtant une maigre victoire en comparaison de l'exploit consistant à anéantir sept armées piémontaises et autrichiennes, à conquérir l'Italie du Nord et à soumettre un pape et un empereur.

---

7 Celles-ci constitueront le point de départ de l'unité italienne.

Contrôler la route des Indes

§ 121.i Le retour triomphal de Napoléon à Paris est célébré par un banquet somptueux en son honneur. Mais ces témoignages de haute estime ne dissimulent la méfiance et la jalousie grandissante des directeurs à son égard que pour un temps (Challamel et Bellangé 7) : nommé au commandant de l'armée d'Angleterre, Napoléon est envoyé en Égypte où les Directeurs espèrent sans doute y ensevelir cette gloire concurrente (Ibid. 8). Peut-être souhaitent-ils aussi prendre le contrôle de la route des Indes, afin de gêner le commerce des Anglais, ou de découvrir de nouveaux itinéraires qui y mènent[8]. De là, les colonies anglaises pourraient être envahies. Quant à Napoléon, fasciné par l'Orient et ne pouvant demeurer longtemps inactif (Ibid.), il caresse l'ambition de briser le blocus de la marine britannique en Méditerranée, tout en accroissant sa propre renommée auprès des Français, par des exploits militaires en Égypte et d'autres conquêtes (Gallo, *Napoléon. 1, Le chant du départ*). Ce sont non seulement les 34 000 soldats de l'armée d'Orient qui s'embarquent pour le nord du continent africain, mais aussi des artistes et des scientifiques, chargés d'étudier les vestiges de l'une des civilisations les plus anciennes. Cette expédition concourera grandement à forger le mythe du conquérant Napoléon.

Victoires à Malte et en Égypte

§ 121.j En route vers l'Égypte, Napoléon s'empare de Malte, dont il jugeait l'intérêt stratégique inestimable dans la poursuite de sa mission en Méditerranée (Galimard Flavigny 248) et dont il convoitait l'armement et les richesses. Puis, ayant débarqué à Aboukir, il continue sa route par voie terrestre en direction d'Alexandrie, qu'il conquiert par les armes. Il tente d'amadouer les Égyptiens, dont le pays est occupé depuis des siècles par les Mamelouks[9], en leur promettant

Fig. 12.6 : Gérôme, Jean-Léon. *Bonaparte et son État-Major en Égypte*. 1863.

la restitution de leurs droits (Maurin, *Galerie historique de la Révolution française. Histoire de Napoléon Ier, consul et empereur. Tome IV* : 414). Mais l'absence de soutien du ministre des Affaires étrangères, Talleyrand, supposé avoir engagé des négociations avec les Turcs, mène à une guerre où Napoléon doit combattre à la fois ces derniers et les Mamelouks. En juillet 1798, malgré son épuisement après une dure traversée du désert, l'armée napoléonienne met en déroute la cavalerie ennemie à la bataille de Chebreiss. Elle applique la tactique de formation de l'infanterie en carrés (Ibid. 416), qui sera de nouveau appliquée quelques jours plus tard, à la bataille des Pyramides. Au cours de ce dernier affrontement, 20 000 cavaliers ennemis sont balayés par l'armée française qui ne subit quasiment aucune perte (Brégeon). Cette victoire permet la prise du Caire et ouvre la voie à la construction d'une Égypte libérée de la domination des Mamelouks.

---

8 Dès cette époque, le Directoire commande des études préliminaires pour la construction d'un canal reliant la Méditerranée à la mer Rouge. Le canal de Suez ne commencera à être creusé qu'en 1859, sous le Second Empire.

9 Une caste d'esclaves affranchis formant la garde des sultans, ayant renversé le gouvernement en Égypte, au XIIIe siècle après J.C, après la septième croisade.

D'Aboukir à Aboukir

§ 121.k Ce succès est vite éclipsé par les revers que subissent les envahisseurs français : la destruction de leur flotte à Aboukir par l'amiral Nelson, qui l'avait prise en chasse, la déclaration de guerre de la Turquie à la France et son alliance avec l'Angleterre, enfin la révolte des Égyptiens au Caire contre l'occupant menacent les conquêtes durement acquises. Dans la capitale égyptienne, la répression napoléonienne est sanglante : les fauteurs de trouble sont enfermés dans la mosquée d'Al-Azhar qui est canonnée, malgré les supplications des assiégés. Puis, en février 1799, l'armée d'Orient affronte les Turcs à El-Arich, à Gaza, à Jaffa et à Nazareth, nouvelles victoires qui laissent espérer leur rapide capitulation. Mais une épidémie de peste décimant les troupes napoléoniennes les empêche de prendre Saint-Jean d'Acre. Après plusieurs mois de siège, Napoléon renonce à son rêve de rejoindre l'Inde par le Moyen-Orient. Conscient qu'un tel échec pourrait gravement nuire à sa popularité, il décide de retourner en Égypte, pour y mener une dernière bataille contre les Turcs, qui, selon ses propres mots, « va décider du sort du monde » (Gallo, op. cit.). Vainqueur à la bataille terrestre d'Aboukir, il peut maintenant revenir en France pour y exécuter l'ultime phase de son plan initial.

Le coup d'État du 18 brumaire

§ 121.l Pendant la longue absence de Napoléon, la situation en France est allée de mal en pis, gérée par un Directoire dont la gouvernance s'est transformée en véritable dictature, alors qu'il est composé de membres qui ne parviennent plus à se mettre d'accord (Maurin, op. cit. 429). Par ailleurs, non seulement les conquêtes rhénanes et italiennes ont été perdues, mais en plus la France connaît une crise financière sans précédent, en dépit des butins importants ramenés des territoires conquis par Napoléon. Prêtant foi aux rumeurs d'une nouvelle insurrection blanche, les Directeurs démettent 140 députés, musèlent la presse et rétablissent la chasse aux royalistes et aux prêtres réfractaires. Mais contrairement à la

Fig. 12.7 : Bouchot, François. *Le général Bonaparte au Conseil des Cinq-Cents, à Saint Cloud. 10 novembre 1799*. 1840.

période de la Terreur, c'est la classe bourgeoise qui domine la vie publique, les mœurs étant corrompues et les habitants des faubourgs continuant à mourir de faim. Beaucoup réclament déjà le retour du général victorieux de la campagne d'Italie (Ibid. 430) : tous les ingrédients sont donc réunis pour un coup d'État militaire, où Napoléon s'imposera, poussé par la ferveur populaire.

§ 121.m Celui-ci bénéficie du soutien de Talleyrand, ministre des Affaires étrangères, de celui de trois des Directeurs et de l'aide de son frère, Lucien Bonaparte, qui préside le Conseil des Anciens. Le 8 novembre 1799[10], celui-ci convainc ses confrères de l'imminence d'un coup d'État jacobin : il faut désormais qu'ils siègent au château de Saint-Cloud, qu'ils soient protégés et que Napoléon Bonaparte soit nommé au commandement des forces armées, afin de maintenir l'ordre dans la capitale. Les directeurs Sieyès, Ducos et Barras, impliqués dans la conspiration, démissionnent pour provoquer la défection de leurs confrères et forcer les députés à chan-

10 On parlera alors du "coup d'État du 18 brumaire".

ger la forme de l'exécutif. Mais le lendemain, la menace jacobine n'étant pas avérée, ces derniers sont réticents à opérer toute modification de la Constitution. Impatient, Bonaparte fait irruption dans le Conseil des Cinq-Cents et y harangue maladroitement les parlementaires sous leurs huées, alors que certains veulent le déclarer hors-la-loi. Il est même blessé par un député qui tente de le poignarder et doit sortir précipitamment du Conseil. S'appuyant sur cet incident, Lucien, qui préside toujours l'Assem-blée, dénonce le coup d'État des parlementaires auprès du général Murat, compagnon d'armes de Napoléon, qui attend à l'extérieur avec une soixantaine de soldats. Celui-ci entre à son tour dans l'enceinte parlementaire, prononce la dissolution du Conseil et évacue la salle. Avant la fin de la journée, un nombre suffisant de députés favorables à la cause de Napoléon a été réuni : ce dernier est nommé Premier consul de la République, assisté de Sieyès et Ducos. Le règne de Napoléon peut commencer.

2. Du Consulat à l'Empire

Le Consulat

§ 122.a La prise de pouvoir de Napoléon Bonaparte, un fervent républicain, est une apparente contradiction qui se nourrit des deux tendances opposées de la Révolution : les aspirations monarchistes et républicaines. La Constitution de l'An VIII, établie le 13 décembre 1799, jette les fondations d'un régime autoritaire sous les apparences d'une République. Le pouvoir législatif est composé de trois assemblées : le Tribunat, qui discute les lois sans les voter, du Corps législatif, chargé de les entériner ou de les rejeter, et du Sénat conservateur, jugeant de la constitutionnalité des lois[11]. Le pouvoir exécutif est aux mains de trois consuls mais, progressivement, c'est Napoléon qui finit par cumuler toutes les charges, notamment après la bataille de Marengo qui lui permet d'asseoir sa légitimité en tant que guide suprême des Français. En effet, le premier consul se réserve le droit d'amender ce qu'il juge non conforme aux intérêts de la République. Après 10 ans de guerres et de troubles civils, la population n'est pas mécontente de retrouver une certaine stabilité. Le Consulat met donc officiellement fin à la Révolution, initiant un régime démocratique autoritaire (Maurin, op. cit).

La bataille de Marengo

§ 122.b Les tentatives de paix avec l'Autriche et la Grande Bretagne n'aboutissent pas, cette dernière exigeant le retour d'un Bourbon au pouvoir[12] et le rétablissement des anciennes frontières. Une seconde coalition se forme contre la France,

Fig. 12.8 : Ingres, Jean Auguste Dominique. *Portrait de Napoléon Bonaparte en premier consul.* 1803-1804.

---

11 Pour rappel, de nos jours, le gouvernement français est également composé de trois chambres : l'Assemblée nationale, le Sénat et le Conseil constitutionnel, exerçant à peu près les mêmes fonctions.

12 Louis XVIII pensait que le Consulat n'était qu'une transition entre la Révolution et la Restauration.

Fig. 12.9 : Baron Lejeune, Louis-François. *La bataille de Marengo*. 1802

laquelle comprend, en plus des deux opposants précités, la Russie, la Turquie et le royaume des Deux-Siciles. Napoléon réorganise donc l'armée et, avec 40 000 hommes, entreprend de reprendre aux Autrichiens ce qu'ils ont reconquis pendant la campagne d'Égypte. Dans un premier temps, il essaie de créer la surprise en essayant d'attaquer l'arrière des troupes autrichiennes qui assiègent l'armée de Masséna, postée à Gênes. Mais la reddition de celle-ci l'oblige à revoir ses plans de bataille et il décide de concentrer l'ensemble de ses forces sur ses adversaires, pour leur couper tout ravitaillement et toute retraite. Le 14 juin 1800, Napoléon remporte une victoire à la fois militaire et politique à Marengo : en effet, non seulement les Autrichiens sont obligés de se retirer d'Italie pour pouvoir conserver leurs troupes et l'Angleterre se voit contrainte de signer la paix[13], mais en plus Bonaparte acquiert un statut prépondérant au sein de l'État-major militaire français, peu de généraux ayant obtenu de succès si décisif au cours des campagnes contre la coalition, si ce n'est Moreau (Challamel et Bellangé 15). En conséquence, le Sénat confère à Napoléon Bonaparte le titre de Premier consul pour une période de 10 ans.

Une paix réparatrice

§ 122c Après cette ultime campagne d'Italie, une période de paix commence. Elle donne à Napoléon l'opportunité de stabiliser la situation politique du pays en se consacrant aux problèmes intérieurs. Il s'attèle notamment à renouveler les institutions civiles et religieuses que la Révolution n'a pas su harmoniser avec les aspirations réelles des citoyens. Il crée le Code civil des Français[14], dont de nombreux États se sont inspirés jusqu'à aujourd'hui et qui facilite le fonctionnement de la société, en légiférant sur de nombreux aspects de la vie quotidienne (la propriété, la famille, le leg, le travail etc.). Puis, il met en place le Concordat de 1801, qui reconnaît la nécessité de la religion et prend en compte les conflits sanglants que la

---

13 Ce sera le traité d'Amiens.

14 Communément appelé "Code Napoléon".

Fig. 12.10 : David, Jacques-Louis et Georges Rouget. *Sacre de l'empereur Napoléon Ier et couronnement de l'impératrice Joséphine dans la cathédrale Notre-Dame de Paris, le 2 décembre 1804.* 1806-1807.

Constitution civile du clergé a déclenchés, pour établir des relations harmonieuses et durables entre l'État et les institutions religieuses. Par exemple, le catholicisme est considéré comme la religion de la « majorité des Français » et non celle de l'État, car ce dernier reconnaît le pluralisme religieux. Par ailleurs, le pape valide la nomination des prêtres et établit l'organisation des diocèses, en concertation avec le gouvernement français. La gestion de Napoléon repose donc sur une politique de compromis avec ceux que la Révolution a bousculés.

Économie et administration du territoire

§ 122.d Tout républicain qu'il soit avant sa nomination en tant que Premier consul, Napoléon Bonaparte ne croit pas en l'égalité et fait tout pour séduire les notables (Petiteau), comme ont pu le faire les membres du Directoire. Toutefois, il ne commet pas l'erreur de ses prédécesseurs, peu soucieux de moderniser l'économie afin d'établir les conditions d'une paix civile pérenne. Il fonde les bases d'une économie solide avec la Banque de France, la cour des Comptes, la bourse de Paris et les Chambres de commerce et crée une nouvelle monnaie basée sur l'or et l'argent, le franc germinal, dont la valeur perdurera jusqu'en 1914. Pour affirmer son contrôle sur le territoire, il donne toute autorité aux préfets et aux sous-préfets, véritables émanations du pouvoir central chargés du prélèvement de l'impôt, des levées de conscrits, de la gestion de l'ordre public et des affaires économiques. Il lance une politique de travaux publics avec l'aménagement de Paris[15] et l'amélioration des voies de communication terrestres et fluviales. Ces efforts conjugués mènent au rétablissement des finances de l'État avant 1804.

Napoléon, « Empereur des Français »

§ 122.e Les succès de l'administration napoléonienne poussent le Sénat à nommer Bonaparte consul à vie, puis il s'autoproclame « Empereur des Français », le 2 décembre 1804. Pour le Sénat, ce titre pérennise les acquis de la Révolution si Napoléon venait à disparaître, et fait de lui le garant des valeurs républicaines (Englund). Les symboles exhibés au moment du sacre – la main de la justice capétienne, le globe et la couronne de Charlemagne ou encore les abeilles des Mérovingiens – le rattachent pourtant à la longue histoire des rois qui se sont assis sur le trône de France. C'est un signal fort envoyé aux autres monarchies : Napoléon Bonaparte se place au-dessus des autres souverains européens, allant jusqu'à se couronner lui-même et Joséphine, lors de la cérémonie du sacre.

---

15 C'est à lui qu'on doit le Palais du Luxembourg, le jardin des Plantes, le pont des Arts, le canal Saint-Martin ou l'Arc de triomphe de l'Étoile.

3. L'écrasement des coalitions

Un coup de Trafalgar

§ 123.a À partir de 1803, l'Angleterre reprend les hostilités avec la France au motif que la question de Malte n'a pas abouti à un accord satisfaisant. Un complot royaliste fomenté par les Britanniques échoue et Napoléon, réalisant que la paix ne peut venir que de la neutralisation de la Grande Bretagne, met au point une stratégie pour y débarquer avec ses troupes. Pour y parvenir, il lui faut rassembler la flotte franco-espagnole, dont une partie se trouve en Méditerranée, sous la surveillance des navires de l'amiral Nelson. La stratégie élaborée par ce dernier, lors de la bataille de Trafalgar, qui a lieu le 21 octobre 1805, va avoir raison des navires français et compromettre toute tentative d'invasion des îles Britanniques.

2 décembre 1805 : Austerlitz

§ 123.b La même année, la troisième coalition des Autrichiens, des Russes, des Anglais et des Napolitains oblige Napoléon à frapper fort, avec une mobilisation de 100 000 hommes. Le 20 octobre, l'armée autrichienne est battue à Ulm par une manœuvre d'encerclement qui la réduit à l'impuissance. Vienne est prise le 13 novembre 1805. Une semaine plus tard, Napoléon, à la tête de 65 000 soldats, se trouve en face de l'armée du tsar, plus nombreuse. La tactique de l'Empereur consiste à choisir le terrain où les hostilités vont se dérouler et à faire croire à l'ennemi que ses armées font retraite. Cette manoeuvre invite les troupes russes à se porter sur l'aile droite des troupes françaises qui, une fois engagées par les opposants, avance de nouveau pour les couper en deux et les déborder sur les côtés. En quatre heures, l'armée ennemie est en déroute et la défaite de la coalition est totale. Napoléon contraint l'empereur François Ier de Habsbourg à abdiquer, rançonne l'Autriche à hauteur de 15 pour cent de sa richesse nationale et annexe Venise au profit de l'Empire. Les canons pris aux Autrichiens et aux Russes serviront à construire la colonne Vendôme, qui se trouve à Paris, en témoignage de la puissance impériale.

La quatrième coalition

§ 123.c La dissolution du Saint-Empire romain germanique par le traité de Presbourg permet

Fig. 12.11 : Gérard, François. *La bataille d'Austerlitz. 2 decembre 1805*. 1810.

à Napoléon de constituer la Confédération du Rhin, formée de 16 États allemands, gouvernés d'après les principes constitutionnels français, mais qui sont, dans les faits, des territoires vassaux de l'Empire. La Confédération apporte ainsi sa contribution militaire à la Grande Armée en lui fournissant 63 000 hommes. La mainmise de l'Empereur français sur l'Europe continentale déplaît fortement à la Russie, à la Prusse et au Royaume-Uni, dont le commerce est d'ores et déjà menacé par l'éclatement du Saint-Empire. Dès 1806, une nouvelle coalition se met en place.

§ **123.d** En une semaine, les troupes prussiennes sont écrasées à Iéna, puis à Auerstedt, permettant à Napoléon d'occuper Berlin. En 1807, la victoire éclatante de Friedland par les troupes françaises permet à celles-ci de soumettre la Russie. Le traité de Tilsit est l'occasion pour l'empereur de signer avec le tsar une alliance contre la Suède et le Royaume-Uni. En revanche, les Prussiens se voient dépossédés de la moitié de leur territoire, une grande partie formant le duché de Varsovie, qui devient un état vassal de l'Empire napoléonien. Pour contrôler l'immensité des territoires qui constitue dorénavant cet empire, Napoléon met les membres de sa famille ou ses compagnons d'arme les plus proches à la tête des royaumes

Fig. 12.12 : Detaille, Édouard. *Vive l'Empereur.* 1891.

dont il a réécrit les constitutions. Il crée une « noblesse d'empire », conférant à ceux qui le servent les titres prestigieux de duc, de prince ou de roi, comme le général Murat, proclamé roi de Naples et sa femme, Caroline Bonaparte, qui en devient la reine.

4. Vers le déclin de l'Empire

La cinquième coalition

§ **124.a** Le traité de Tilsit ne signifie pas que Napoléon a renoncé à supprimer la menace que représente la Grande Bretagne. Suivant en cela l'initiative de son ennemi anglais, qui fait obstacle au commerce maritime des Français, il impose un blocus continental à toute l'Europe à partir de novembre 1806, cherchant à asphyxier l'économie britannique et à l'isoler à l'échelle continentale. Effectivement, la situation devient critique pour un temps au Royaume-Uni et son gouvernement doit faire face à des famines et aux émeutes des ouvriers.

Toutefois, le Portugal, qui ne vit que de son commerce avec le Royaume-Uni, ne peut pas interrompre ses échanges commerciaux avec les Britanniques. Avec l'accord de l'Espagne, pour l'instant neutre, Napoléon traverse la péninsule ibérique pour combattre les Portugais, rapidement battus.

Guerre en Espagne

§ **124.b** Bien que la présence française en Espagne ait reçu l'aval du roi Charles VI, elle est mal tolérée par son fils Ferdinand, qui prend le trône par la force en mars 1808. Napoléon intervient dans la querelle sous le prétexte fal-

Fig. 12.13 : Goya, Francisco. *El Tres de Mayo*. 1814.

lacieux d'aider à la résolution du conflit, alors qu'il cherche à déposséder les Bourbons du trône d'Espagne. Il finit d'ailleurs par placer son frère Joseph au pouvoir. Ce dernier commet l'erreur de sous-estimer l'opposition des Espagnols à la tutelle française et de présumer des capacités de son aîné à mettre un terme à cette agitation (Gallo, *Napoléon. 3, L'Empereur des rois*) : la population espagnole se soulève, aidée par les Anglais. Dans les années qui suivent, l'Empire s'empêtre dans un conflit difficile qui draine ses ressources militaires. Napoléon reconnaîtra qu'il a précipité sa chute (Castelot).

Un sombre présage

§ 124.c Le traitement réservé aux Bourbons, en même temps qu'il inquiète l'Autriche, fait entrevoir à cette dernière la possibilité de prendre sa revanche sur Napoléon. Elle rompt donc ses accords avec l'Empire et attaque en Bavière, en avril 1809. Dans un premier temps, les armées autrichiennes sont repoussées, mais, à Essling, elles parviennent à vaincre les armées françaises, infligeant à Napoléon la première défaite militaire de sa carrière. La bataille de Wagram qui suit permet à celui-ci de prendre sa revanche sur les Autrichiens, à qui il impose un traité amputant une autre partie de leur territoire et 20 pour cent de la population. Cherchant à soumettre définitivement l'Autriche et à pérenniser la dynastie napoléonienne, il répudie Joséphine, qu'il sait maintenant stérile, et épouse la fille du souverain François Ier, Marie-Louise d'Autriche, qui lui donnera un héritier en 1811.

Les deux empereurs

§ 124.d En 1812, l'Empire est au sommet de son expansion. Il comprend la péninsule ibérique, l'Italie continentale, la confédération helvétique, l'Allemagne, la Belgique, les Pays-Bas, la Prusse orientale, les provinces illyriennes[16] et le duché de Varsovie, un territoire polonais jadis concédé à la Russie par la Prusse. Celui-ci fait l'objet de revendications de la part du tsar Alexandre Ier, qui voit d'un mauvais œil les réformes constitu-

_____

16 Région située sur la côte Ouest de l'actuelle Turquie.

Fig. 12.14 : Pryanishnikov, Illarion. *French retreat from Russia in 1812.* 1874.

tionnelles qui y sont faites, car elles remettent en question les principes féodaux qui régissent encore sa cour. Par ailleurs, le mariage de Napoléon et de Marie-Louise d'Autriche l'inquiète : il permet l'expansion de l'Empire français en direction des territoires russes. Enfin, sensible à l'influence de la noblesse, qui est acquise aux intérêts du Royaume-Uni, le tsar brise l'interdiction qui lui a été signifiée de faire commerce avec les Anglais. Il n'en faut pas plus pour mettre le feu aux poudres (Challamel et Bellangé 42).

Un empire qui s'essouffle

§ 124.e Si le blocus continental affecte l'économie de la Russie, celle-ci n'est pas la seule à en souffrir. En effet, la crise et l'endettement qu'il suscite atteint jusqu'aux territoires de l'Empire et la France elle-même est asphyxiée par ces mesures protectionnistes. Par ailleurs, les guerres napoléoniennes ont déjà coûté la vie à un million et demi de soldats impériaux et beaucoup de conscrits refusent désormais de partir, se mutilant pour échapper à l'enrôlement militaire. Malgré l'avis de ses ministres et de ses conseillers, qui lui préconisent de ne pas chercher à envahir la Russie, Napoléon Bonaparte s'obstine dans ses rêves de conquête et planifie la campagne de Russie.

La bataille de la Moscowa

§ 124.f Un contingent impérial fort de 450 000 hommes (Lentz, *Le congrès de Vienne : Une refondation de l'Europe*), la plus grande armée jamais réunie par Napoléon, franchit le fleuve Niémen qui sépare la Pologne orientale des territoires russes, en juin 1812. Les soldats du tsar sont dirigés par le général Koutousov et la coalition obtient l'appui de Jean-Baptiste Bernadotte, un ancien officier de Napoléon, devenu souverain de Suède. Devant le nombre des envahisseurs, les armées reculent, pratiquant la politique de la terre brûlée. Puis, en septembre, lors de la bataille de la Moscowa, les Français prennent l'avantage et occupent Moscou, préalablement incendiée par les Russes. Les pertes humaines sont énormes de part et d'autre.

La Bérézina

§ 124.g La stratégie de Napoléon consiste à attendre le tsar à Moscou pour y signer un traité, mais celui-ci, tout en promettant la paix, ne vient pas. Il faut donc que l'armée impériale retourne à proximité de la frontière polono-russe pour y passer l'hiver, qui est sur le point de commencer. Saint-Pétersbourg pour-

Fig. 12.15 : Meissonier, Jean-Louis-Ernest. *Campagne de France (1814)*. 1864.

ra être prise au printemps de l'année suivante. Mais l'armée de Napoléon se met en marche trop tard et le manque de logistique s'avère fatal pour la protection de l'armée : le froid et la neige, la mauvaise gestion des stocks de nourriture et du matériel ainsi que les maladies déciment non seulement les hommes, mais aussi les chevaux supposés tirer les attelages. Des milliers de canons sont laissés derrière les troupes en phase de repli. Enfin, les attaques fréquentes des cosaques, livrant une guerre de harcèlement aux troupes impériales, ont raison de ces dernières. La rivière Bérézina[17]

constitue un ultime obstacle que les soldats napoléoniens doivent franchir en construisant des ponts, alors qu'ils sont talonnés et bombardés par les forces du général Koutouzov : ce sont 86 pour cent des effectifs militaires de Napoléon qui succombent ou sont faits prisonniers. La moitié des survivants déserte et parvient à se réfugier au sein de la population. Seulement 30 000 soldats réussissent à franchir le Niémen dans l'autre sens. Napoléon s'empresse de rentrer à Paris, laissant derrière lui son armée en déroute[18], pour y réunir de nouvelles troupes.

5. La chute de l'Aigle

La campagne d'Allemagne

§ 125.a Au début de l'année 1813, les gouvernements des pays humiliés par Napoléon au cours des guerres précédentes s'unissent à l'armée russe qui, avec les Suédois, continue sa

progression vers l'ouest. De leur côté, les Anglais sont victorieux en Espagne et remontent vers le nord, la Prusse passe du côté des coalisés et l'Allemagne est en pleine révolte. Les soldats nouvellement recrutés par Napoléon

17 À l'Est de l'actuelle Biélorussie, c'est-à-dire à plusieurs centaines de kilomètres de Varsovie.

18 À ce sujet, lire le poème "L'expiation", dans le recueil *Les châtiments*, de Victor Hugo.

Fig. 12.16 : Montfort, Antoine Alphonse. *Adieux de Napoléon à la Garde impériale dans la cour du Cheval-Blanc du château de Fontainebleau*. Circa 1825.

et les restes de la Grande Armée parviennent à établir une jonction au printemps 1813, en Saxe, et la campagne d'Allemagne commence. Les premières batailles, celles de Lützen et de Dresde, tournent à l'avantage de Napoléon. Mais au cours de la bataille des Nations, à Leipzig, le surnombre des opposants et la défection des alliés saxons de Napoléon rendent la victoire impossible. Une nouvelle retraite par un pont, qui est détruit par les Français après leur passage, évite une défaite totale, bien que l'armée impériale ait été une nouvelle fois amputée d'une partie de ses effectifs.

La campagne de France et la restauration de la monarchie (1814)

§ 125.b La nouvelle coalition militaire formée par l'Autriche, la Russie, la Prusse et le Royaume-Uni envahit le territoire français par le nord et par l'est. Dans un premier temps, les stratégies développées par Napoléon au fur et à mesure des combats lui permettent de reprendre les villes conquises aux coalisés les villes. Mais, bien que les armées françaises parviennent à infliger de sévères pertes à leurs opposants, les ressources dont ces derniers disposent paraissent quasi inépuisables[19] et l'armée napoléonienne, constituée de nouveaux conscrits mal entraînés, souffre de nombreuses défections. Par ailleurs, en l'absence de l'Empereur, les royalistes, soutenus par le baron de Vitrolles, Talleyrand et surtout deux des officiers de Napoléon, les généraux Marmont et Augereau, entreprennent de négocier la reddition de la France, en livrant la capitale et une partie de l'armée aux forces coalisées et en déclarant Napoléon hors-la-loi (Maurin, *Galerie historique du Consulat et de l'Empire, Tome V* : 337-347). Bien qu'il soit parvenu jusqu'à Fontainebleau avec une armée de 65 000 hommes (Ibid. 355-357), celui-ci doit abdiquer pour éviter des affrontements inutilement sanglants dans Paris. En contrepartie, il obtient la souveraineté sur l'île d'Elbe, ainsi que le duché de Parme pour sa femme et son fils. Très

___
19 Elles s'élèvent notamment à plus d'un million d'hommes.

Fig. 12.17 : Sanders, George. *Napoleon's return from the Island of Elba, March 7th 1815.* Circa 1875. D'après l'œuvre de Steuben.

rapidement, Louis XVIII, frère jusqu'alors en exil du roi Louis XVI, est établi sur le trône de France. Le 3 avril 1814, le Sénat vote la déchéance de Napoléon Bonaparte et c'est une monarchie qui succède à l'Empire, privilégiant les nantis tout en sauvegardant certains acquis de la Révolution et du Consulat, tout au moins en apparence. Le congrès de Vienne (1814-1815) réunit l'ensemble des nations qui étaient en conflit pour redessiner les frontières de l'Europe (Lentz, op. cit.). Il sera la cause de conflits postérieurs.

Les Cent jours

§ **125.c** Même ostracisé sur l'île d'Elbe, Napoléon n'a pas perdu l'espoir de reconquérir l'Europe. Attendant son heure, il feint la résignation en se consacrant à la nouvelle organisation de son petit royaume, mais prête une oreille attentive à la révolte qui gronde en France contre la restauration des privilèges, ainsi qu'au marchandage politique qui divise les cours d'Europe, au moment du congrès de Vienne (Maurin, op. cit. : 376-391). C'est d'ailleurs à cette occasion que des réunions

secrètes se seraient tenues pour décider de son sort : on se préparerait à l'emprisonner sur une île isolée de l'océan Atlantique, afin de mettre un terme définitif à toute tentative de sa part pour reprendre les rênes du pouvoir. Les conspirateurs de tels desseins ne se trompent pas : même sans avoir touché le moindre argent de la pension négociée avec les royalistes, Napoléon est en mesure d'aménager une petite flotte de sept navires pour rejoindre le littoral français. Le 26 février 1815, il débarque à Golfe Juan. Deux proclamations annonçant son retour et évoquant les trahisons dont il a été victime sont publiées et diffusées dans toutes les régions, le 4 et 5 mars (Ibid. 397-402). La popularité de Napoléon Bonaparte est alors telle qu'elle lui permet de rallier sans difficultés les troupes royales à sa cause et de se diriger vers la capitale, sans rencontrer la moindre résistance. Le 20 mars 1815[20], il

---

20 Il emprunte notamment un itinéraire le menant de Golfe-Juan à Grenoble, en passant par la vallée de la Durance. Cette route historique existe encore aujourd'hui, sous le nom de "Route Napoléon".

Fig. 12.18 : Rugendas, Johann Lorenz. *Fuite de Napoléon à la bataille de Belle Alliance, le 18 Juin 1815*. Circa 1815.

est à Paris, au palais des Tuileries, déserté par Louis XVIII, mais où une foule en liesse l'attend (Ibid. 424-425). Ses premiers actes politiques consistent alors à donner une apparence démocratique à sa réinvestiture, par un amendement de la Constitution[21], et à affirmer sa résolution de poursuivre une politique désormais pacifiste auprès des puissances étrangères. Mais les premiers élans d'enthousiasme succédant au retour de l'Empereur s'éteignent rapidement : non seulement le replâtrage de la Constitution ne convainc pas le peuple (Ibid. 439), mais en plus les monarchies européennes mobilisent de nouveau leurs armées, peu rassurées par les promesses de Napoléon. La nouvelle alliance de la Russie, de l'Autriche, de la Prusse, de l'Angleterre, de la Hollande, de l'Allemagne et de la Suède réunit une armée de 900 000 soldats, à nouveau prêts à envahir la France.

Waterloo et l'exil à Sainte-Hélène

§ 125.d En juin 1815, Napoléon prépare donc son ultime campagne en Belgique, avec une armée constituée de seulement 300 000 hommes.

Il repousse d'abord l'attaque des Prussiens le 16 juin mais, deux jours après, il est battu à Waterloo par les forces coalisées, en raison du manque de coordination de son armée et des attaques mal menées par ses généraux. Quand la Garde impériale[22] est battue, c'est toute l'armée française qui est dispersée. Napoléon est fait prisonnier par un navire anglais, alors qu'il cherche à s'enfuir en Amérique. Il est emmené vers un exil définitif à Sainte Hélène, où il mourra sept ans plus tard, des suites d'un cancer de l'estomac. Le bilan de cette ultime défaite est une situation politique, sociale et économique épouvantable pour l'ensemble des Français. Au niveau démographique, presque deux millions d'hommes ont péri depuis 1792 et la France est économiquement exsangue. Elle a perdu la plupart de ses colonies, le territoire national a été réduit à une taille inférieure à celle qui existait sous Louis XIV et plus de la moitié de sa superficie est occupée par les armées des troupes coalisées, auxquelles elle doit payer un lourd tribut. On peut donc se demander si le bellicisme et l'appétit démesurés de Napoléon ont perdu le peuple et sa Révolution ou si, au contraire, sa vision unique de la politique a semé les graines du renouveau dé-

21 Il s'agit de l'*Acte additionnel aux Constitutions* de l'Empire, qui accorde plus de pouvoir au peuple ou à ses représentants, établi le 23 avril 1815 (Ibid. 437-438).

22 C'est-à-dire la cavalerie.

Fig. 12.19 : De Breville, Jacques-Marie-Gaston Onfroy. *Illustration pour Bonaparte de Montorgueil.* 1910.

mocratique, en faisant paraître intenable *a posteriori* tout retour à une monarchie, fût-elle constitutionnelle et assortie de concessions en faveur des plus modestes. Aussi étrange que cela puisse paraître, les nombreuses pertes matérielles et humaines engendrées par les guerres napoléoniennes, ainsi que les conséquences politiques qu'il a fallu payer pendant plusieurs décennies, n'ont pas laissé un goût trop amer aux Français. Au contraire, ils sont parvenus à embrasser cet héritage historique difficile à revendiquer sur le plan moral, Napoléon Bonaparte semblant être devenu à leurs yeux un symbole fédérateur, tout comme avant lui Vercingétorix ou Jeanne d'Arc, et l'une des pierres de fondation de leur mémoire collective.

Références

Livres et articles

- Amiot, Yves. *La fureur de vaincre : campagne d'Italie, 1796-1797.* Paris: Flammarion, 1996. Imprimé.

- Aubry, Octave. *Napoléon.* Paris: Flammarion, 1976. Imprimé.

- Brégeon, Jean-Joël. *L'Égypte de Bonaparte.* Paris: Perrin, 1998. Imprimé.

- Castelot, André. *Napoleon.* New York: Harpe & Row, 1971. Imprimé.

- Challamel, Augustin et Hippolyte Bellangé. *Panthéon populaire illustré. Histoires populaires : Histoire de Napoléon.* Paris: Barba, 1865. Imprimé. 🌐

- Englund, Steven. *Napoleon, A Political Life.* New York: Scribner-Lisa Drew, 2004. Imprimé.

- Galimard Flavigny, Bernard. *Histoire de l'ordre de Malte.* Paris: Perrin, 2006. Imprimé.

- Gallo, Max. *Napoléon : l'Empereur des rois.* Paris: Robert Laffont, 1997. Imprimé.

- —. *Napoléon. 1, Le chant du départ.* Paris: Laffont, 1997. Imprimé.

- —. *Révolution française. 2, Aux armes citoyens !* (1793-1799). Paris: XO Editions, 2009. Livre digital.

- Krajewska, Barbara. « Bonaparte, la Corse et les Corses. » *Revue du Souvenir Napoléonien* 457 (2005): 12-23. Web. 7 nov. 2016 🌐

- Lentz, Thierry. *Le congrès de Vienne : une refondation de l'Europe (1814-1815).* Paris: Perrin, 2013. Imprimé.

- —. *Nouvelle histoire du Premier Empire. 2, L'effondrement du système napoléonien, 1810-1814.* Paris: Fayard, 2004. Imprimé.

- Maurin, Albert. *Galerie historique de la Révolution française. Histoire de Napoléon, 1er consul et empereur. Tome IV.* Paris : Société des Travailleurs Réunis, 1848. Imprimé. 🌐

- —. *Galerie historique de la Révolution française: 1787 à 1799, Tome 3.* Paris: Société des Travailleurs Réunis, 1843. Imprimé. 🌐

- —. *Galerie historique du Consulat et de l'Empire. Tome V.* Paris: Veuve P. Amic et Fils, 1849. Imprimé. 🌐

- Petiteau, Natalie. *Napoléon Bonaparte : la nation incarnée.* Paris : Armand Colin, 2015. Imprimé.

Liens utiles à visiter

- France.fr

  Étapes de la route Napoléon 🌐

- L'Histoire par l'image

  « La bataille d'Austerlitz » 🌐

  « La bataille d'Iena » 🌐

  « La bataille de Waterloo » 🌐

  « Napoléon » 🌐

- Musée de l'Armée

  « Dôme des Invalides, tombeau de Napoléon Ier » 🌐

  « Napoléon à Sainte-Hélène. La conquête de la mémoire » 🌐

- Napoleon.org 🌐

- RFI blogs : le Rendez-vous des Voyageurs

  « Le Paris de Napoléon » 🌐

Médiathèque

- *Napoléon.* Réal. Yves Simoneau. Interpr. Christian Clavier, Isabella Rossellini, Gérard Depardieu. A&E Television Networks / ASP

Productions / GMT Productions. 2002. TV
show. 🌍

[01:03:40 - 01:13:28]

De la Restauration au Second Empire

Recto :

Fig. 13.0.a : Jones, John. *Engraved portrait of Louis XVIII of France.* 1794.

Fig. 13.0.b : Gérard, François. *Le sacre de Charles X.* Circa 1827.

Fig. 13.0.c : Gérard, François. *Lecture à l'Hôtel de Ville de Paris [...] de la Proclamation du Duc d'Orléans [...] (31 juillet 1830).* 1836.

Fig. 13.0.d : Bazille, Frédéric. *L'atelier de Bazille.* 1870.

Fig. 13.0.e (image de fond) : Delacroix, Eugène. *La Liberté guidant le peuple.* 1830.

0. La répétition d'un cycle ?

§ 130 La fin du Premier Empire révèle une France ruinée par les guerres, occupée par ses ennemis et divisée par les différents courants idéologiques qui composent son élite politique. Louis XVIII, roi de France, semble être le seul recours pour réduire au silence les oppositions et rassurer les puissances européennes, car celles-ci se défient autant des dictateurs que des républicains. En favorisant le retour au calme, ce nouveau règne est propice au relèvement du royaume de France dans un esprit de réconciliation et d'unité nationale. Mais ce répit ne dure vraiment qu'une décennie, le temps nécessaire aux opposants de tout bord pour se ressaisir : à partir de 1824 jusqu'en 1852, on a l'impression que l'Histoire se répète en accéléré, avec une monarchie ultra-royaliste, une Deuxième République et un Second Empire, alors que chaque transition d'un régime à l'autre est l'occasion de réitérer les événements de 1789. Les insurrections populaires de 1830 et de 1848 sont donc deux autres révolutions françaises qu'il faut ranger au côté de la première. Mais il ne faut pas s'y tromper : à chaque fois, les plus modestes, même s'ils constatent une amélioration passagère de leur sort, ne profitent pas du bénéfice de leurs propres victoires. En effet, chaque régime

Fig. 13.1 : Crépin, Louis-Philippe. *Allégorie du retour des Bourbons le 24 avril 1814 : Louis XVIII relevant la France de ses ruines.* 1814.

ne favorise que les classes dominantes, alors qu'une autre révolution, industrielle celle-là, entraîne une paupérisation de la population et un accroissement des inégalités sociales.

Parallèlement, la pensée philosophique et littéraire s'émancipe et donne naissance à plusieurs esthétiques qui, reflétant les courants de ce siècle tumultueux, s'opposent à la pensée classique, signifiant par là qu'une époque ancienne est définitivement révolue : il s'agit du romantisme, du réalisme et du naturalisme, fondations des expressions artistiques contemporaines.

1. Le retour des rois

Les héritiers potentiels du trône de France

§ 131.a Le jeune Louis XVII n'est jamais sorti de la prison du Temple où il a été enfermé lors de la déchéance de Louis XVI, prononcée en juillet 1792. Seul héritier de la couronne de France en ligne directe, il meurt d'une tuberculose provoquée par trois années de détention dans des conditions abominables (Delorme). Dès sa mort, Louis Stanislas Xavier de France, comte de Provence, frère du roi Louis XVI et futur Louis

XVIII, fait valoir ses droits à la succession. Il ne pourra cependant monter sur le trône que grâce à l'intervention des puissances monarchiques européennes, lors de l'abdication de Napoléon Bonaparte, en 1814, soit après 20 ans d'exil.

Louis XVIII sous la Révolution

§ 131.b Louis Stanislas Xavier, dit « Monsieur », est le comte de Provence, frère cadet de Louis XVI. Avant la Révolution, il a intrigué contre le gouvernement de son frère en montant le Parlement contre les différents ministres qui se succédaient alors au pouvoir (Doisy et Louis XVIII 15-16). Lors des événements de 1789, comme il soutenait le roi dans sa réforme du système d'imposition[1], il a concédé aux Tiers-État le doublement du nombre de ses députés[2]. Toutefois, peu favorable aux mesures radicales proposées par les ministres de Louis XVI, il s'est dressé contre l'établissement d'une monarchie constitutionnelle. Au lendemain de la prise de la Bastille, contrairement à son autre frère Charles, ainsi qu'à beaucoup de ses comparses de la noblesse, il est resté à Paris, espérant peut-être mettre fin à la Constituante par l'enlèvement de la famille royale, avec le marquis de Favras. À la suite des indiscrétions de ce dernier, le secret du complot a été éventé, mais Louis Stanislas Xavier a été mis hors de cause.

§ 131.c Lorsque la famille royale s'est enfui en direction de Varennes[3], il a pris un chemin différent et est parvenu sans encombre à Coblence, en Allemagne. Il a inspiré à l'empereur Léopold II la déclaration de Pillnitz et s'est apprêté à envahir la France avec une armée de 14 000 hommes, mais a dû faire retraite après la bataille de Valmy (Louis XVIII). Ses tentatives répétées pour renverser la Révolution ont eu un impact certain sur l'éviction du régime monarchique et l'exécution de

Fig. 13.2 : Gérard, François Baron. *Louis XVIII de France en costume de sacre.* 1814.

Louis XVI. Une fois la famille royale exécutée, il s'est autoproclamé roi de France.

L'itinérance de Monsieur entre les cours européennes

§ 131.d Au cours de sa période d'exil, le nouveau roi de France en titre a bénéficié de l'appui des souverains des autres cours européennes, notamment celle du tsar Paul Ier, qui l'a autorisé à s'installer en Lettonie, doté d'une pension lui permettant de rebâtir une cour aussi fastueuse qu'à Versailles. La générosité du prince avait toutefois des limites : en 1801, Louis Stanislas a dû trouver refuge auprès de la reine de Prusse puis, lors de son écrasement par Napoléon, a été accueilli par le nouveau tsar Alexandre Ier. En 1808, la campagne de Russie ayant commencé, la sécurité de Louis Stanislas Xavier et celle de ses proches ne pouvaient plus être garanties. Celui-ci a donc été dans l'obligation de se réfu-

---

1 Les nobles et le clergé font opposition à cette réforme. À ce sujet, voir le chapitre 10.

2 À l'instar de Louis XVI, il s'agit pour lui d'une mesure désespérée (Ibid. 28-30).

3 À ce sujet, voir §104f.

gier chez les Anglais qui, ne croyant pas beaucoup en ses chances d'accéder au trône, ne lui ont permis ni de porter son titre, ni seulement d'apparaître à la cour anglaise. Il a même dû s'exiler en Écosse pour un temps, le roi d'Angleterre jugeant sa présence embarrassante.

Un roi par défaut

§ 131.e En 1814, les guerres de coalition qui se sont succédé pour défendre les intérêts des monarchies européennes font craindre à ces dernières de nouveaux troubles. Après la campagne de France, au congrès de Vienne, qui permet de redécouper la carte de l'Europe en fonction des aspirations monarchistes, la candidature de Louis Stanislas Xavier plaît aux puissants qui cherchent un allié préservant l'équilibre politique européen. Défenseur des aspirations royalistes, mais assez libéral pour que le peuple français puisse s'identifier à lui, le frère du roi, désormais Louis XVIII, semble représenter un bon compromis. Il arrive en France en avril 1814 et prend le pouvoir le 2 mai 1814.

Un roi conciliateur

§ 131.f Dans les faits, Louis XVIII est un souverain par défaut qui n'est pas disposé à reconnaître la théorie révolutionnaire de la souveraineté nationale, s'exprimant au travers d'une constitution (Waresquiel et Yvert). Toutefois, il est assez réaliste pour considérer qu'un retour à l'Ancien Régime, tel qu'il existait avant 1789, est impossible. Désireux d'oublier les égarements de la Révolution et de l'Empire, il octroie donc une « charte » à son peuple, laquelle, dans les grandes lignes, maintient les acquis des deux décennies précédentes. Ne souhaitant pas devenir celui par qui la contre-révolution arrive, il accorde même des portefeuilles de ministre à des représentants de toutes les tendances politiques : royalistes, anciens conventionnels ou noblesse d'Empire, pourvu qu'ils reconnaissent la Restauration. Dans un effort de paix et de conciliation, il reconnaît leurs nouvelles acquisitions à ceux qui s'étaient approprié les biens des nobles et du clergé, sans toutefois oublier d'indemniser

Fig. 13.3 : Vanleene, François. *Monuments funéraires de Louis XVI et de Marie-Antoinette érigés à la demande de Louis XVIII par Edme Gaulle et Pierre Petitot.* 1830.

les anciens propriétaires, pour la plupart des émigrés revenus en France. Il gouverne avec le parlement, accorde la liberté d'expression et la tolérance religieuse et abolit l'emprisonnement arbitraire.

La seconde Restauration

§ 131.g Le règne de Louis XVIII semble donc commencer sous de heureux auspices. Napoléon Bonaparte n'aura pourtant pas besoin d'user de beaucoup de persuasion pour entraîner les Français dans un nouveau conflit contre les puissances européennes au cours des Cent jours[4]. En effet, c'est toujours le drapeau blanc des Bourbons qui flottent au-dessus de la nation française, Louis XVIII porte le

---

4 À ce sujet, voir § 125.c et suivants.

titre de « roi de France » et non celui de « roi des Français » et l'impôt et les privilèges, qui furent la cause de la Révolution, ne sont toujours pas abolis (Doisy 281). Pour couronner le tout, les soldats de l'armée impériale ont été majoritairement licenciés avec une demi-solde. Beaucoup d'entre eux sont donc en faveur du retour de Napoléon. Si la Première Restauration a paru être un nouveau départ, la seconde, intervenant à partir de 1815, est une tâche plus ardue pour Louis XVIII, dont le prestige a sérieusement été entamé. En effet, sa fuite à l'arrivée de Napoléon et l'occupation du territoire par les forces étrangères ont nui à son image de souverain. C'est également à cette époque que les rumeurs de la survie du jeune dauphin, Louis XVII, refont surface, remettant en cause la légitimité du roi Louis XVIII. Pourtant, celui-ci maintient un régime monarchique libéral, en dépit de la pression des Ultras[5], notamment avec les élections parlementaires de 1819, donnant suite au départ des forces d'occupation, deux ans avant la date définie initialement. La prospérité et le calme reviennent finalement dans le pays.

Charles X : le roi des Ultras

§ 131.h L'assassinat de l'héritier de la couronne, le duc de Berry, marque un retour vers les excès de l'Ancien Régime. En 1824, à la mort de Louis XVIII, c'est en effet Charles X, son frère ultra-royaliste, qui hérite de la couronne. Renouant avec la tradition des monarques d'antan, il se fait sacrer à Reims, décrète le contrôle de l'enseignement par l'Église, censure la presse et accorde trois pour cent de la richesse nationale aux aristocrates, pour les indemniser de ce qu'ils ont perdu au cours de la Révolution. L'opposition est scandalisée par ces « milliards » pris sur le Trésor Public au bénéfice de particuliers comme La Fayette, Talleyrand ou Louis-Philippe. La loi est rebaptisée « loi du milliard aux émigrés ».

─────────────

5 C'est-à-dire les ultra-royalistes.

Fig. 13.4 : Gérard, François Baron et Henry Bone. *Portrait de Charles X de France.* 1829.

§ 131.i Si le premier gouvernement ultra de Villèle obtient quelques succès grâce au redressement des finances, sa politique oppressive entraîne l'opposition des libéraux. Ceux-ci obtiennent la majorité des voix aux élections parlementaires de 1828, entraînant l'élection d'un nouveau gouvernement libéral, celui de Martignac. Pour le roi, celui-ci ne constitue qu'une transition, destinée à calmer les esprits et à préparer le retour des Ultras (Démier, *La France sous la Restauration* : 792). En effet, profitant de la vacance des députés pendant l'été 1829, Charles X remplace brusquement Martignac par l'ultra-royaliste Polignac. En mars 1830, face à la protestation des membres de l'Assemblée, le roi menace ces derniers de gouverner par ordonnance puis, répondant à une pétition dans laquelle ils exercent leur droit de remontrance au souverain, il ordonne de nouvelles élections pour l'été. Celles-ci, une fois encore, donnent raison aux libéraux.

2. Révolution (bis) !

Les Trois Glorieuses : le 27, le 28 et le 29 juillet 1830

§ 132.a Charles X cherche par tous les moyens à conserver son gouvernement ultra, bien que ce dernier ait perdu tout soutien parlementaire. Le 25 juillet 1830, il invoque l'article 14 de la Charte pour prendre des mesures d'urgence, parmi lesquelles figurent la suppression de la presse, la dissolution de la chambre nouvellement élue, l'organisation de nouvelles élections et la modification de la loi électorale, laquelle exclue le scrutin d'une partie de la bourgeoisie commerciale et industrielle. Même si un tel autoritarisme est, en principe, permis par la Charte, ces mesures sont interprétées comme un véritable coup d'État. La rue ne tarde pas à se réveiller avec, d'une part, les libéraux, qui souhaitent une nouvelle république démocratique et, d'autre part, les impérialistes, qui veulent se venger des humiliations subies lors de l'abdication définitive de Napoléon. Quant aux modérés, ils se battent pour défendre la Constitution.

§ 132.b Le 27 juillet les premières barricades apparaissent dans Paris, avec une population arborant la cocarde et le drapeau tricolores. Le 28 juillet, après de rudes combats, l'Hôtel de Ville, devenu le symbole du pouvoir vers lequel tous les combattants convergent, est envahi. Le Louvre est assailli et occupé. Le 29 juillet, la ville est aux mains des insurgés et le gouvernement se replie au château de Saint-Cloud. Le roi a donc sous-estimé les réactions que son coup d'État a suscitées. Pire, l'essentiel de l'armée se trouve dans l'incapacité de défendre Paris, car elle a entrepris la conquête du territoire algérien, dont le succès sera faussement attribué aux libéraux. Il est désormais trop tard pour une monarchie s'inspirant des principes absolutistes.

Louis-Philippe

§ 132.c Sous la Révolution, la branche cadette de la famille des Bourbons, la famille d'Or-

Fig. 13.5 : Schnetz, Jean Victor. *Combat devant l'Hôtel de Ville, le 28 juillet 1830.* 1833.

léans, était représentée par Philippe d'Orléans, dit Philippe Égalité. Cela n'a pas empêché ce dernier de voter la mort du roi, avant d'être guillotiné à son tour, sous la Terreur. Son fils, Louis-Philippe, s'est distingué militairement à Valmy et Jemmapes mais, rapidement impliqué dans un complot avec le général Dumouriez pour renverser le gouvernement des radicaux conventionnels, il a dû s'exiler hors de France, jusqu'à la Révolution.

§ 132.d À la Restauration, Louis-Philippe avait un statut particulier : d'éducation libérale, n'ayant jamais rejeté la Révolution et ayant combattu contre la coalition, il était néanmoins prince de sang. Comme beaucoup d'autres, il a touché le milliard aux émigrés, ce qui a fait de lui le noble le plus riche d'Europe. Toute-

Fig. 13.6 : Vernet, Horace. *Le duc d'Orléans quitte le Palais-Royal, pour se rendre à l'Hôtel de Ville. 31 juillet 1830.*. 1832.

fois, ayant un père régicide, il a été ostensiblement tenu à l'écart du pouvoir par Louis XVIII. Très consensuel, s'habillant en bourgeois, il a fait du Palais Royal le foyer des libéraux où il s'est construit de solides relations, a envoyé ses enfants à l'école publique et est allé à la rencontre des populations ouvrières dans les quartiers besogneux. Patiemment, il a attendu son heure.

La monarchie de Juillet

§ 132.e Le 29 juillet 1830, le peuple et la petite bourgeoisie qui se sont battus dans la rue, trop jeunes pour se rappeler l'époque de la Terreur, souhaitent le retour d'une république. Ils ne réalisent pas que l'Europe entière les observe et que la bourgeoisie aisée, par peur de factions ultras ou républicaines, veut récupérer le mouvement révolutionnaire pour mettre en place un gouvernement provisoire. En effet, Adolphe Thiers, Armand Carrel et François-Auguste Mi-

gnet, fondateurs du journal libéral *Le National*, le banquier Jacques Laffitte et Talleyrand se réunissent pour fomenter une manipulation médiatique des événements de juillet. À leurs yeux, la famille d'Orléans, dont la modération notoire et la popularité pourraient satisfaire les uns et les autres, constitue le meilleur parti, car elle ne s'est jamais franchement opposée aux royalistes, aux bonapartistes ou aux républicains. Quant à ces derniers, ils sont désorganisés et La Fayette, qui est à leur tête, ne souhaite pas le pouvoir (Sarrans).

§ 132.f Sans même attendre l'assentiment du principal intéressé, Thiers et Mignet rédigent une affiche annonçant l'accession de Louis-Philippe au pouvoir, laquelle sera imprimée et placardée sur tous les murs de la capitale avant que les Parisiens ne se réveillent, le matin du 30 juillet. Louis-Philippe, par crainte des représailles de Charles X et des ultras, se cache encore et c'est sa sœur, Adélaïde d'Orléans, qui se porte garante de l'acceptation de son frère. Lorsque ce dernier apprend que Charles X s'est enfui, il consent enfin à se rendre à l'Hôtel de Ville, accompagné de La Fayette, traversant la foule à cheval, au risque toutefois d'être assassiné. Les deux hommes apparaissent ensuite au balcon de l'Hôtel de Ville, La Fayette tendant le drapeau républicain à Louis-Philippe et lui donnant l'accolade. À cet instant, le rêve républicain est de nouveau balayé, sous les hourrahs du peuple qui vient encore une fois de se faire voler la Révolution, sans s'en douter[5].

Louis Philippe, roi des Français

§ 132.g La monarchie de Juillet est approuvée par l'Angleterre et par les autres pays d'Europe. Louis Philippe devient le « roi des Français », comme le fut Louis XVI avant lui, et la Charte, rédigée par l'Assemblée et non plus octroyée par le roi, devient un contrat entre ce dernier et le peuple. La nuance est de taille : le roi n'est plus élu par la volonté divine mais par la nation, même s'il reste un Bourbon. Le nouveau souverain évite les fastes de ses prédécesseurs, s'entoure de bourgeois et promeut une politique extérieure non-interventionniste favorisant le retour de la prospérité au sein du royaume. Il encourage la réconciliation nationale des bonapartistes, des légitimistes[6] et des républicains par des gestes politiques forts, comme la grâce de condamnés politiques (Hugo, *Choses vues*), la transformation du château de Versailles[7] en musée national ou le rapatriement des cendres de Napoléon Bonaparte aux Invalides. Populaire au début de son règne, Louis-Philippe est un roi portant le chapeau haut-de-forme des bourgeois, habile homme d'affaires ne jurant que par le système politique anglais. Il s'efforce d'ailleurs de promouvoir une politique de rapprochement avec

Fig. 13.7 : Winterhalter, Franz Xaver. *Louis-Philippe Ier, roi des Français (1773-1850)*. 1841.

la Grande Bretagne pendant deux décennies, organisant la première rencontre entre chefs d'État depuis l'entrevue du Drap d'Or, en 1520[8].

Les révoltes des Canuts

§ 132.h Cependant, l'avènement de Louis Philippe n'a pas permis de modifier les structures de la société en profondeur. Dès novembre 1831, les Canuts, ouvriers indépendants lyonnais du textile, se révoltent contre la baisse arbitraire des prix des négociants, qui appliquent les principes d'un libéralisme économique sauvage et font baisser leurs salaires. Les Canuts prennent le contrôle de la ville au terme de violents combats mais, n'ayant pas de projet politique bien défini, ils finissent par se rendre pacifiquement au duc d'Orléans, le fils

---

5   À ce sujet, voir l'étude comparée de Tsikounas au sujet de deux tableaux de Philippe-Auguste Jeanron : *Les Petits Patriotes* et *Scène de Paris* (v. références).

6   C'est-à-dire les royalistes partisans d'un retour de Charles X au pouvoir.

7   Il était laissé à l'abandon depuis la Révolution.

8   À ce sujet, voir § 61.c.

Fig. 13.8 : Daumier, Honoré. *Gargantua.* 1831.

de Louis-Philippe dépêché en mission pour reprendre le contrôle de Lyon. Le même scénario se reproduit trois ans plus tard sous le ministère d'Adolphe Thiers. Cette fois, la révolte est réprimée dans un bain de sang.

L'insurrection républicaine de juin 1832

§ 132.i En juin 1832, 39 députés dénoncent les abus du gouvernement de Louis-Philippe et l'inapplication des promesses faites lors des Trois Glorieuses dans leur *Compte-rendu* (Allier, et al.). Stigmatisés par la publication de ce texte très critique, les républicains provoquent alors le soulèvement du peuple parisien, lors des funérailles du général bonapartiste Lamarque, mort du choléra, dont le convoi emprunte les grands boulevards, et qui se transforme bientôt en manifestation, puis en insurrection. Décrétant l'état de siège, Louis Philippe bénéficie de l'appui de l'armée et fait violemment réprimer la révolte, avant de se dédouaner des promesses faites deux ans plus tôt. Loin de tirer les conclusions des événements, il désavoue les engagements pris devant le peuple et Lafayette, en affirmant son soutien à la Charte (Antonetti, *Louis-Philippe* : 694). En 1840, un remaniement ministériel confirme ces visées politiques : il consacre le gouvernement Guizot, qui fait un pas de plus vers le conservatisme libéral, alors que l'écart entre les plus riches et les plus pauvres se creuse. Par exemple, dans le Paris des années 1840, une frontière très nette sépare les quartiers privilégiés, situés à l'ouest, des quartiers populaires, où la majorité des ouvriers travaille pour l'industrie du luxe. Alors que Thiers et Guizot sont persuadés que l'enrichissement des bourgeois finira par profiter aux plus démunis (Caron 1871-1872), l'industrialisation, qui a entraîné la désertification des campagnes et le surpeuplement des villes, permet aux patrons de bénéficier d'une main d'œuvre bon marché, privée de droits, car l'ultralibéralisme y règne sans intervention du gouvernement[9]. La concurrence sauvage, la spéculation et la crise monétaire qui entraînent la fermeture de manufactures provoquent, à cette époque, un chômage important dans tout le pays, notamment dans l'industrie ferroviaire et la métallurgie (Démier, *La France du XIXᵉ siècle, 1814-1914*).

3. La Deuxième République

Fig. 13.9 : Philippoteaux, Henri Félix Emmanuel. *Lamartine, devant l'Hôtel de Ville de Paris le 25 février 1848, refuse le drapeau rouge. 31 juillet 1830.* 1848.

L'insurrection parisienne de février 1848

§ 133.a En 1847, les voix réclamant une réforme électorale en faveur du suffrage universel se font de plus en plus fortes. L'interdiction de réunions politiques par le gouvernement est contournée par les membres de l'opposition qui organisent des « banquets », rencontres gastronomiques permettant la propagation officieuse des idées républicaines. Le 22 février 1848, le gouvernement Guizot les interdit, provoquant immédiatement des manifestations d'étudiants et d'ouvriers qui défilent dans Paris, en réclamant une réforme électorale. Des troupes armées sont alors présentes dans la capitale et empêchent la situation de dégénérer. Dans un premier temps, pour calmer les esprits, Louis-Philippe renvoie Guizot du gouvernement, geste bientôt interprété comme une reconnaissance des revendications démocratiques. Malgré tout, les manifestations continuent au nez et à la barbe de soldats fatigués et énervés par leur constant qui-vive. Dans le quartier parisien des Capucines, un officier donne l'ordre d'ouvrir le feu sur les manifestants, en réponse aux provocations d'un étudiant à son encontre. On dénombre une cinquantaine de cadavres, qui sont ramassés sur le pavé et promenés en martyrs dans les rues de la capitale, tout au long de la nuit. Le lendemain, 1500 barricades sont érigées contre les forces de l'ordre. Présageant une nouvelle guerre ci-

9 Selon Karl Kautsty, le concept de lutte des classes ne provient pas du marxisme, mais émane de théoriciens du libéralisme comme Guizot ou Thiers, qui s'opposent à l'ascension des classes populaires, jugées trop immatures et décadentes pour prétendre à la gouvernance politique (Louli, « Karl Kautsky, les luttes de classe pendant la Révolution Française »).

vile, le roi refuse une intervention militaire, trop de sang ayant déjà coulé.

Proclamation de la Deuxième République

§ 133.b Quand les insurgés arrivent au palais des Tuileries, Louis-Philippe abdique en faveur de son petit-fils, le comte de Paris, espérant pouvoir encore confier la régence du royaume à la duchesse d'Orléans, puis il s'enfuit. Mais les républicains, qui se rappellent les Trois Glorieuses et refusent l'éventualité d'un nouveau régime monarchique, proclament la Deuxième République et créent un gouvernement provisoire. Celui-ci est essentiellement composé de républicains libéraux, dont le célèbre écrivain Lamartine, liés au journal *Le National*, voulant une révolution uniquement politique, et de partisans démocrates-socialistes, liés au journal *La Réforme*, qui, eux, souhaitent des changements sociaux. Pour la première fois, un ouvrier y siège, Alexandre Martin, mais il n'y bénéficie d'aucun portefeuille de ministre.

Premières mesures populaires du gouvernement provisoire

§ 133.c Le gouvernement provisoire revendique l'héritage de la première Révolution sans pour autant tomber dans les excès de la Terreur, ce qui passe nécessairement par une politique de réconciliation des classes (Démier, *La France du XIXᵉ siècle, 1814-1914*). Les premières mesures du gouvernement provisoire se veulent donc populaires, comme l'institution du suffrage universel, l'abolition définitive de l'esclavage dans les colonies, la suppression de la peine de mort pour délit politique, la liberté de la presse et, plus généralement, la liberté individuelle. Mais ce qui préoccupe immédiatement les classes populaires, ce sont les droits du travail, d'où la création des « ateliers nationaux », des travaux publics d'envergure permettant de faire diminuer le chômage et de lutter contre la misère des classes populaires, comme le veulent les socio-démocrates. Pour autant, ces derniers n'obtiendront pas la création d'un ministère du Travail, mais la journée de labeur sera réduite, passant de 12 à 11 heures en province et d'11 heures à 10 heures dans la capitale. Les paysans sont les grands oubliés des réformes.

Les socialistes exclus du pouvoir

§ 133.d Les dissensions existant entre les socialistes et les libéraux, ainsi que les divergences

Fig. 13.10 : Bouton, César. *Les ateliers nationaux au Champ-de-Mars.* Circa 1848.

Fig. 13.11 : Thibault. *Barricades rue Saint-Maur. Avant l'attaque, 25 juin 1848*. 1848.

politiques entre la capitale et la province font trembler le gouvernement provisoire. En apparence, tout le petit monde parisien se réclame du nouveau régime, les « républicains du lendemain », des monarchistes fraichement convertis, fraternisant avec les « républicains de la veille ». Toutefois, l'imminence des élections fait prendre conscience aux partisans de la jeune république que le peuple de la province, essentiellement des paysans qui n'ont jamais exercé leur droit de vote, sont peu ouverts aux idées nouvelles et pourraient voter en faveur des royalistes. Les socialistes demandent un report d'élections pour leur permettre d'éduquer les masses, mais celui-ci n'aura pas beaucoup d'impact sur les populations rurales. Ces dernières votent majoritairement en faveur des libéraux, puis des monarchistes, ces derniers créant le « parti de l'Ordre », et les socialistes n'obtenant qu'un quart des 900 députés formant l'Assemblée constituante. Les socialistes Barbès, Blanqui, Raspail et Martin, exclus de l'Assemblée, y tentent un coup d'éclat en la proclamant dissoute trois semaines après son élection, mais ils sont arrêtés et condamnés à l'emprisonnement. L'opposition socialiste, en faveur des classes populaires, est donc impitoyablement décapitée.

Les journées sanglantes de juin 1848

§ 133.e Les candidatures multiples de certains candidats dans plusieurs départements ayant laissé de nombreux sièges vacants, de nouvelles élections permettent l'entrée de l'écrivain Victor Hugo et surtout du populaire Louis Napoléon Bonaparte à l'Assemblée. La majorité des constituants craignent l'influence que ce dernier pourrait avoir sur les travailleurs des ateliers nationaux, par exemple en les incitant à se révolter. D'ailleurs, les ateliers eux-mêmes sont trop coûteux (Ibid.). Les socialistes n'étant plus une opposition significative, ils sont donc dissous, décision qui entraîne ce que les députés craignaient précisément en envisageant leur maintien : une partie de Paris entre en révolte en juin 1848. La répression du général Cavaignac, un républicain modéré, cause la mort de milliers d'insurgés, avec l'exécution de 1500 d'entre eux, et l'emprisonnement de 10 000 citoyens. En réponse à la peur qu'a fait naître cette presque-révolution chez les bourgeois, Cavaignac, l'homme de la situation, se voit confier un gouvernement autoritaire dont la mission est de rétablir l'ordre et de faire taire les prétentions des républicains « avancés », comme Hyppolyte Carnot, dont les propositions de loi en tant que ministre de l'Instruction publique mettent en danger l'emprise de l'Église sur l'éducation (Murat).

La Constitution et les élections de 1948

§ 133.f La Constitution de la Deuxième République est votée en novembre 1848. Elle comprend un système politique composé d'une assemblée unique, élue pour trois ans, et d'un président de l'exécutif élu au suffrage universel, pour quatre ans. Bien qu'elle affirme les mêmes principes égalitaires qui ont présidé à l'établissement de la Première République, elle est essentiellement en faveur des bourgeois[10] et son système électoral n'écarte pas le danger d'un retour à la monarchie, comme le souhaitent les députés du parti de l'Ordre. Trop soucieux de combattre l'opposition des démocrates, les républicains se sont aliéné l'électorat populaire dont le scrutin est attendu en décembre 1848. Contre toute attente, ce n'est pas le favori Cavaignac qui est élu, mais le candidat populiste, Louis Napoléon Bonaparte.

4. Vers le Second Empire

Le neveu de l'Empereur des Français

§ 134.a Louis Napoléon Bonaparte est né en 1808 de Louis Bonaparte, fait roi de Hollande par son frère l'Empereur, et d'Hortense de Beauharnais, fille de Joséphine, issue de son premier mariage. À la Restauration, la famille impériale est interdite de séjour en France et c'est en Italie que Louis Napoléon grandit, recevant une éducation militaire, comme son oncle. Après la mort du duc de Reichstadt, le fils de Napoléon Ier et de Marie-Louise d'Autriche, et de celle de son frère aîné, Louis Napoléon devient l'héritier présomptif de l'Empereur. Il s'installe en Suisse, où il obtient sa nationalité, et publie un manuel d'artillerie lui valant le grade de capitaine. En 1836, une première tentative de coup d'État démarrée à la garnison militaire de Strasbourg, d'où il compter marcher sur Paris avec des troupes acquises à sa cause, se termine par son arrestation. Cédant aux supplications d'Hortense de Beauharnais, Louis-Philippe rend sa liberté à Louis Napoléon qui, une fois exilé aux États-Unis, critique la Monarchie de Juillet par l'entremise de l'un de ses acolytes, auteur d'un pamphlet (Laity). L'écrit devient le point de

Fig. 13.12 : Anonyme. *Napoleon III de France, Charles-Louis Napoléon Bonaparte*. Circa 1852.

---

10 En effet, le droit des travailleurs n'y est mentionné à aucun moment.

départ d'une crise diplomatique entre la Suisse, où Louis Napoléon est revenu, et la France, ce qui décide ce dernier à s'installer en Angleterre. À Londres, il publie ses *Idées Napoléoniennes* (1839) puis, profitant de la ferveur populaire succédant au rapatriement des cendres de Napoléon au Panthéon, tente un nouveau putsch à la garnison de Boulogne-sur-Mer. Cette fois, il est arrêté et condamné à la prison à perpétuité au fort de Ham, dans des conditions toutefois assez confortables[11]. Il y écrit *Extinction du paupérisme* (1844), un texte de propagande politique destiné à préparer son ascension politique, dont la thématique tourne démagogiquement autour du malaise des classes populaires. En 1846, il s'évade de prison et parvient à atteindre l'Angleterre, où il bénéficie de nombreux appuis.

Ascension politique

§ 134.b Pour Louis Napoléon, la révolution de 1848 représente une nouvelle opportunité de s'emparer du pouvoir. Il remporte le scrutin des élections complémentaires du 4 juin 1848 dans les départements de la Corse, de la Seine, de l'Yonne et de la Charente-Inférieure, en s'appuyant sur le concours des bonapartistes qui lui sont restés fidèles, ainsi que de ses cousins Napoléon-Jérôme, Pierre Bonaparte et Lucien Murat, eux-mêmes élus députés. Son ascension politique n'est pas vue d'un très bon œil par les républicains, Lamartine souhaitant même que l'exil de la famille impériale soit rendu effectif. Cette proposition est rejetée et l'élection validée mais, habilement, Napoléon renonce à son mandat de constituant pour éviter de voir son nom sali lors de la violente répression des journées de juin. Il est de nouveau élu aux élections législatives suivantes, en septembre, dans plusieurs départements. C'est alors seulement qu'il rentre en France, pour y exercer son mandat de député.

§ 134.c Dès la promulgation de la constitution de la IIe République, Louis Napoléon Bonaparte présente sa candidature pour les élections pré-

Fig. 13.13 : Tournachon, Gaspard-Félix. *Portrait d'Adolphe Thiers, l'un des ténor du parti de l'Ordre*. Deuxième moitié du XIXe s.

sidentielles de décembre. Il a pour opposants les républicains modérés Cavaignac et Lamartine, le républicain avancé Ledru-Rollin, le socialiste Raspail et le légitimiste Changarnier. Curieusement, c'est sa candidature qui est soutenue par le parti de l'Ordre, recevant par exemple l'appui des deux anciens ministres de Louis-Philippe, Adolphe Thiers et François Guizot, ainsi que du démocrate libéral Alexis de Tocqueville. Tous pensent pouvoir le manipuler[12]. En effet, le patronyme de Bonaparte, qui résonne dans les esprits comme un symbole de la gloire française, semble garantir la victoire du scrutin. La candidature du neveu de l'Empereur est même soutenue par Victor Hugo, alors député de la chambre. À 40 ans, il est élu Président à la majorité, avec 74 pour cent des suffrages exprimées.

Crises constitutionnelles : 1848-1851

§ 134.d Lors de son arrivée au gouvernement, premier président de l'exécutif, Louis Napoléon doit naviguer en eaux troubles. D'une part, l'équipe de ses ministres est principalement

---

11 Il s'agit plutôt d'une résidence surveillée, d'où il peut écrire, recevoir des visites et communiquer avec l'extérieur.

12 Thiers dit de lui que "c'est un crétin que l'on mènera" (Girard)

Fig. 13.14 : Anonyme. *Cavalerie de d'Allonville dans les rues de Paris, le 2 décembre 1851*. Circa 1852.

composée de représentants du parti de l'Ordre et, d'autre part, il ne prend part à la marche du pouvoir qu'en entérinant les décisions de l'Assemblée, composée pour la plupart de députés aux visées conservatrices. Ainsi, l'expédition militaire de Rome, destinée à contrer les velléités indépendantistes des républicains italiens[13] et à aider le pape Pie IX à reconquérir Rome, va dans le sens du conservatisme libéral. C'est alors que 59 députés républicains, qui s'opposent au projet et mettent en accusation l'exécutif, quittent l'Assemblée et décident de créer un gouvernement provisoire. Ils sont tous arrêtés et condamnés à des peines exemplaires, alors que deux lois contre l'indépendance de la presse et la liberté d'association politique sont votées. L'étau conservateur se resserre.

§ 134.e Conscient que la voie parlementaire est sans issue, Louis Napoléon Bonaparte inaugure les voyages présidentiels en province, les-

quels lui permettent d'accroître sa popularité auprès des plus modestes. Politiquement, il se démarque peu à peu du parti de l'Ordre et de l'Assemblée, en critiquant le rétablissement du pouvoir temporel papal en Italie. Lorsque l'Assemblée vote la nouvelle loi sur la réduction du corps électoral de 30 pour cent, visant essentiellement les ouvriers itinérants et les artisans ne pouvant justifier d'une adresse permanente, il se garde bien de la critiquer ouvertement. Toutefois, ses discours en province accusent indirectement les députés et le gouvernement, de vouloir museler la voix du peuple (Frerejean).

§134.f La nouvelle loi électorale n'est qu'un obstacle parmi l'ensemble des dispositions constitutionnelles qui empêchent Louis Napoléon Bonaparte d'acquérir les pleins pouvoirs. Il lui faut aussi obtenir la révision de la Constitution pour le renouvellement de son mandat présidentiel, lequel s'achève en décembre 1852. Malgré ses tractations, comme par exemple la soumission à l'Assemblée d'une

---

13 Menés par Garibaldi, l'un des défenseurs de l'unité italienne.

pétition recueillant un million et demi de signatures en faveur de la révision constitutionnelle, les libéraux orléanistes de Thiers et les légitimistes s'opposent à tout amendement (Milza). Par ailleurs, craignant non sans raison un coup d'État napoléonien, ces derniers essaient de faire passer une loi autorisant le président de l'Assemblée à recourir à l'armée sans passer par l'exécutif (Ibid.). Pour Louis Napoléon Bonaparte, c'est le signe qu'il lui faut renverser l'Assemblée sans plus attendre. Symboliquement, il fixe la date de son coup d'État au 2 décembre, jour anniversaire du sacre de Napoléon Ier.

Le coup d'État du 2 décembre 1851

§ 134.g La prise de pouvoir de Louis Napoléon Bonaparte a pour objectif d'éliminer ses opposants, tout en donnant une certaine légitimité à son action, notamment par le soutien populaire qu'il a recueilli depuis le commencement de son mandat. L'armée, qui s'est mise au service de Louis Napoléon Bonaparte, ne rencontre que peu de résistance lors de l'arrestation des députés. Les tentatives de soulèvement de la population menée, par exemple, par Victor Hugo, n'ont guère de succès[14]. Malgré une fusillade qui fait 400 morts, le monde ouvrier reste à l'écart, laissant le Président et l'Assemblée « régler leurs comptes » (Ibid. : 261).

§ 134.h Les semaines suivant le coup d'État sont marquées par une véritable chasse aux républicains, accusés d'avoir voulu renverser la présidence plébiscitée par le peuple, mais qui a surtout son origine chez les fidèles du parti de l'Ordre. Cette réaction inquiète Napoléon III qui souhaite plus un rassemblement des divers courants politiques autour de sa personne qu'une répression autoritaire des opposants. Il va donc largement user de son autorité pour gracier ceux qui ont été arrêtés et condamnés, en cédant notamment aux requêtes qui lui sont faites (Agulhon). Les 20 et 21 décembre, un plébiscite a lieu pour confirmer les réformes constitutionnelles du prince-Président, qui ob-

Fig. 13.15 : Winterhalter, Franz Xaver. *Portrait de Napoléon III (1808-1873)*. 1855.

tient l'appui unanime de la population, bien que, dans les faits, il n'existe pas d'alternative.

De la nouvelle Constitution à l'Empire

§ 134.i Une nouvelle constitution est proclamée le 14 janvier 1852, instituant un régime autoritaire s'appuyant sur l'approbation des masses, plutôt que sur les lois édictées par le Parlement, ce qui l'oblige à pratiquer une politique sociale. C'est donc une « démocratie césarienne » qui se met en place : Louis Napoléon est le seul à décider des lois, il peut révoquer le gouvernement et il décide de la politique étrangère. Toutefois, il hésite encore à se proclamer empereur et entreprend une nouvelle tournée présidentielle en province pour s'assurer de l'appui de la population. Il s'efforce également de rassurer les nations européennes qui, bien que satisfaites de l'anéantissement de la Deuxième République, se souviennent des

---

14 Celui-ci doit s'exiler à Bruxelles.

conquêtes bonapartistes. Dans un discours fait à Bordeaux, il proclame que « l'Empire, c'est la paix », mettant en avant sa volonté pacifique de rassembler les énergies humaines pour reconstruire la France et ses territoires affiliés (Bo-

naparte, « Discours de Bordeaux »). Après un second plébiscite, la dignité impériale est rétablie le 2 décembre 1852. Louis Napoléon Bonaparte prend le titre de « Napoléon III, Empereur des Français ».

5. Napoléon III, Empereur des Français

La légende noire de Napoléon III

§ 135.a Il existe une « légende noire » autour de Napoléon III, imputable à des personnalités comme Thiers ou Victor Hugo[15], à ses autres ennemis ou au destin funeste que la France a connu à la fin du Second Empire (Antonetti, *Histoire contemporaine politique et sociale* : 269-270). Pourtant, l'impact de la politique de Napoléon III a été sans égal au cours de l'histoire de France, aussi bien en politique intérieure, aux niveaux économique, social, scientifique et artistique, qu'à l'échelle internationale.

Mesures en faveur de l'essor économique

§ 135.b Les effets de la politique conduite par le gouvernement conservateur de la monarchie de Juillet ne soutiennent pas la comparaison avec ceux de l'action menée par Napoléon III. Sous son règne, la France rattrape le retard de développement qu'elle a cumulé depuis 50 ans et devient un grand pays industriel, avec une économie forte. Des accords commerciaux avec l'Angleterre abolissent certains droits de douane sur les produits alimentaires ou les matières premières et l'activité bancaire est fortement encouragée, notamment avec la création de nombreuses banques de dépôts, pour favoriser le crédit. De telles mesures sont propices à l'investissement et à l'essor de l'activité économique.

Paris et la province transfigurées

§ 135.c Grâce à ces nouvelles normes financières et aux travaux du baron Haussmann, la capitale est métamorphosée. Ce dernier imagine une ville dotée de grands boulevards,

Fig. 13.16 : B. H. C. *L'Empire. Plébiscite des 20 et 21 novembre 1852.* « Par la grâce de Dieu et la volonté nationale ». 1864.

une organisation en 20 arrondissements, les premiers logements sociaux avec des cités ouvrières dotées de squares pour les enfants et de nombreux parcs comme les buttes Chaumont, les bois de Vincennes et de Boulogne. Plus de 19 000 vieux immeubles sont détruits et remplacés par 30 000 bâtiments et 600 kilomètres d'égouts sont construits (De Moncan). La ville accueille également l'Exposition universelle de 1855, voit apparaître ses premiers grands magasins comme le Printemps ou la Samaritaine et de nouveaux édifices sont construits, comme

---

15 Victor Hugo l'appelle méprisamment "Napoléon le petit" ou "Césarion".

Fig. 13.17 : Anonyme. *Inauguration du chemin de fer de Nancy (17 juin 1852).* 1864.

le nouvel Hôtel-Dieu[16], le palais Garnier, des lycées et les nouvelles constructions des Halles[17]. Par ailleurs, l'État s'implique financièrement dans le développement industriel, notamment dans la sidérurgie et les chemins de fer, ces derniers reliant toutes les villes principales dès 1870. Les voies de communication sont multipliées, ce qui aide l'économie à se développer plus rapidement.

La politique sociale

§ 135.d Même si Louis Napoléon Bonaparte est opposé à la création de syndicats, il met en place une politique sociale qui améliore considérablement le sort des plus pauvres, non seulement avec la création de logements sociaux, mais aussi avec celle de prêts financiers, de fonds de retraite et de caisses d'assurances pour les ouvriers. La reconnaissance du droit de grève et l'abrogation d'une loi donnant raison aux patrons, en cas de litige avec un travailleur, constituent des avancées sociales majeures dans la France ouvrière du XIXe siècle (Plessis)[18].

Succès militaires

§ 135.e La politique étrangère de Napoléon III vise à rétablir le prestige de la France tel qu'il existait avant le congrès de Vienne, tout en préservant ses rapports avec les grandes puissances européennes. Ainsi, elle s'allie à l'Angleterre dans la guerre de Crimée (1854-1856), visant à défendre l'Empire ottoman contre la Russie, dont l'expansionnisme, à cette époque, est considéré comme un fléau. Les armées françaises, moins nombreuses mais modernes, expérimentées et disciplinées[19], remportent d'éclatantes victoires à Malakoff et à Sébastopol. Le traité de Paris oblige la Russie à respecter l'indépendance de l'Empire ottoman et la neutralité de la mer Noire, en même temps qu'elle réinstalle la France au premier rang de la diplomatie.

16 L'Hôtel-Dieu était le plus vieil hôpital de Paris, fondé en 651.

17 Les Halles sont le sujet du célèbre roman d'Émile Zola, *Le ventre de Paris* (1873).

18 Les romans d'Émile Zola décrivent pourtant les difficultés encore rencontrées par les plus modestes.

19 Au contraire des autres belligérants (Figes).

Fig. 13.18 : Manet, Édouard. *L'Exécution de Maximilien*. 1868.

§ 135.f En 1859, Napoléon III apporte son soutien au roi du Piémont-Sardaigne, Victor-Emmanuel II, pour reprendre la partie nord de l'Italie aux Autrichiens, ce qui permettra à ce dernier de réaliser plus tard l'unité italienne. Plusieurs victoires, dont celle de Solferino, distinguent une nouvelle fois la France sur le plan militaire, mais Napoléon III, craignant la menace prussienne et l'enlisement du conflit, précipite la signature d'un accord entre les belligérants. En échange de sa participation, la Savoie et Nice sont restituées à la France.

§ 135.g Enfin, la taille de l'empire colonial est triplé entre le moment où Napoléon accède au pouvoir et les dernières années de son règne. C'est d'abord l'Algérie, déjà conquise, qui attire son attention : il voudrait y établir une constitution et donner des droits citoyens aux indigènes, mais ce projet ne résiste pas à l'opposition des colons (Milza). La présence française est renforcée dans l'ouest Africain et la conquête de la Cochinchine commence dès 1859. Enfin, lors de la deuxième guerre de l'opium (1856-1860), la France s'unit une nouvelle fois à l'Angleterre dans une expédition dont l'objectif est d'installer le commerce de l'opium en Chine, en dépit de son illégalité.

Les germes de l'isolement diplomatique

§ 135.h Les quelques succès diplomatiques et militaires remportés par la France encouragent Napoléon III à asseoir l'influence française au Mexique, un pays alors fortement endetté vis-à-vis des pays européens, politiquement instable et ne pouvant bénéficier de l'appui de son voisin américain[20]. L'objectif est d'y faire naître un commerce favorable aux intérêts français tout en plaçant Maximilien Ier, le frère du souverain d'Autriche, sur le trône, afin d'assouplir les re-

20 Les États-Unis sont alors en pleine guerre civile (1861-1865).

lations diplomatiques franco-autrichiennes menées à mal depuis le conflit italien. Concertée avec le Royaume-Uni et l'Espagne, l'expédition est lancée en 1861. De premières négociations menées entre le gouvernement républicain de Benito Juarez et les Européens mènent au retrait des forces anglaises et espagnoles, tandis que le corps expéditionnaire français se maintient. La victoire française à Puebla[21] et à Oaxaca permet la montée de Maximilien sur le trône et l'occupation de la partie centrale du Mexique.

§ 135.i La guérilla incessante, soutenue matériellement par les États-Unis, mais surtout la puissance grandissante de la Prusse, qui constitue désormais une menace en Europe[22], obligent Napoléon III à retirer ses troupes du Mexique. Le dernier navire français quitte Veracruz en 1867, laissant Maximilien Ier aux prises avec les républicains. Refusant d'abdiquer, il est exécuté le 19 juin 1867. Cet épisode du Mexique est un fiasco politique plus que militaire, car il entraîne non seulement la rupture des relations diplomatiques de l'Autriche avec la France, mais aussi celles qui unissent cette dernière à l'Angleterre. Cet isolement lui sera préjudiciable dans les années qui suivent.

6. Romantisme, réalisme et naturalisme

Fig. 13.19 : Friedrich, Caspar David. *The wanderer above the sea of fog*. 1818.

L'ère du verbe

§ 136.a Alors que le XVIIIe siècle est une période au cours de laquelle les aspirations politiques et artistiques semblent fusionner[23], les mouvements esthétiques du XIXe siècle connaissent une évolution propre, qui se nourrit parfois des courants politiques ou idéologiques du moment, sans pour autant s'y identifier. C'est une ère d'innovations et de changements brutaux et radicaux, avec l'apparition du suffrage universel, du capitalisme industriel, de l'identité nationale et de la culture de masse, elle-même conséquence de l'industrialisation. C'est un moment de l'histoire française où tout paraît possible, mais également où toute une frange de la jeunesse s'identifie à la gloire déchue de l'Empire napoléonien. On assiste à l'essor considérable de la presse, qui donne naissance au roman feuilleton, en même temps qu'on voit émerger des écrivains extrêmement productifs, car le XIXe siècle est l'ère de la profusion verbale, avec ses traités politiques, ses déclamations poétiques, ses articles de journaux

21 Où les Français sont momentanément stoppés, le 5 mai 1862. Cette victoire mexicaine est encore commémorée au cours des célébrations du Cinco de Mayo.

22 Notamment depuis la crise luxembourgeoise. À ce sujet, voir chapitre suivant.

23 Les philosophes et les écrivains des Lumières ont en effet nourri la pensée et l'action politique avant, pendant et après la Révolution.

et ses romans. Dans la première moitié du XIXe siècle jusqu'à la fin du Second Empire, trois mouvements esthétiques importants se succèdent : ce sont le romantisme, le réalisme et le naturalisme.

Le romantisme : l'ère du Moi lyrique

§ 136.b Le romantisme, le mouvement esthétique le plus important depuis la Renaissance, est né en Allemagne à la fin du XVIIIe siècle. Il s'oppose aux conceptions du classicisme qui définissent l'homme comme un être doué de raison et totalement transparent à soi-même, ce qui conduit les penseurs et les écrivains classiques à rejeter le Moi, siège des passions vulgaires. Au contraire, les romantiques de la première génération, tels que Chateaubriand, Mme de Staël, Benjamin Constant ou Lamartine, considèrent l'expression du Moi comme l'affirmation de l'unicité de l'individu. C'est d'ailleurs la raison pour laquelle leurs œuvres n'ont généralement pour titre que des prénoms[24] : c'est l'un des moyens utilisés pour rejeter l'affiliation des personnages à une famille génétique ou politique et de revendiquer l'unicité des aspirations individuelles. Dans la recette des premiers écrits du Moi, le protagoniste principal est voué à une souffrance absolue, qu'il cultive dans la solitude des espaces naturels. C'est là qu'il peut donner libre cours à l'exaltation de sa pensée lyrique, comme dans le poème d'Alphonse de Lamartine, « L'isolement », où l'auteur déplore la disparition de la femme qu'il a aimée. Véritable manifeste du romantisme, le recueil *Méditations Poétiques* (1820), dont ce poème est extrait, présente les thèmes principaux et les caractéristiques stylistiques qui vont définir le romantisme dans la poésie et dans le roman.

Spécificité du romantisme par rapport au classicisme

§ 136.c Chaque auteur a apporté sa contribution au mouvement romantique en se démarquant des caractéristiques qui définis-

Fig. 13.20 : Grandville, Jean Ignace Isidore Gérard. *Les romains échevelés à la première représentation d'Hernani*. 1830.

saient l'esthétique classique. Tout d'abord, au théâtre[25], le romantisme cherche à se débarrasser des règles contraignantes imposées par les classiques, comme les unités de temps, de lieu et d'action[26], l'interdiction de mélanger les genres[27] ou l'obligation de se référer aux thèmes de l'Antiquité, seuls jugés dignes d'intérêt. Des auteurs comme Mme de Staël, Stendhal ou Hugo (*Cromwell*), deviennent les

---

24 François-René de Chateaubriand : *René* ; Benjamin Constant : *Adolphe* ; Germaine de Staël : *Corinne ou l'Italie*. Puis, plus tard : Gérard de Nerval : *Atala*.

25 Selon les classiques, le théâtre et la poésie se situent au sommet des arts littéraires.

26 L'unité de temps dictait que tout ce qui se passait sur scène ne devait pas couvrir une durée supérieure à 24 heures dans l'histoire. L'unité de lieu commandait que tout se passât au même endroit, l'auteur ne pouvant se référer à d'autres lieux que par la bouche des personnages. Enfin, l'unité d'action exigeait que tous les événements convergeassent vers la résolution du dilemme posé dès le premier acte, au cours de la scène d'exposition.

27 La tragi-comédie de Corneille, laquelle ne respectait pas l'unité de temps et de lieu, la "grande Comédie" de Molière, qui tirait sa structure et son mètre prosodique de la tragédie, la dimension sentimentale des comédies de Marivaux et le drame bourgeois de Beaumarchais avaient pourtant offert des caractéristiques hétéroclites à l'époque classique.

théoriciens d'un nouveau genre moderne, le drame romantique, qui n'hésite pas à « allier le sublime et le grotesque » (Ibid.) et à légitimer l'usage de la prose, là où on utilisait jadis l'alexandrin.

Évolution du romantisme en France

§ 136.d Le mouvement romantique se constitue au cours de trois périodes. Dans les années 1800-1820, c'est surtout la production littéraire de François-René de Chateaubriand qui attire l'attention, avec ses récits en prose à la première personne et à la teneur mélancolique. Parfois autobiographiques, ils sont emprunts d'une sensibilité toute rousseauiste, propice à la peinture minutieuse des passions. Au cours des années 1820-1830, les auteurs romantiques cherchent à s'imposer comme les représentants d'une nouvelle esthétique. Les conventions sclérosées du classicisme sont alors bousculées par les conceptions anticonformistes des tenants du romantisme, ce qui entraîne des débats houleux et de vives querelles entre partisans des deux courants artistiques[28], comme lors des représentations de la pièce de Victor Hugo, *Hernani*, en février 1830. À cette époque, Hugo, Lamartine et Vigny sont les trois grands ténors du romantisme, progressistes en littérature mais résolument conservateurs en politique, puisant leur inspiration dans les annales de l'Ancien Régime et s'exprimant principalement par le théâtre et la poésie[29]. Au cours des périodes du Premier Empire et de la Restauration, toutes les tendances politiques se rassemblent dans le cénacle romantique avec Stendhal, qui prône la liberté en art et en politique, ainsi que l'esprit de la modernité, consistant à évoquer le présent et non à se référer à l'Histoire. Enfin, de 1830 à 1848, les romantiques se scindent en deux groupes : les écrivains engagés politiquement, comme Hugo et Lamartine, et ceux qui ne manifestent qu'un souci de l'art pour l'art, écrivains déçus par les événements du

Fig. 13.21 : Carjat, Étienne. *Portrait photographique de Victor Hugo.* 1876.

siècle et ne croyant plus en rien, comme Théophile Gautier ou Alfred de Musset (Bénichou).

Romantisme romantique vs. romantisme socio-historique

§ 136.e Cette scission entre auteurs politiquement engagés et écrivains romantiques désenchantés peut rendre compte de l'évolution substantielle qu'a connu le roman aux cours du XIXe siècle. Alors qu'il fut longtemps un genre mineur représenté par un ensemble de sous-catégories littéraires, telles que le conte[30], l'épopée, la satire[31] ou le récit autobiographique[32], il ac-

---

28 C'est ce qu'on appelé plus tard la "bataille romantique".

29 Le roman fut un genre mineur jusqu'à cette époque.

30 On peut regrouper dans cette catégorie tous les récits merveilleux mais aussi le roman de chevalerie.

31 La satire est héritée de l'Antiquité et a connu un succès constant au cours des siècles, avec des auteurs comme Rabelais, Cervantès, Voltaire ou Diderot.

32 Par exemple les mémoires des représentants de la noblesse ou le récit circonstancié des batailles à des fins apologétiques. À partir du XVIe siècle, le genre évolue vers des œuvres plus subtiles qui donnent une dimension complexe aux personnages : *L'Heptaméron* (Marguerite de Navarre) ou *La Princesse de Clèves* (Madame de Lafayette) sont des illustrations de cette sophistication.

quiert soudain ses lettres de noblesse dans des écrits qui mettent l'emphase sur le Moi, et dont le narrateur-personnage est l'émanation, puis par l'inclusion de ce dernier dans un contexte social ou historique, qui en illustre les traits de caractère. Mais bientôt, le personnage devient un prétexte à l'étude des mœurs et de la société et le roman révèle une vision proprement politique, finalement assez éloignée de ce qu'a pu être le romantisme des premières heures. Ainsi, alors qu'on voit souvent en Victor Hugo l'écrivain qui incarne le mieux l'idéal romantique, par exemple au travers d'œuvres comme *Notre Dame de Paris*, il faut toutefois nuancer cet avis et reconnaître que l'auteur puise principalement son inspiration dans le réalisme historique et social, comme dans *Les Misérables*, à la manière d'un Balzac. Le prototype du héros romantique, possédant des traits à la fois héroïques, idéalistes, mélancoliques et dramatiques, reste une émanation de l'Ancien Régime et, en ce sens, il n'est pas progressiste comme les personnages hugoliens, sortis de toutes les classes sociales et dont le comportement reflète une plus grande complexité psychologique. Inversement, les personnages du *Comte de Monte-Cristo* (Alexandre Dumas), de *Carmen* (Prosper Mérimée) ou des *Confessions d'un enfant du siècle* (Alfred de Musset) appartiennent encore au romantisme des premiers jours, en raison des traits résolument traditionnels qui les caractérisent.

Entre héroïsme et désenchantement

§ **136.f** Henry Beyle, c'est-à-dire Stendhal, crée des personnages d'inspiration autobiographique se situant à mi-chemin entre l'idéal romantique du héros fier et intrépide[33] et le froid réalisme de la psychologie des passions, non dénué de sarcasme. L'âge auquel il obtient ses premiers succès littéraires l'empêche de tomber dans ce qu'il a appelé le « romanticisme », un romantisme naïf qui ne se préoccupe pas du présent. Les œuvres de Stendhal

Fig. 13.22 : Léandre, Charles. Frontispice d'une édition de *Madame Bovary* (Paris, Auguste Blaizot & fils). 1931.

anticipent déjà le réalisme de Balzac qui, lui non plus, n'a jamais vraiment appartenu au mouvement romantique, car il reproche à ses auteurs de chercher l'évasion dans l'exceptionnel et le lointain[34], au lieu de s'intéresser au commun des mortels vivant, par exemple, en province. Pour autant, les 90 ouvrages qui constituent La *Comédie Humaine*, tout en prétendant être une étude sociologique des mœurs, présente des éléments hétéroclites : *La peau de chagrin*, d'inspiration fantastique, ou le personnage de Rastignac, dont l'ambition et l'ascension sociale fulgurante font à la fois de lui un arriviste et un être d'exception, sont finalement peu réalistes.

Le réalisme flaubertien

§ **136.g** Avec Gustave Flaubert, le roman va un cran plus loin dans la mise à mort du ro-

---

33 À l'instar du personnage de Julien Sorel dans *Le Rouge et le Noir* ou de celui de Fabrice Del Dongo dans *La Chartreuse de Parme*. Au XXᵉ siècle, Jean Giono fera renaître ce type de personnage dans *Le hussard sur le toit*.

34 Par exemple, les thèmes de prédilection des romantiques seront les sujets historiques ou l'exotisme de l'Orient.

Fig. 13.23 : Lhermitte, Léon Augustin. *La paye des moissonneurs*. 1882.

mantisme, d'ailleurs mise en scène dans le suicide du personne principal de *Madame Bovary*. Cette œuvre est censurée sous le Second Empire car, en dénonçant sarcastiquement les mœurs d'une bourgeoise dévorée par l'ennui et les conventions sociales, l'auteur accuse toute une frange conservatrice de la société, encore prisonnière des fantasmes de l'Ancien Régime[35]. Dans les faits, le mouvement réaliste prend sa source dans le désenchantement causé par les événements de 1848, au cours desquels, une fois encore, le peuple s'est fait voler la Révolution. Flaubert, tout comme Balzac dont il s'inspire, se désintéresse de ce qui fait la grandeur de l'homme et établit un portrait féroce de la société, avec des personnages passifs, victimes de leurs inclinations et de leurs passions, au contraire des héros romantiques de George Sand, dont la vocation est de donner l'exemple. Par ailleurs, avec Flaubert naît la « polyphonie énonciative », un procédé par

lequel la voix du personnage et celle du narrateur se mélangent, au point que le lecteur est incapable de les identifier et donc de savoir quel jugement moral il doit porter sur l'histoire. Enfin, par son approche visant à décrire la réalité dans ses aspects même les plus crus, comme le fera Gustave Courbet en peinture[36], le réalisme flaubertien inaugure l'ère du naturalisme.

Le naturalisme

§ **136.h** À partir de 1868, l'initiative d'un petit groupe d'artistes souhaitant produire des œuvres en suivant les préceptes des sciences humaines et sociales donne naissance au naturalisme. En littérature, l'écrivain est à la fois un « observateur et un expérimentateur » du monde réel, qui place ses personnages dans les conditions qui permettront de vérifier ou d'infirmer l'hypothèse qu'il émet à propos d'une problématique sociale. Par exemple, dans *L'Assommoir* (1888), publié en épisodes dès 1876,

35 Emma Bovary, bourgeoise qui s'ennuie dans sa province, essaie de calquer sa vie sur celle des personnages des romans qu'elle lit. Sa confrontation avec la réalité va la pousser à de terribles extrémités (Flaubert, 1900).

36 Courbet, peintre réaliste, est particulièrement connu pour deux toiles qui firent scandale: *Un enterrement à Ornans* (1850) et *L'Origine du monde* (1866).

Fig. 13.24 : Pelez, Fernand. *Grimaces et misères ou les Saltimbanques*. 1888.

Émile Zola évoque le problème de l'alcoolisme et ses répercussions dans le monde ouvrier, aboutissant à la conclusion qu'il mène à la décadence sociale et à la mort. Toutefois, le romancier étant libre de faire tourner son expérience comme il le veut, cette tentative pseudo-scientifique a rapidement été qualifiée de sophisme radical par ses contemporains, même si elle prétend vouloir étudier l'homme dans la société, comme la biologie étudie les animaux dans leur milieu naturel. En effet, comme Balzac et Flaubert avant lui, Zola dresse un portrait moral de la société, dont le but est de dénoncer les abus des plus riches et des plus puissants. Du coup, l'impartialité scientifique dont il se réclame paraît invraisemblable. Malgré tout, l'œuvre de Zola, intitulée « Histoire naturelle et sociale d'une famille sous le Second Empire », laquelle ne compte pas moins de 20 différents volumes, repose sur une documentation journalistique très conséquente et a connu une grande notoriété. En peinture, des artistes comme Léon Lhermitte, Jules Breton, Eugène Buland, Émile Friant ou Évariste Carpentier marchent sur les traces de Zola (Weisberg 24), en peignant des sujets représentatifs des classes paysannes ou prolétariennes, dans un quotidien qui laisse entrevoir les conditions difficiles de leur existence. C'est dire qu'il existe non seulement une cohérence esthétique dans le naturalisme, mais également socio-politique, le mouvement s'étant attelé à la tâche de dénoncer les injustices sociales, par l'expression artistique et par la presse[37]. Approfondissant tous les sujets et largement diffusé dans les médias de l'époque, le naturalisme constitue l'une des pierres fondatrices de la pensée moderne naissante et prélude à de grands bouleversements sociaux.

---

37 Par exemple, Zola a pris part à la défense du capitaine Dreyfus, injustement accusé de trahison, dans un article retentissant, *J'accuse*. À ce sujet, voir chapitre suivant.

Références

Livres, articles et œuvres d'art

- Agulhon, Maurice. *1848 ou l'apprentissage de la République (1848-1852)*. Paris: Le Seuil, 2002. Imprimé.

- Allier, Audry de Puyraveau et al. *Compte rendu par quarante-et-un membres de la chambre des députés à leurs commettants*. Paris: Imprimerie de Guiraudet, 1852. Imprimé. 🌍

- Antonetti, Guy. *Histoire contemporaine politique et sociale*. Paris: Presse Universitaire de France, 1986. Imprimé.

- —. *Louis-Philippe*. Paris: Fayard, 2002. Imprimé.

- Bénichou, Paul. *Romantismes français : 2, Les mages romantiques ; L'école du désenchantement*. Paris: Gallimard, 2004. Imprimé.

- Bonaparte, Louis Napoléon. *Des idées napoléoniennes*. Paris: Paulin, 1839. Imprimé. 🌍

- —. « Discours de Bordeaux. » *Le Moniteur universel* 18 oct. 1852: 341-44. Imprimé.

- Bonarparte, Louis Napoléon. *Extinction du paupérisme*. Paris: Pagnerre, 1844. Imprimé. 🌍

- Caron, Jean-Claude. *La France de 1815 à 1848*. Paris: Armand Colin, 2013. Livre digital.

- Courbet, Gustave. *L'Origine du monde*. 1866. Huile sur toile, 46 x 55 cm. Musée d'Orsay. 🌍

- —. *Un enterrement à Ornans*. 1849-1850. Huile sur toile, 315 x 668 cm. Musée d'Orsay. 🌍

- De La Fayette, Marie-Madeleine. *La princesse de Clèves*. Paris: Mesnard et Desenne, fils, 1818. Imprimé. 🌍

- Delorme, Philippe. *Louis XVII, la vérité: sa mort au Temple confirmée par la science*. Paris: Pygmalion, 2000. Imprimé.

- De Navarre, Marguerite. *L'Heptaméron, des nouvelles de Marguerite d'Angoulême, reine de Navarre*. Paris: Adolphe Delahays, 1858. Imprimé. 🌍

- De Moncan, Patrice. *Le Paris d'Haussmann*. Paris: Éditions du Mécène, 2009. Imprimé.

- Démier, Francis. *La France du XIXᵉ siècle, 1814-1914*. Paris: Seuil, 2000. Imprimé.

- —. *La France sous la Restauration (1814-1830)*. Paris: Gallimard, 2012. Imprimé.

- De Staël-Holstein, Anne Louise Germaine. *De l'Allemagne*. Paris: Nicolle, 1813. Imprimé. 🌍

- Doisy, Martin et Louis XVIII. *Manuscrit inédit de Louis XVIII, précédé d'un examen de sa vie politique jusqu'à la charte de 1814*. Paris: Michaud, 1839. Imprimé. 🌍

- Figes, Orlando. *The Crimean War : A History*. New York: Picador, 2012. Imprimé.

- Flaubert, Gustave. *Madame Bovary. Moeurs de Province*. Paris: Charpentier, 1900. Imprimé. 🌍

- Frerejean, Alain. « Le train du Président est avancé. » *Historia*, octobre 2008 : 26-30. Imprimé.

- Girard, Louis. *Napoléon III*. Paris: Fayard, 1986. Imprimé.

- Hugo, Victor. *Choses vues*. Paris: J. Hetzel, Maison Quantin, 1897. Imprimé. 🌍

- —. *Cromwell*. Paris: Hetzel, 1826. Imprimé. 🌍

- Laity, Armand. *Relation historique des événements du 30 octobre 1836 : le prince Napoléon à Strasbourg*. Paris: Imprimerie de LB. Thomassin et compagnie, 1838. Imprimé. 🌍

- Louis XVIII. *Mémoires*. Bruxelles: Louis Hauman et Cⁱᵉ, 1832. Imprimé. 🌍

- Louli, Jonathan. « Karl Kautsky, Les luttes de classe pendant la Révolution française. » *Lectures*, 2015. Web. 8 dec. 2016. 🌍

- Milza, Pierre. *Napoléon III*. Paris: Perrin, 2006. Imprimé.

- Murat, Inès. *La Deuxième République*. Paris: Fayard, 1987. Imprimé.

- Plessis, Alain. « Napoléon III : un empereur socialiste ? ». *L'Histoire*, janvier 1996. Imprimé. 🌐

- Sarrans, Bernard. *La Fayette et la Révolution de 1830, histoire des choses et des hommes de Juillet*. Paris: Librairie de Thoinier Desplaces, 1833. Imprimé. 🌐

- Stendhal. *Racine et Shakespeare : études sur le romantisme*. Paris: Michel Lévy frères, 1854. Imprimé. 🌐

- Tsikounas, Myriam. « Les espoirs déçus de la Monarchie de Juillet. » 1991. *L'Histoire par l'image*. Éd. Réunion des musées nationaux. Web. 08 nov. 2016. 🌐

- Waresquiel, Emmanuel et Benoît Yvert. *Histoire de la Restauration, 1814-1830. Naissance de la France moderne*. Paris: Perrin, 2002. Imprimé.

- Weisberg, Gabriel P. *L'illusion de la réalité : Peinture, photographie, théâtre et cinéma naturaliste, 1875-1918 : exposition, Amsterdam, Van Gogh Museum, et Helsinki, Musée des Beaux-Arts de l'Atheneum, 2010-2011*. Bruxelles: Fonds Mercator, 2010. Imprimé.

- Zola, Émile. *L'Assommoir*. Paris: Charpentiers & Cie, 1888. Imprimé. 🌐

- Zola, Émile. *Le ventre de Paris*. Paris: Charpentiers & Cie, 1873. Imprimé. 🌐

Liens utiles à visiter

- Allocine.fr

  Le hussard sur le toit (Bande-annonce V.F.) 🌐

- Europe 1

  Au Cœur de l'Histoire. « La Restauration ». 🌐

  Au Cœur de l'Histoire. « Napoléon III : l'évasion du fort de Ham ». 🌐

- France Culture

  La Fabrique de l'Histoire. « Louis-Philippe ». 🌐

- France Inter

  2000 ans d'Histoire. « Les Trois Glorieuses ». 🌐

- L'Histoire par l'image

  « Alphonse de Lamartine » 🌐

  « Attaque de l'Hôtel de Ville de Paris, le 28 juillet 1830 » 🌐

  « Hugo en exil » 🌐

  « La France [...] reçoit de Louis XVIII la Charte constitutionnelle » 🌐

  « Les ateliers nationaux » 🌐

  « La bataille de Solférino (24 juin 1859) » 🌐

  « La première d'Hernani : avant la bataille » 🌐

  « La première restauration » 🌐

  « La révolte des Canuts » 🌐

  « L'apothéose de Napoléon III » 🌐

  « L'avènement de la monarchie de Juillet » 🌐

  « Le drapeau tricolore » 🌐

  « Les brasseries au cœur de Paris » 🌐

  « Le sacre de Charles X » 🌐

  « Louis Napoléon Bonaparte s'évade du fort de Ham » 🌐

  « Louis Napoléon, Président de la République et futur empereur » 🌐

  « Portraits officiels : Louis Philippe et Napoléon III » 🌐

  « Réception de la reine Victoria dans le port de Boulogne » 🌐

- YouTube

  Conférence d'Henri Guillemin (1973) - « Les événement de 1848 » 🌐

Médiathèque

- *Germinal*. Réal. Claude Berri. Interpr. Renaud, Judith Henry, Miou-Miou. Renn Productions / France 2 Cinéma / DD Productions. 1993. Film. 🌍

  [01:04:26 - 01:18:35]

- *Le diable boiteux*. Réal. Sacha Guitri. Interpr. Sacha Guitry, Lana Marconi, Emile Drain. Union Cinématographique Lyonnaise. 1948. Film. 🌍

  [01:24:45 - 01:29:45]

- *Le hussard sur le toit*. Réal. Jean-Paul Rappenau. Interpr. Juliette Binoche, Olivier Martinez, François Cluzet. Hachette Première et Cie / Studio Canal / France 2 Cinéma. 1995. Film. 🌍

  [00:29:35 - 00:39:45]

La République s'installe

Recto :

Fig. 14.0.a : Meissonier, Jean-Louis-Ernest. *Le siège de Paris*. 1870.

Fig. 14.0.b : Lix, Frédéric. *Exécution des insurgés pris les armes à la main dans les cours de la caserne Lodau*. 1871.

Fig. 14.0.c : Garnier, Jules-Arsène. *Thiers proclamé « libérateur du territoire », le 16 juin 1877*. 1877.

Fig. 14.0.d : Manet, Édouard. *Le déjeuner sur l'herbe*. 1863.

Fig. 14.0.e (image de fond) : Neurdein, Etienne. *Exposition Universelle de 1900. La Tour Eiffel : n°647*. 1900.

O. Un régime politique qui se cherche

Fig. 14.1 : Liébert Alphonse. *Le Fort d'Aubervilliers - Batterie* [prussienne] *dirigée vers Paris durant l'insurrection.* Circa 1870.

§ 140 En 1870, plusieurs régions d'Europe concrétisent leurs aspirations nationalistes en réalisant leur unité politique : c'est le cas de l'Italie, sur le point d'achever le rassemblement de ses provinces, mais aussi des États allemands, sous l'égide de la Prusse, qui prend le contrôle de la Confédération de l'Allemagne du Nord. Celle-ci caresse le but de bouleverser l'équilibre géopolitique de l'Europe, jusqu'alors dominé par l'Angleterre, la France, la Russie et l'Autriche. Bien que Napoléon III plaide en faveur de la liberté des peuples à disposer d'eux-mêmes, il voit d'un mauvais œil la montée de ces nationalismes, ce qui ne l'empêche pas de profiter des velléités indépendantistes des pays voisins pour négocier la cession de territoires, en promettant son aide militaire ou sa neutralité[1]. Cette diplomatie agressive déplaît à la Prusse, dont l'armée est prête à relever le défi d'un conflit contre la France. Elle pousse donc Napoléon III à déclencher les hostilités. La guerre qui s'ensuit n'a pas le résultat escompté : elle ébranle les bases fragiles du Second Empire et mène à un régime politique éphémère, la Commune, qui cherche à rééditer les événements des révolutions précédentes, alors même que l'Assemblée est majoritairement royaliste. Ce nouveau régime d'essence populaire ne dure pas mais les conservateurs, qui reviennent au-devant de la scène politique, ne sont pas non plus en mesure de restaurer la monarchie. La Troisième République française naît donc par défaut, conséquence d'un malentendu parlementaire et de la volonté de pacifier un pays déjà fort divisé. Par voie de conséquence, les élections des représentants du peuple donnent raison aux républicains de l'Assemblée et la jeune république peut s'installer durablement, malgré les crises successives qui la secouent et semblent à chaque fois remettre en cause le corps institutionnel, comme par exemple l'affaire Panama ou l'affaire Dreyfus. La stabilité du régime est peut-être à mettre sur le compte de cette période de prospérité et de progrès qu'a été la Belle Époque, au cours de laquelle les conditions de vie sont bien meilleures qu'elles ne l'ont jamais été.

---

1 Ce que Bismarck, le premier chancelier allemand, a appelé la "politique des pourboires".

1. La honte de Sedan

La métamorphose prussienne

§ 141.a Au congrès de Vienne, la Prusse, qui fait partie des vainqueurs, engloutit de nombreux petits États et installe durablement sa puissance à l'ouest, notamment dans le bassin rhénan. L'abondance des ressources minières qui s'y trouvent lui permet de se développer rapidement au cours de la révolution industrielle. Son souverain, Guillaume Ier et son chancelier Bismarck, fins politiques, développent son potentiel militaire en restructurant son armée et en renouvelant sa marine (Bled). Au nom du pangermanisme, une doctrine identitaire visant à regrouper tous les peuples germanophones d'Europe, les deux dirigeants souhaitent reconstituer un nouvel Empire allemand. Pour y parvenir, ils doivent éliminer le danger que représentent certaines petites cités-États et, surtout, leur concurrent direct en Europe centrale, l'Autriche, à la tête de la Confédération germanique.

§ 141.b Dès 1864, la Prusse s'attaque au Danemark dans la Guerre des Duchés, pour y récupérer les territoires de Schleswig et de Saxe-Lauenbourg. Puis, en 1866, elle pousse l'Autriche à lui déclarer la guerre. Grâce à la supériorité numérique de son armée, alliée à celle d'Italie, et grâce à l'armement sophistiqué de son infanterie[2], elle parvient à battre les troupes autrichiennes et à imposer la dissolution de la Confédération germanique. De plus, la Prusse annexe les territoires qui se situent entre sa partie occidentale et sa partie orientale, lui permettant de réaliser son unité et de réclamer le commandement d'une nouvelle organisation des territoires germaniques, la Confédération de l'Allemagne du Nord (Berstein et Milza 3-14). Suite à cette guerre, les relations entre la France et la Prusse se détériorent, Bismarck n'ayant pas cédé à Napoléon les com-

Fig. 14.2 : Loescher, P. & Petsch. *Otto Von Bismarck*. 1871.

pensations territoriales qu'il lui avait promises en échange de sa neutralité (Droz). Soucieux, Napoléon III rapatrie ses troupes du Mexique.

La dépêche d'Ems

§ 141.c Suite à l'abdication de la reine d'Espagne, l'un des princes prussiens, Léopold de Hohenzollern, propose sa candidature au trône du royaume hispanique. Face au danger que représente pour elle la Prusse à ce moment, la France perçoit cette proposition comme une volonté d'encerclement militaire, mais obtient facilement le retrait de la candidature du prince par voie diplomatique. Cependant, le 13 juillet 1870, comme l'ambassadeur français demande une confirmation pressante de cette défection, ainsi que la promesse qu'elle sera

---

2 Les soldats prussiens sont les premiers à utiliser le fusil à rechargement par la culasse.

Fig. 14.3 : Camphausen, Wilhelm. *Napoleon III et Bismarck le matin suivant la bataille de Sedan.* 1878.

permanente, Bismarck décide de mettre à profit le télégramme du roi de Prusse qu'il a reçu, rendant compte d'une visite officielle de l'ambassadeur français : il en dénature le contenu, le transforme en message provocateur[3], puis le diffuse largement à toutes les ambassades et à la presse allemande, avec l'intention de « produire sur le taureau gaulois l'effet d'un drapeau rouge » (Bismarck 91). Les réactions des politiques français sont partagées, mais la plupart des journaux répercutent l'information, ce qui provoque l'ire de la population et de l'Assemblée, qui demandent à réparer l'outrage. L'opposition parlementaire, menée par Thiers, Arago et Gambetta, récuse catégoriquement l'idée d'un conflit et appelle leurs concitoyens à réfléchir froidement aux vraies motivations du roi de Prusse. Toutefois, la majorité des députés décident de déclarer la guerre, sans plus attendre (Frédérix).

---

3 Il y est notamment mentionné le refus du roi de Prusse de recevoir l'ambassadeur de France.

La défaite à Sedan et la chute de l'Empire

§ 141.d La stratégie de Bismarck consistant à faire passer la Prusse pour le pays agressé lui permet de fédérer les États du sud de l'Allemagne sous sa bannière, si bien qu'il dispose d'une armée plus importante que la France. Par ailleurs, l'équipement militaire des Prussiens, avec les canons Krupp à rechargement par la culasse, est meilleur que celui dont disposent leurs opposants. Dès le commencement du conflit, ces derniers vont de défaite en défaite, notamment à Metz, derrière les murs de laquelle le général Bazaine doit s'enfermer pour tenir un long siège. Surtout, à Sedan, Napoléon III est lui-même obligé de se rendre, avec ses 100 000 soldats, après seulement quelques semaines de combat. La capitulation de l'Empereur, le 2 septembre 1870, entraîne la chute du régime et la proclamation de la République française : le 4 septembre, les Parisiens se réunissent au palais Bourbon pour y exprimer leur enthousiasme d'en finir avec le Second Empire.

Fig. 14.4 : De Neuville, Alphonse-Marie-Adolphe. *Les dernières cartouches*. 1873.

La Troisième République et la création d'un gouvernement de Défense nationale

§ 141.e Face à la menace des Prussiens qui se dirigent vers Paris, des mesures sont prises pour établir un nouveau gouvernement. Le 4 septembre 1870, les débats houleux entre le député Gambetta, qui veut prononcer la déchéance de Louis Napoléon Bonaparte, et Thiers, qui souhaite ajourner la création d'une Assemblée constituante et simplement former un comité exécutif provisoire, sont interrompus par de nombreux émeutiers envahissant le palais Bourbon[4] (Pointu 166-169). Ils réclament la déchéance de Napoléon III et l'établissement d'une République, qui est proclamée quelques moments plus tard à l'Hôtel de Ville par Gambetta lui-même. Un gouvernement de Défense nationale est alors constitué, à la tête duquel le général Trochu est nommé. Les républicains Jules Favre et Léon Gambetta y deviennent respectivement ministres de la Guerre et de l'In-

térieur. Mais la gestion de cette situation de crise par les républicains ne permet pas de repousser les envahisseurs, qui assiègent Paris pendant 138 jours, bombardant la ville et affamant la population. Gambetta quitte la capitale en montgolfière en direction de Tours, pour essayer de lever une armée en province, mais le manque d'organisation et de moyens affecte grandement l'efficacité de la défense du territoire. Livrés à eux-mêmes et affamés, les Parisiens en viennent à manger tous les animaux qui vivent encore dans l'enceinte des murs de la capitale, y compris ceux du zoo.

La défaite et les élections de 1871

§ 141.f En octobre, la défaite du général Bazaine et celle des armées françaises au Bourget, ainsi que la tentative du gouvernement de Défense nationale de négocier un armistice avec Bismarck à Versailles, sont mal vécues par les Français qui se sentent trahis : des mouvements insurrectionnels populaires et dans l'armée française naissent à Paris et en province. Notamment, le 31 octobre, des bataillons menés par

---

4   À cette époque, le palais Bourbon est le siège du pouvoir législatif.

Fig. 14.5 : Didier, Jules et Jacques Guiaud. *L'annonce de l'abolition du régime impérial devant le palais du corps législatif (à Paris), le 4 septembre 1870.* 1871.

le gauchiste Gustave Flourens prennent l'Hôtel de Ville et essayent d'y constituer un Comité de salut public, mais l'insurrection échoue. La dernière tentative pour briser le siège de Paris à la bataille de Buzenval, en janvier 1871, même si elle est couronnée de succès, ne permet pas de tenir les positions chèrement acquises (Austin et Le Bail). Les autres armées étant défaites en province, un armistice est ratifié à Versailles le 26 janvier 1871, alors que Paris, affamée, est sur le point de se soulever. La signature d'un traité de paix n'est rendue possible que par l'organisation d'élections législatives, le gouvernement de Bismarck souhaitant des négociations avec des représentants officiels de la nation. Ce sont les royalistes qui emportent la majorité des sièges à l'Assemblée nationale et Adolphe Thiers est nommé chef du pouvoir exécutif de la République française.

Conséquences de la guerre

§ 141.g La paix est signée en février 1871, à Versailles, la Prusse imposant des conditions extrêmement dures à la France : une forte indemnité de guerre doit lui être versée, l'Alsace et la Lorraine sont annexées et les armées ennemies défilent sur les Champs Élysées pour humilier la population, ce qui marquera les esprits pendant longtemps et insufflera aux perdants un désir cuisant de revanche. Par ailleurs, l'issue du conflit met fin au dictat de Napoléon III, désormais captif en Prusse, alors qu'une nouvelle république essaie de s'établir en France, de nouveau en proie à des conflits internes majeurs. Pour Bismarck, la lutte contre un ennemi commun lui a permis de vaincre la méfiance des États allemands du sud et de les intégrer au territoire de la Prusse, en même temps que l'Alsace et la Lorraine, concrétisation du vieux rêve pangermanique (Berstein et Milza 14). Guillaume Ier est donc fait empereur, le 18 janvier 1871, à Versailles. Enfin, les troupes françaises doivent quitter Rome, qu'elles protégeaient contre les républicains italiens au profit du pape. Celui-ci n'a plus de souveraineté que sur la Cité du Vatican et l'Italie est devenue une république définitivement unifiée.

2. La Commune de Paris ou l'utopisme écrasé

L'armée et la population, main dans la main

§ 142.a Les Parisiens se sentent d'autant plus humiliés et trahis après la capitulation qu'ils ont livré une résistance acharnée à l'ennemi, supportant inutilement les dures privations causées par le siège de la capitale. Ce mécontentement général est exacerbé par les décisions de l'Assemblée nationale à majorité royaliste qui, après la guerre, est transférée à Versailles[5] : elle supprime la solde des gardes nationaux et révoque la suspension des loyers, le gel des dettes et celui des effets de commerce[6], ce qui provoque la faillite de milliers d'artisans et de petits commerçants. Les classes populaires ne sont pas favorables à la nouvelle Assemblée élue par les « ruraux » et craignent de s'être fait voler le bénéfice de la révolution de septembre 1870, lors de la défaite de Sedan, comme en 1830 et en 1848. Pendant le siège, beaucoup d'ouvriers qui ont fait partie des armées fédérées contre les Prussiens ont adhéré à l'Association internationale des travailleurs, créée par Karl Marx. Cette population fort mécontente est donc « républicaine rouge » et jacobine (Chevallier et Mayeur). Craignant, non sans raison, une révolte, le nouveau président de l'exécutif, Thiers, souhaite désarmer les fédérés qui ont combattu contre les Prussiens.

§ 142.b Le 17 mars 1871, Thiers envoie l'armée récupérer les canons des conscrits, notamment sur la butte Montmartre, à Belleville et à Ménilmontant. Mais les chevaux manquent pour transporter les canons et les soldats fraternisent rapidement avec la population. La foule déchaînée prend les postes militaires d'assaut, puis les généraux en charge des opérations sont fusillés. Le gouverneur de la

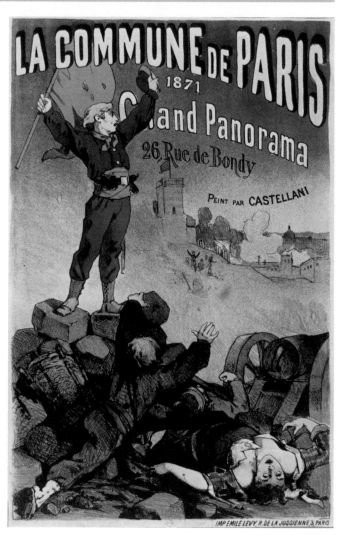

Fig. 14.6 : Castellani. *La Commune de Paris 1871. - Grand Panorama 26 rue de Bondy.* 1883.

ville donne alors l'ordre d'évacuer la capitale : Thiers et de nombreux habitants des quartiers aisés se réfugient à Versailles, toujours occupée par les Prussiens. Le 26 mars 1871, les insurgés élisent 71 représentants, qui siègeront au Conseil de la Commune. On y trouve une majorité de jacobins et de républicains avancés[7], favorables à une révolution politique, mais aussi des socialistes ou des « internationalistes », partisans d'une république sociale marxiste.

---

5 Le gouvernement accumule les maladresses : le siège des parlementaires à Versailles, symbole de la monarchie absolue, envoie un message peu encourageant à l'ensemble de la population.

6 C'est-à-dire toutes les formes de crédit permettant l'ajournement du paiement des dettes.

7 Ce sont essentiellement des "blanquistes", républicains d'extrême-gauche, non marxistes, souhaitant une réelle égalité sociale et ne croyant pouvoir y parvenir que par l'insurrection.

Fig. 14.7 : Gobinet de Villecholle Franck, François-Marie-Louis-Alexandre. *La colonne Vendôme mise à bas par un groupe de Communards, menés par le peintre Gustave Courbet.* 1871.

Les 72 jours de la Commune de Paris

§ 142.c La naissance de la Commune de Paris donne lieu à une effervescence politique sans précédent dans toute la capitale : débats et discussions vont bon train dans les clubs, qui veulent s'approprier le nouvel ordre social. Un gouvernement citadin composé de dix commissions consacrées aux affaires publiques est mis en place[8]. Immédiatement après les élections, les décisions de l'Assemblée royaliste concernant les loyers, les dettes et la solde des fédérés sont ajournées. D'autres résolutions sont votées, comme la réquisition de logements vacants pour les victimes des sinistrés de guerre, l'émancipation des femmes, l'élection des fonctionnaires au suffrage uni-

versel, la laïcisation et la gratuité de l'enseignement, la séparation de l'Église et de l'État et l'adoption d'un nouvel emblème national, le drapeau rouge.

§ 142.d À une trentaine de kilomètres de la capitale, Thiers bénéficie de l'appui du chancelier Bismarck pour mener à bien une contre-révolution et balayer l'opposition communarde. Il obtient la libération de 60 000 prisonniers qui grossissent la nouvelle armée de « Versaillais », que Thiers est en train de constituer (Favre). Contrairement à elle, l'armée des Communards est sans expérience militaire et souvent indisciplinée. Entre le 21 mars et le 28 mai, de violents combats les opposent aux Versaillais qui, petit à petit, reprennent Paris. À partir du 21 mai, c'est la Semaine sanglante : un Versaillais transfuge avertit ses comparses que la porte de Saint-Cloud n'est plus gardée,

---

8 L'une d'entre elles, la Commission exécutive, supervise le bon fonctionnement des autres par des délégations de représentants.

permettant l'entrée des armées régulières dans Paris. La répression qui s'ensuit est terrible : de nombreuses exécutions sommaires ou arbitraires sont perpétrées à l'intérieur de la capitale, faisant au moins 7500 morts (Tombs). Cette violence punitive aura l'appui des républicains modérés et même d'écrivains comme Émile Zola, Gustave Flaubert, Edmond de Goncourt ou George Sand, hostiles aux ouvriers de la Commune, qu'ils ne jugeaient pas aptes à se mêler de politique (Furet). Suite au rétablissement de l'autorité élue en janvier 1871, plus de 10 000 condamnations sont prononcées par les tribunaux. Quatre ans plus tard, à l'emplacement du lieu où l'insurrection des fédérés a commencé, le gouvernement fait ériger le Sacré-Cœur, afin d'« expier le crime de la Commune » (Accoyer). Selon l'essayiste Alain Gouttman, bien que les insurgés ne se soient pas montrés à la hauteur des grands idéaux de liberté, de justice et d'égalité qu'ils avaient voulu voir mettre en application, ils ont marqué la mémoire des générations, en osant un pari fou, complètement utopiste, celui d'une république où chaque citoyen pouvait être acteur de la chose publique.

3. La République « par défaut »

Acte I : le drapeau blanc des légitimistes

§ 143.a Une fois Thiers revenu au pouvoir, sa préoccupation essentielle est de payer l'indemnité de guerre aux Allemands, afin de les voir quitter le territoire. Il a recours à un emprunt public qui rend quatre millions de Français porteurs de la dette de l'État (Lagneau-Ymonet et Riva 47). Pour les royalistes qui occupent majoritairement l'Assemblée, Thiers est une personnalité indispensable pour la négociation du départ des forces d'occupation avec les Prussiens, et ils veulent éviter que les Français n'associent l'idée du retour de la monarchie à celle d'une défaite militaire, comme à la chute du Premier Empire. Ils prorogent donc le statut de Thiers en tant que chef de l'exécutif grâce à la loi Rivet, qui le fait « président de la République », mais limitent ses pouvoirs car il peut être congédié à tout moment. Toutefois, sûr de son importance, Thiers fait sempiternellement planer la menace de sa démission face à la majorité royaliste, afin d'instaurer des réformes durables (Mayeur 44). Il favorise ainsi l'enracinement institutionnel de la République, jusqu'au moment où il en clamera officiellement l'évidente inéluctabilité.

§ 143.b En face des républicains, minoritaires, les royalistes sont composés d'orléanistes, favorables à un régime monarchique concédant

Fig. 14.8 : Maurice, Clément. *Le Sacré-Coeur.* 1897. Le Sacré-Coeur fut construit sur la butte Montparnasse, où l'insurrection communarde avait commencé, expression de la repentance populaire et symbole du nouvel ordre moral qui succède.

les acquis de la Révolution, et les légitimistes, qui souhaitent le retour d'un roi doté des mêmes prérogatives que sous l'Ancien Régime. Or, au moment où l'on discute les modalités d'une possible restauration, le successeur tout désigné, le comte de Chambord, refuse catégoriquement d'adopter le drapeau tricolore, pour lui symbole d'une compromission inacceptable du dernier représentant des Bourbons avec l'héritage de la Révolution. Cette intransigeance, dont il ne se démettra jamais, empêche l'union des orléanistes et des légitimistes à l'Assemblée, provoquant la lassitude de Thiers et lui donnant un argument de poids pour rester chef de l'exécutif. Il se déclare bientôt en faveur d'une république, socialement conservatrice mais politiquement libérale. Cet acte de sédition parlementaire lui coûte sa position à la présidence, en mai 1873. Il est remplacé par le légitimiste Mac Mahon, qui a réprimé la Commune (Ibid.).

Acte II : une constitution « provisoire »

§ 143.c Le nouveau chef de l'exécutif souhaite le retour d'une monarchie placée sous les auspices de l'« ordre moral »[9]. Il retire le suffrage universel au peuple pour l'élection des maires, désormais désignés par lui-même ou par les préfets, ce qui lui vaut l'impopularité des électeurs des milieux ruraux, sur qui la majorité monarchique s'appuie. Celle-ci doit toujours subir le statu quo des orléanistes et des légitimistes, le comte de Chambord persistant dans son refus d'embrasser l'étendard tricolore : l'Assemblée en est réduite à prolonger les pouvoirs de Mac Mahon de sept ans, durée correspondant au pronostic vital du dernier des Bourbons. Cette attente forcée, corollaire du principe désormais archaïque de la primogéniture masculine, va bientôt porter un coup fatal à tout espoir de jamais voir renaître le régime monarchique.

§ 143.d À partir de janvier 1875, une série de mesures à l'initiative des républicains mettent en place une nouvelle constitution, ensemble hétéroclite d'amendements dérivés d'une collaboration unique entre députés de tendances opposées. C'est notamment l'amendement Wallon qui établit officiellement les statuts du chef de l'État, élu au suffrage universel indirect par les deux chambres pour sept ans[10]. Par ailleurs, la

Fig. 14.9 : Agence France-Presse. *Les Chefs d'État d'Adolphe Thiers à Charles de Gaulle de 1871 à 1958*. Le Président Mac-Mahon, Edme Patrice Maurice. Fin du XIXe siècle.

légitimité de l'institution bicamérale, qui sert de fondation au système législatif, est également discutée[11] : les républicains sont plutôt partisans d'une seule chambre, l'Assemblée nationale qui décide des lois et vote les décrets, comme au cours de la Première République, alors que le conservatisme élitiste des orléanistes penche en faveur de l'existence d'une autre chambre, le Sénat, élu par un collège de Grands électeurs et opérant une forme de contre-pouvoir. Cette question fait l'objet d'un compromis qui, pour chaque parti, se veut temporaire : la République est reconnue par les orléanistes si les républicains acceptent l'idée d'une Assemblée bicamérale. Enfin, le Président de la République, tout comme l'Assemblée, se voit confier l'initiative des lois et l'obligation de les promulguer, en

---

9 C'est sous sa présidence que la construction du Sacré-Cœur est décidée.

10 La réduction du mandat présidentiel de sept à cinq ans n'interviendra qu'à partir de 2002.

11 Toujours en vigueur de nos jours, sous les institutions de la Cinquième République française.

même temps que le pouvoir de dissoudre l'Assemblée nationale. Pour les royalistes, ce dernier amendement a théoriquement pour objectif de sauvegarder les intérêts monarchiques, au cas où les républicains deviendraient majoritaires.

Acte III : les élections de février 1876

§ 143.e La sanction de l'électorat concernant la « loi des maires » et les tergiversations des royalistes est impitoyable lors des élections législatives du 20 février 1876. Une éclatante majorité revient aux républicains avec qui, désormais, Mac Mahon doit gouverner[12]. Cette collaboration ne dure qu'un temps : ayant renvoyé plusieurs présidents du Conseil républicains[13], Mac Mahon cherche à imposer un royaliste en dépit de la tendance politique de la chambre. Celle-ci s'y opposant, il la dissout. Toutefois, les nouvelles élections d'octobre 1877 lui donnent de nouveau tort, de même que les élections municipales de janvier 1878 et les élections sénatoriales de janvier 1879. Ne pouvant plus gouverner dans des conditions qui l'obligent à promulguer des lois contraires à ses convictions politiques, il démissionne en janvier 1879 et est remplacé par le républicain Jules Grevy.

Dernier acte : les lois républicaines

§ 143.f La désignation de républicains à la tête de l'exécutif amène au vote de plusieurs lois permettant l'établissement d'un régime qui va durer presque 70 ans. Tout d'abord, *la Marseillaise* est décrétée l'hymne national français et le 14 juillet redevient le jour de la fête nationale, en commémoration de la fête de la Fédération. De nombreuses rues, avenues, boulevards et places sont renommées d'après les républicains historiques, rendant chaque jour la disparition de l'Ancien Régime plus évidente. Par ailleurs, l'avènement de Jules Ferry à la présidence, de 1879 à 1885, amorce une longue série de législations portant sur le caractère gratuit, obli-

Fig. 14.10 : Monet, Claude. *La rue Montorgueil.* 1886. Représentation de l'inauguration de la première exposition universelle de l'ère républicaine, le 1er mai 1878.

gatoire et laïque de l'école[14] et sur la liberté d'expression, notamment avec la liberté de la presse, la légalisation des syndicats et la liberté de réunion publique sans autorisation. Déjà, en arrière-plan, l'idée que la France doit rattraper son retard par rapport à son voisin allemand se profile (Ozouf 22) : les gouvernants souhaitent former de meilleurs citoyens, issus de l'école puis de l'armée républicaine, plus conscients de leurs devoirs civiques, patriotes et aptes à constituer une unité nationale qui fera la différence en cas de conflit.

Le colonialisme républicain

§ 143.g Sous Jules Ferry, le colonialisme français prend d'autant plus d'ampleur qu'il semble

---

12 Les républicains, regroupant divers partis de gauche, obtiennent 371 sièges contre les 155 sièges des conservateurs (orléanistes, légitimistes, libéraux et bonapartistes) (Campbell 73).

13 Il s'agit du poste de président du Conseil des ministres, où sont exercées les fonctions actuelles de Premier ministre.

14 Le jeudi est décrété sans école pour permettre l'enseignement du catéchisme : ainsi était clairement affirmée l'idée qu'on ne pouvait pas mélanger l'école de la République et les idées religieuses.

Fig. 14.11 : Bettanier, Albert. *La tache noire*. 1887.

à la fois compatible avec les idéaux républicains et l'espoir d'une revanche sur l'Allemagne. En effet, justifiant le développement et l'entretien d'une force militaire, la politique de colonisation permet d'augmenter les ressources de la France, de restaurer le rang économique du pays et, par conséquent, de préparer la revanche contre les vainqueurs de Sedan. De plus, à cette époque, le républicanisme contourne l'obstacle que pourrait constituer le caractère discutable d'un tel projet, en arguant la « mission civilisatrice » de la France. En effet, investie d'une « responsabilité » à l'égard de populations indigènes dont le niveau de développement est considéré bien inférieur, elle se doit ni plus ni moins que de leur « tendre la main » (Ferry). Utilisant comme bases stratégiques l'Algérie et le Sénégal, la France gagne progressivement du terrain en Afrique de l'Ouest et Équatoriale, à Madagascar et aussi en Tunisie, où elle impose un protectorat français. Cette politique de colonisation est critiquée à droite comme à l'extrême-gauche non pour son caractère immoral, mais parce qu'elle détourne la France de ce qui devient de plus en plus essentiel aux yeux de tous, à cette époque : la reconquête de l'Alsace et de la Lorraine. Finalement, l'affaire du Tonkin, une région frontalière du sud-ouest de la Chine, où un contingent de l'armée française a dû faire retraite, porte un coup fatal à l'expansion coloniale pour quelques années et entraîne la mise en accusation du gouvernement Jules Ferry, qui réclamait plus de crédits. Le rejet de sa proposition de loi entraîne la fin de son gouvernement, le 30 mars 1885.

La valse des ministères et le boulangisme

§ 143.h Les élections de 1885 permettent le retour en force des partis conservateurs, entraînant des changements rapides de ministères[15], ce qui fait naître le mécontentement de la population et fait souffler un vent d'antiparlementarisme sur le pays. Cette situation, ainsi que le nationalisme revanchard de ceux qui n'ont pas digéré la défaite de Sedan, fait surgir une personnalité séduisante sur la scène politique : il s'agit du charismatique George Boulanger, un général qui devient de plus en

15 Mais non des parlementaires, les seuls à vraiment bénéficier d'une stabilité politique.

plus populaire : radical au point de prôner la dissolution de l'Assemblée et la refonte de la Constitution, il finit par réunir tous les mécontents. Élu député, il fête sa victoire le 27 janvier 1889 au milieu de 50 000 partisans, qui l'incitent à un coup d'État. Bien qu'il ait rejeté cette sollicitation, il n'en est pas moins inquiété quelques mois plus tard par le gouvernement qui, usant de poursuites légales à l'encontre de la Ligue des Patriotes qui le soutient, décrète un ordre d'arrestation contre lui (Vitaux). Il s'enfuit à Bruxelles et, devenu hors-la-loi, s'y suicide, sur la tombe de sa maîtresse. La Troisième République sort victorieuse de l'affaire Boulanger et le régime s'en trouve une nouvelle fois renforcé.

Le scandale de Panama

§ 143.i Le canal de Suez reliant la Mer Rouge et la Méditerranée est opérationnel depuis 1869 et son concepteur, Ferdinand de Lesseps, bénéficie d'une renommée mondiale. Il souhaite réitérer cet exploit en Amérique centrale, en établissant une liaison entre l'Atlantique et le Pacifique qui traverserait l'isthme de Panama, territoire sous l'autorité du gouvernement colombien. Les capitaux que Lesseps réunit sous forme d'actions ne sont pas assez importants pour couvrir le coût d'un tel projet et, une fois celui-ci lancé en 1881, les conditions difficiles du percement de l'isthme ralentissent considérablement l'avancée des travaux. De nouveaux investissements sont donc nécessaires pour terminer ce qui a été commencé. L'unique solution qui s'impose à Ferdinand de Lesseps et à ses acolytes de la finance, le baron de Reinach et Cornélius Herz, de confession juive[16], est de corrompre les députés, les journalistes et les ministres[17] : il s'agit de passer sous silence les difficultés rencontrées, de voter des lois favorisant le projet et de débloquer des fonds supplémentaires.

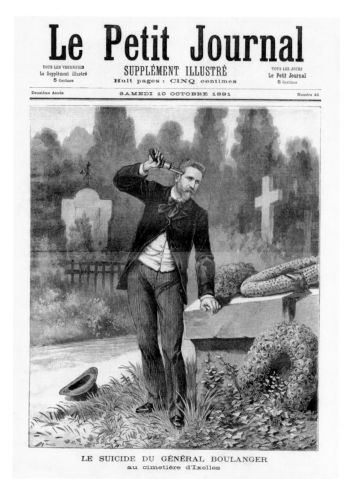

Fig. 14.12 : Le Petit Journal. *Le suicide du général Boulanger au cimetière d'Ixelles.* 1891.

§ 143.j Toutefois, malgré tous les efforts déployés par Lesseps pour redresser la situation, son entreprise fait faillite, entraînant dans sa chute la ruine de dizaine de milliers d'actionnaires, en 1889. En septembre 1892, Édouard Drumont, journaliste antisémite et antiparlementaire, publie un article dénonçant le trafic d'influence qui compromet l'ensemble du projet et révèle toute l'affaire. Alors que celle-ci devient publique, la mort mystérieuse du baron de Reinach et la fuite de Cornélius Herz fait éclater le scandale au grand jour. Celui-ci éclabousse plusieurs hauts fonctionnaires de l'État, dont le ministre de l'Intérieur Émile Loubet, le ministre des finances Maurice Rouvier, ainsi que le ministre des travaux publics, Charles Baïhaut, qui est condamné à cinq ans de prison. Ferdinand de Lesseps, mais aussi Gustave Eiffel, lui aussi impliqué dans le projet initial, parviennent à échapper à la condamnation pour vice de procédure. Les deux conséquences

---

16 Cette précision est importante pour expliquer l'émergence d'un climat d'antisémitisme à la veille de l'affaire Dreyfus. Voir partie 4.

17 Comme, par exemple, le ministre des travaux publics, Charles Baïhaut.

directes de cette affaire sont, d'une part, la re-crudescence de l'antisémitisme en France et, d'autre part, la méfiance des électeurs vis-à-vis des parlementaires, du gouvernement et de la presse, désormais considérés comme corrom-pus. Abandonnée pendant un certain temps, la construction du canal de Pa-nama sera finalement confiée au gou-vernement des États-Unis, qui en achèvera les travaux en août 1914.

4. L'affaire Dreyfus, syndrome de la revanche

Le contexte

§ 144.a La mise en accusation, la condamnation et l'acquittement du capitaine Dreyfus est une affaire explosive à rebondissements qui a pro-fondément divisé la société française à la veille de la Première Guerre mondiale. Elle survient dans un contexte politique agité : bien que le boulangisme, l'affaire Panama, et l'assassinat du Président Carnot par un anarchiste, le 24 juin 1894, n'aient pas compromis la stabilité de la Troisième République, tous ces événements ont marqué les esprits. Parallèlement, bien que 20 ans se soient écoulés depuis la défaite contre les Prussiens, l'esprit revanchard est toujours présent, particulièrement chez les le désir d'une revanche est toujours très fort, en particulier chez les nationalistes et la droite conservatrice, et beaucoup souhaiteraient une nouvelle guerre pour reconquérir l'Alsace et la Lorraine. Les conservateurs sont particulièrement présents chez les officiers de l'armée, tout au moins ceux formés à l'école militaire royale de Saint-Cyr, qui sont antirépublicains et antiparlementa-ristes. Les autres, ceux qui viennent de l'école polytechnique, au statut militaire plus récent[18], sont républicains (Duclert 5). Dans ces condi-tions, une véritable compétition existe au sein des officiers de l'armée, dont le capitaine Alfred Dreyfus, polytechnicien, va faire les frais. Par ailleurs, le climat antisémite ambiant, qui va de pair avec le retour des conservateurs et la mon-tée du cléricalisme, est alimenté par une presse peu règlementée et influente, le plus souvent insultante et arbitraire, qui permet à des jour-nalistes comme Édouard Drumont d'exprimer leurs idées antijuives.

---

18 Il date de la première époque napoléonienne.

Fig. 14.13 : Meyer, Henri. *Le traître : dégradation d'Alfred Dreyfus.* 1895.

L'affaire

§ 144.b Dans sa course à l'information et à l'ar-mement, les ministères de la Guerre et des Af-faires Étrangères français surveillent de près les activités de l'ambassade d'Allemagne, notam-ment en y dépêchant une « femme de ménage » chargée d'en rapporter les corbeilles à papier. En septembre 1894, dans l'une d'elles, cette agente du contre-espionnage y trouve une mis-sive déchirée en morceaux à l'attention de l'of-ficier germanique en place, émanant d'un cor-respondant français travaillant pour le compte des Allemands. Les soupçons du ministre de la Guerre, qui souhaite alors rehausser son image dégradée aux yeux de la presse (Bredin 65), sont aiguillés par un raisonnement aussi simpliste que faux : aveuglé par ses préjugés, il inculpe le capitaine Dreyfus, polytechnicien, de confession juive, d'origine alsacienne et germanophone (Birnbaum 48). Le chef d'inculpation repose uniquement sur le style de l'écriture constatée sur le message manuscrit, le ministre ne prenant en considération que l'opinion des « spécialistes » accréditant son idée première, et non les avis des experts graphologues, qui émettent de sérieuses réserves quant à l'identification de l'auteur. Cette seule pièce à conviction suffit donc à instruire le procès et à déclarer Dreyfus coupable avant même qu'il ne soit jugé (Boussel), face à une presse qui se déchaîne en propos diffamatoires à l'encontre des Juifs présents au sein de l'armée. Elle est même considérée suffisante par les juges du tribunal militaire, qui condamne Dreyfus à la prison à perpétuité sur l'île du Diable, en Guyane, en 1894, après qu'il a été publiquement dégradé et humilié.

Le vrai coupable découvert

§ 144.c C'est Mathieu Dreyfus, le frère du condamné, qui va initier le lent processus de réhabilitation de ce dernier, lequel aboutira après dix longues années. Il avertit la presse, multiplie les enquêtes personnelles et aboutit à la découverte du vrai coupable, le commandant Walsin-Esterhazy, un ancien agent du contre-espionnage criblé de dettes (Reinach 26). Parallèlement, le nouveau commandant des services de renseignements à l'origine de la découverte de la lettre compromettante, le lieutenant-colonel Picquart, corrobore la culpabilité de Walsin-Esterhazy par une découverte fortuite. Mathieu Dreyfus et Picquart joignent leurs efforts pour rendre l'affaire publique : l'armée est obligée d'ordonner une nouvelle enquête et d'ouvrir un procès. Cependant, les accusateurs ayant produit de fausses preuves et corrompu les témoins, le coupable est acquitté et le commandant Picquart mis aux arrêts.

« J'accuse »

§ 144.d Le 13 janvier 1898, Émile Zola, un écrivain alors au sommet de sa notoriété, écrit un article en faveur de Dreyfus qui fait l'effet d'une bombe, « J'accuse ». Pour la première fois, tous les éléments de l'enquête sont rendus publics, ce

Fig. 14.14 : Zola, Émile. *J'accuse*. 13 janvier 1898. Une du journal l'Aurore.

qui vaut à Zola à la fois une renommée internationale et un procès en diffamation, car il expose l'arbitraire et les contradictions d'un régime supposé être républicain et égalitaire (Duclert 42). Dès ce moment, la France entière est partagée entre « dreyfusards » et « antidreyfusards ». La contre-enquête ordonnée par le gouvernement mène finalement au dévoilement du commandant Henry, l'officier du service des renseignements ayant produit les fausses preuves pour étayer l'accusation et confondre son supérieur hiérarchique, le lieutenant-colonel Picquart. Il finit par se suicider mais Dreyfus n'est pas innocenté pour autant : il reste emprisonné, alors que les antidreyfusards, principalement des membres de l'extrême-droite, multiplient les manifestations et les provocations antisémites. Le nouveau président de la République, Émile Loubet, alors favorable à une révision du procès, est même agressé à coups de canne (Boucher-Lambert, « Le 4 juin 1899, c'est la stupeur : le président de la République a été agressé ») !

Fig. 14.15 : Gribayedoff, Valerian. *La lecture de la sentence*. Réhabilitation d'Alfred Dreyfus devant la Cour Suprême, le 12 juillet 1906.

Révisions, grâce et acquittement

§ 144.e En juin 1899, la cour de Cassation, une autorité civile, casse le jugement du tribunal militaire mais renvoie la révision du procès Dreyfus devant une autre autorité militaire, le Conseil de guerre. Malgré l'inconsistance des témoignages et l'invalidité des preuves, Dreyfus est de nouveau reconnu coupable de trahison mais « avec des circonstances atténuantes » (Bredin 544), conséquence de l'autoritarisme aveugle de l'armée, de son incapacité à reconnaître ses vices de fonctionnement et de la pression des partis cléricaux ou de la droite au sein de l'Assemblée. Le Président de la République Waldeck-Rousseau, alors en place, propose la grâce, équivalent à un aveu de culpabilité, que Dreyfus accepte malgré tout, tant il a été éprouvé par ces cinq années d'épreuve. En dépit de la colère des dreyfusards, qui se sentent trahis, et des antidreyfusards, qui estiment que justice n'a pas été rendue, les républicains sont soulagés, car la paix sociale peut revenir. Surtout, les relations franco-allemandes, qui étaient tendues depuis le commencement de l'affaire, peuvent être de nouveau normalisées. Finalement, en 1906, à l'initiative du président du Parti socialiste Jean Jaurès, l'affaire est de nouveau déterrée dans un but politique et diplomatique : le jugement de 1899 est de nouveau cassé et, cette fois, ne donne suite à aucun renvoi devant une cour militaire. Dreyfus est donc réintégré dans l'armée, mais il ne sera jamais dédommagé pour les années passées en prison et le terrible impact que cette accusation a eu dans sa vie.

Conséquences de l'affaire Dreyfus

§ 144.f Cette crise politico-médiatique, qui a duré 12 ans, a permis aux républicains de terrasser une bonne fois pour toute l'opposition des monarchistes et des partis conservateurs, encore présents dans l'armée (Birnbaum 94), installant définitivement l'esprit républicain et anticlérical au sein de la nation française. Aux élections de 1898, c'est en effet la gauche qui remporte les élections, soutenue par les commerçants, les petits bourgeois et les artisans. L'autoritarisme de la droite et de l'Église est désormais considéré comme une menace à l'ordre public, suite aux débordements ayant eu lieu pendant l'affaire Dreyfus. Conséquence de cette victoire éclatante, une loi de séparation de l'Église et de l'État est votée en 1905, qui trace une frontière définitive entre les affaires publiques et la pratique religieuse, reléguée dans le domaine du privé. Les biens de l'Église sont nationalisés et la gestion de ses affaires et de son fonctionnement n'est plus du ressort de l'État. Par cette loi, le gouvernement républicain de gauche souhaite annihiler une bonne fois pour toute l'influence des partisans du cléricalisme siégeant encore à l'Assemblée (Rémond). Cet esprit résolument laïc, né de la première Révolution, aura mis plus d'un siècle à s'imposer.

§ 144.g Une autre conséquence de l'affaire Dreyfus est la diffusion de l'antisémitisme dans toutes les couches de la société, alors qu'il émanait originellement de la droite conservatrice. Paradoxalement, la victoire de la gauche n'a pas exclu sa vulgarisation chez les ouvriers (Duclert 67). Enfin, à l'échelle internationale, il ne faut pas sous-estimer l'impact que l'affaire Dreyfus a eu dans les milieux nationalistes, en entretenant le désir de revanche à l'égard de l'Allemagne, leur principale ennemie.

5. La Belle Époque (1889-1914)

Une nouvelle ère

§ 145.a La Belle Époque peut être définie comme une période au cours de laquelle toutes les couches de la société concourent au développement d'une certaine modernité, avec sa technologie, ses arts et ses amusements. L'économie des pays européens, ainsi que les relations diplomatiques qui existent entre chacun d'entre eux, bénéficient d'une embellie favorable au développement de cette civilisation du progrès. C'est, au sens propre, un foisonnement technologique et culturel où beaucoup donnent libre cours à leur inventivité et à leur esprit d'entreprise. Les capitales se transforment avec l'arrivée des premières automobiles, des éclairages électriques domestiques, de la radio, des premiers pionniers de l'aviation[19] et des découvertes scientifiques révolutionnaires. Les mœurs changent avec l'apparition des premiers divertissements.

Structure de la société

§ 145.b Les couches modestes de la société se répartissent à parts égales entre les habitants pauvres des campagnes, qui abandonnent de plus en plus leur condition de paysans pour al-

Fig. 14.16 : Bain News Service. *Bleriot dans sa machine volante au-dessus de la manche, à mi-chemin de l'Angleterre.* 25 juillet 1909.

---

19 Louis Blériot effectue la traversée de la Manche en 1909 et Rolland Garros celle de la Méditerranée en 1913.

Fig. 14.17 : De Toulouse-Lautrec, Henri. *Au Moulin Rouge*. 1892-1895.

ler vivre dans les villes, et les ouvriers, dont la situation s'est considérablement améliorée depuis le Second Empire, avec un salaire plus élevé de moitié, des journées de travail plus courtes et le repos dominical. La petite et la moyenne bourgeoisie sont constituées de rentiers, d'artistes, de fonctionnaires, de négociants, de cadres ou d'ingénieurs, c'est-à-dire n'exerçant pas de travail manuel. Suivant l'exemple de classes plus aisées, ils ont parfois des résidences secondaires sur les bords de la Manche, sur la côte d'Azur ou sur l'Atlantique, destinations privilégiées car le bain de mer est très à la mode. La haute bourgeoisie d'entreprise tient le haut du pavé, avec la vieille aristocratie qui est propriétaire terrienne, les hauts fonctionnaires de l'État et les élites professionnelles de la vie mondaine parisienne. Étant grands consommateurs de spectacles, d'art, de parties fines et de somptueuses réceptions où chacun veut se montrer, ils ont façonné le mythe de la Belle Époque par leurs mœurs exubérantes, vivant entre leurs hôtels particuliers, en ville, et leurs villas, dans les stations thermales ou balnéaires. Toutefois, ces classes se mélangent dans certains endroits comme les cabarets, par exemple aux Folies Bergères ou au Moulin Rouge, rendant ces endroits extrêmement populaires.

Une ère de développement technologique

§ **145.c** La Belle Époque est également la période des grandes inventions, lesquelles ont permis la construction du monde moderne tel que nous le connaissons aujourd'hui. En marge des innovations dans le domaine de la mécanisation industrielle, on peut citer la Transmission Sans Fil (TSF), le cinéma et le pneu démontable, inventés respectivement par Édouard Branly en 1890, les frères Lumière et Michelin en 1895. La radioactivité, qui permet le développement de la radiographie médicale, est mise en évidence par Pierre et Marie Curie en 1896. Une quatrième et cinquième expositions universelles se déroulent à Paris en 1889 et en 1900, amenant le lancement de la première ligne du métropolitain, dont le succès ne s'est pas démenti depuis. La dernière exposition du XIXᵉ siècle n'amène pas moins de 50 millions de visiteurs et constitue l'événement le plus représentatif de la Belle Époque.

L'Art nouveau

§ 145.d Paradoxalement, le développement industriel a beaucoup aidé à l'apparition d'une expression artistique qui, de nos jours, est aussi emblématique de cette période : il s'agit de l'Art nouveau, reposant sur le travail du métal et du verre et qui produit toutes sortes d'objets (peintures, décorations murales, affiches, mobiliers domestiques, lampes d'éclairage, vaisselle etc.), élevés à la dignité d'œuvres d'art. Pour autant, selon l'historien François Loyer, l'Art nouveau s'oppose radicalement aux effets de l'industrialisation, laquelle favorise la reproduction et l'imitation de styles anciens[20], alors que les nouveaux artistes cherchent au contraire à inventer une esthétique proprement originale, qui ne soit pas imitative (L'Art nouveau ou l'esthétique des courbes). Par conséquent, celle-ci rejette les conventions d'un art trop codifié : elle évite de se définir dans un style aux principes rigides et encourage la diversité dans l'expression (Fahr-Becker). Dans leur volonté de rejeter l'austérité et l'uniformité du nouveau monde industriel, les artistes évoquent souvent la nature avec des végétaux stylisés, des animaux ou même des nus féminins qui font scandale. Les thèmes abordés sont souvent ceux des artistes symbolistes de cette fin de siècle, puisant dans le monde purement imaginaire des légendes merveilleuses.

Le symbolisme

§ 145.e À contre-courant du naturalisme de l'époque précédente, le symbolisme exprime l'idéal à travers la forme, en cherchant à transcender la réalité sensible. Son mode d'expression se veut interprétable au niveau

Fig. 14.18 : Privat-Livemont, Henri. *Absinthe Robette*. 1896.

symbolique ou abstrait par celui qui y est exposé (Aurier). En raison de son antagonisme au mouvement naturaliste, cette esthétique n'est pas dissociable de l'art dit « décadent », qui caractérise « l'esprit fin de siècle » et qui remet lui-même en question le scientisme d'un Renan (1848), pour qui l'univers devient compréhensible grâce à la science. La première œuvre décadente, *À rebours*, est publiée en 1884, sous la plume de Joris-Karl Huysmans. Celle-ci met en scène un anti-héros aux goûts anticonformistes se consacrant à l'étude des auteurs symbolistes et qui rejette la culture classique et le rationalisme. L'inventivité bizarre de ce personnage illustre une des particularités de cette nouvelle approche artistique, qui est la valorisation de l'imagination. En effet, les thèmes des œuvres symboliques ont souvent trait aux légendes merveilleuses : l'imaginaire celtique, comme dans la pièce de Maeterlinck, *Pelléas et Mélisande* (1898), les anciennes légendes

---

20 Comme le style néoclassique.

Fig. 14.19 : Renoir, Pierre-Auguste. *Le bal du moulin de la Galette*. 1876.

des pays scandinaves, comme dans l'opéra de Wagner, *L'anneau du Nibelung* (1870), ou encore l'orientalisme mystique des poèmes des *Fleurs du mal* (1857), de Baudelaire, souvent associé au mouvement bien qu'il n'en fasse pas réellement partie[21]. Pour autant, le mouvement symbolique ne résulte pas d'une volonté d'établir fermement les principes d'une esthétique nouvelle. Il s'agit plutôt d'une mise en commun d'œuvres artistiques partageant des caractéristiques communes : hermétisme, mysticisme et suggestivité des œuvres par un usage des connotations, menant à la participation active du spectateur ou du lecteur dans l'acte de création. Cette vision très moderne de l'art, qui autorise désormais la lecture subjective des œuvres et reconnaît l'impossibilité d'atteindre une réalité objective, sera perpétuée au XXᵉ siècle dans le surréalisme.

---

21 Entre romantisme et symbolisme, Baudelaire a souvent été décrit comme le "poète de la modernité".

L'impressionnisme

§ 145.f La remise en cause des thèses réalistes du naturalisme est également patente chez les peintres impressionnistes de la fin du XIXᵉ siècle qui, bien qu'ils peignent le « concret » et le « vivant » de la vie ordinaire, souhaitent en donner une vision personnelle, alimentée par leur perception subjective du réel et non par la description qu'il est possible d'en faire. Peu enclins à rechercher l'idéal du Beau, comme les classiques, à dramatiser les scènes comme les romantiques ou à restituer la réalité au travers d'une description circonstanciée des sujets, les peintres impressionnistes s'attardent à mettre en valeur les jeux de lumière qui modifient les couleurs et donnent à la réalité son caractère changeant et éphémère.

§ 145.g Les premiers peintres impressionnistes se font connaître dès 1863, au Salon des Refusés, où sont exposées les œuvres n'ayant pas été acceptées au salon de Paris. L'une d'entre elles, le *Déjeuner sur l'herbe*, peinte par Édouard Manet, fait scandale et initie le genre. Il faudra plusieurs décennies aux peintres impressionnistes pour se faire accepter. Les plus connus seront Claude Monet, Auguste Renoir, Edgar Degas, Camille Pissarro ou Paul Cézanne, puis viendra la période postimpressionniste regroupant des artistes comme Paul Signac, Vincent Van Gogh, Paul Gauguin ou Henri de Toulouse-Lautrec. Après l'exploration de la couleur, c'est la forme qui va faire l'objet d'un traitement particulier, permettant aux cubistes de faire leur entrée dans le monde de l'art au siècle suivant.

Une révolution artistique : le cubisme (1906-1914)

§ 145.h Au début du XXe siècle, la remise en question des canevas artistiques traditionnels se poursuit dans la continuité de l'impressionnisme, en particulier avec Cézanne, qui cherche à avoir une représentation des volumes par la couleur et non par les contrastes de lumière. S'appropriant cette recherche, le peintre George Braque initie la période cubiste dès les années 1906-1907, avec *Nature morte au pichet* (1906) et *Maisons à l'Estaque* (1907), où les formes géométriques et les lignes interrompues mettent l'accent sur la perspective. Dans la période suivante, dite du « cubisme analytique », la représentation picturale s'efforce de restituer simultanément toutes les faces d'un même objet, sous des angles différents, sur l'espace en deux dimensions de la toile (Gleizes et Metzinger). Cette nouvelle approche, laquelle tend à l'exhaustivité en présentant tous les aspects caractéristiques d'un objet selon différents angles d'observation, constitue une révolution dans l'art. Braque et Picasso deviennent les pionniers du cubisme, collaborant à l'établissement de cette esthétique innovante. Dans la

Fig. 14.20 : Picasso, Pablo. *Fille à la mandoline (Fanny Tellier)* 1910.

dernière phase du « cubisme synthétique », conscients que la déconstruction des objets représentés peut mener à un certain hermétisme, les deux artistes ne représentent que les facettes de l'objet les plus pertinentes et réintroduisent des éléments de la réalité, pour faciliter l'identification des formes. Ce travail en commun s'achève à la mobilisation de l'armée française, à l'été 1914. Le cubisme survit après la guerre, bien qu'il soit peu à peu éclipsé par l'Art abstrait, lequel voit le jour à partir de 1910 (Breuille 15), ou par l'ampleur que prend le mouvement Dada et celui du surréalisme au lendemain de la guerre. Toutefois, Picasso ne s'enfermera pas dans une esthétique : il sera notamment influencé par le surréalisme puis tracera sa propre voie.

Références

Livres, articles et documents vidéo

- Accoyer, Bernard. « Rapport d'information fait en application de l'article 145 du Règlement au nom de la mission d'information sur les questions mémorielles. » *Assemblée nationale*. Rapport d'information n°1262, 18 Nov. 2008. Web. 28 nov. 2016. 🌍

- Aurier, Gabriel-Albert. « Le symbolisme en peinture : Paul Gaugin. » *Mercure de France* 2. 15. Mars (1891): 155-165. Imprimé. 🌍

- Austin, Florence et Emmanuel Le Bail. *1870-1871 Saint-Cloud, l'année terrible*. Saint-Cloud: Musée des Avelines, 2013. Imprimé.

- Baudelaire, Charles. *Les fleurs du mal*. Paris: Poulet Malassis et de Broise, 1957. Imprimé. 🌍

- Berstein, Serge et Pierre Milza. *L'Allemagne, de 1870 à nos jours*. Paris: Armand Colin, 2014. Imprimé.

- Birnbaum, Pierre. *L'affaire Dreyfus*. Paris: Gallimard, 1994. Imprimé.

- Bismarck, Otto von. *Pensées et souvenirs. Tome 2*. Trad. Ernest Jaeglé. Paris: Librairie H. le Soudier, 1899. Imprimé. 🌍

- Bled, Jean-Paul. *Bismarck*. Paris: Perrin, 2010. Imprimé.

- Boucher-Lambert, Silvère. « Le 4 juin 1899, c'est la stupeur : le Président de la République a été agressé ». *Pour la petite histoire*. Le Figaro, 30 juin 2016. Web. 22 09 16. 🌍

- Boussel, Patrice. *L'affaire Dreyfus et la presse*. Paris: Armand Colin, 1960. Imprimé.

- Braque, Georges, Eugene Jolas, Maria Jolas, Henri Matisse, André Salmon et Tristan Tzara. *Testimony Against Gertrude Stein*. The Hague: Service Press, 1935. Imprimé.

- Bredin, Jean-Denis. *L'Affaire*. Paris: Fayard, 1993. Imprimé.

- Breuille, Jean-Philippe. *Dictionnaire des courants picturaux*. Paris: Larousse, 1990. Imprimé.

- Campbell, Peter. *French Electoral Systems and Elections since 1789*. Hamden: Archon Books, 1965. Imprimé. 🌍

- Chevallier, Jean-Jacques et Jean-Marie Mayeur. *Histoire des institutions et des régimes politiques de la France de 1789 à 1958*. Paris: Armand Colin, 2001. Imprimé.

- Droz, Jacques. *L'Allemagne : 1, La formation de l'unité allemande*. Paris: Hatier, 1970. Imprimé.

- Drumont, Édouard. *La France juive*. Paris: Librairie Victor Palmé, 1890. Imprimé.

- Duclert, Vincent. *L'Affaire Dreyfus*. Paris: La Découverte, 2006. Imprimé.

- Fahr-Becker, Gabriele. *L'Art nouveau*. Cologne: Könemann, 2000. Imprimé.

- Favre, Jules. *Gouvernement de la Défense nationale du 31 octobre 1870 au 28 janvier 1871*. Paris: H. Plon, 1871-1875. Imprimé. 🌍

- Ferry, Jules. « Les fondements de la politique coloniale » Allocution. Chambre des députés (Assemblée nationale). 28 juil. 1885. Discours. 🌍

- Frédérix, Pierre. *De l'agence d'information Havas à l'Agence France-Presse*. Paris: Flammarion, 159. Imprimé.

- Furet, François. *La Révolution II : 1814-1880*. Paris: Hachette, 2010. Imprimé.

- Gleizes, Albert et Jean Metzinger. *Du cubisme*. Paris: Eugène Figuières Éditeurs, 1913. Imprimé.

- Gouttman, Alain. *La grande défaite : 1870-1871*. Paris: Perrin, 2015. Imprimé.

- Huysmans, Joris-Karl. *À rebours*. Paris: Charpentier et Cie, 1884. Imprimé. 🌐

- Lagneau-Ymonet, Paul et Angelo Riva. *Histoire de la Bourse*. Paris: La Découverte, 2011. Imprimé.

- « L'Art nouveau ou l'esthétique des courbes ». Élizabeth Couturier. *Les Jeudis de l'expo*. France Culture. 23 nov. 2009. Radio.

- Maeterlinck, Maurice. *Pelléas et Mélisande*. Bruxelles: Paul Lacomblez, 1898. Imprimé. 🌐

- Mayeur, Jean-Marie. *La vie politique sous la IIIe République*. Paris: Seuil, 1984. Imprimé.

- —. *La vie politique sous la IIIe République*. Paris: Le Seuil, 1984. Imprimé.

- Ozouf, Mona. *L'École, l'Église et la République : 1871-1914*. Paris: Colin, 1963. Imprimé.

- *Paris Belle Époque*. Réal. Raynal Pellicer. Ciné-tévé / France 5. 2014. Film.

- Pointu, Jules. *Histoire de la chute de l'Empire, 6 juillet - 4 septembre 1870*. 1874: Le Chevalier, Paris. Imprimé. 🌐

- Reinach, Joseph. *Histoire de l'affaire Dreyfus, tome 2 : Esterhazy*. Paris: Librairie Charpentier et Fasquelle, 1908. Imprimé. 🌐

- Rémond, René. *L'Anticléricalisme en France de 1815 à nos jours*. Paris: Fayard, 1976. Imprimé.

- Renan, Ernest. *L'avenir de la science*. Paris: Calmann-Lévy, 1848. Imprimé. 🌐

- Tombs, Robert. « How bloody was the Semaine Sanglante? » *H-France Salon*. 3. 1 (2011). Web. 29 nov. 2016. 🌐

- Vitaux, Jean. *Les petits plats de l'Histoire*. Paris: PUF, 2012. Imprimé.

- Wagner, Richard. *Der Ring der Nibelungen*. Trad. Mainz: Schott, 1870. Imprimé.

Liens utiles à consulter

- Europe 1

  « Le Canal de Panama » 🌐

  « L'école de la IIIe République et le roman national » 🌐

  « L'empire colonial français » 🌐

- France Inter

  « La Commune de Paris » 🌐

  « L'affaire Dreyfus » 🌐

- Ina.fr

  « 1892-1906 : La République s'installe » 🌐

  « 1906-1919 : La République se transforme » 🌐

- Le Petit Journal, supplément illustré

  « La collection du *Petit Journal* » 🌐

- L'Histoire par l'image

  « 30 juin 1878, une fête vraiment "nationale"? » 🌐

  « À la gloire de l'Empire colonial » 🌐

  « Commune : le peuple en arme » 🌐

  « Degas et la célébration de la danse féminine à l'opéra » 🌐

  « Femmes et frissons de plaisir à la Belle Époque » 🌐

  « Gambetta, père fondateur de la IIIe République » 🌐

  « L'annexion de l'Alsace et de la Lorraine » 🌐

  « La propagande boulangiste » 🌐

  « L'écrasement de la Commune » 🌐

  « Le moulin de la Galette » 🌐

  « Les brasseries au coeur de Paris » 🌐

  « Les citadins à la campagne » 🌐

« Les Présidents de la République française »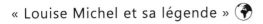

« Louise Michel et sa légende »

« Visions de la Tour Eiffel »

« Un modèle de l'instruction républicaine »

« Yves Guilbert, la diseuse ''fin de siècle'' »

- YouTube

  Henri Guillemin - « La Commune de Paris »

Henri Guillemin - « 1871 - Genèse de la République conservatrice »

Médiathèque

- *L'affaire Dreyfus*. Réal. Yves Boisset. Interpr. Pierre Arditi, Gerard Desarthe, Thierry Frémont. Ceska Televise / France 2 / La Sept-Arte. 1995. Film.

  [02:27:30 - 02:33:12]

La Grande Guerre

Recto :

Fig. 15.0.a : Anonyme. *56. L'artillerie au combat - Pièce de 75 au tir.* 1914.

Fig. 15.0.b : Brooke, John Warwick. *Une tranchée britannique près de la route Albert-Bapaume à Ovillers-La Boisselle, durant la bataille de la Somme, en Juillet 1916.* 1916.

Fig. 15.0.c : Flagg, James Montgomery. *I want you for U.S. Army : nearest recruiting station.* 1917.

Fig. 15.0.d : Section photographique de l'Armée française. *Reims, vue générale.* 1914-1916.

Fig. 15.0.e (image de fond) : Hurley, James Francis. *Soldats du 45e bataillon portant des masques à gaz dans une tranchée à Garter Point, dans le secteur d'Ypres.* 1917.

0. L'épuisement de l'Europe

Fig. 15.1 : Gimpel, Léon. *Le 114ᵉ régiment d'infanterie à Paris, le 14 juillet 1917.* 1917.

§ 150 Il serait erroné de dire que la Première Guerre mondiale a été le résultat d'une crise diplomatique ponctuelle entre pays impérialistes et démocratiques. Il semble plus sage de considérer qu'elle a été le résultat de l'engrenage des alliances militaires, motivées par un principe de précaution, dans un contexte géopolitique global où les ambitions expansionnistes et nationalistes dominaient.

Bien qu'elle ait perdu la guerre précédente et qu'elle se soit engagée au côté de la Russie, la France ne déclare pas la guerre à l'Empire allemand et sa population souhaite un conflit de courte durée. L'élan patriotique et les bravades ponctuelles des engagés volontaires, comme au premier chapitre du *Voyage au bout de la nuit*, laissent rapidement place à la stupéfaction horrifiée de combattants face à la force destructrice d'armes nées du « progrès ». Celles-ci permettent d'exterminer des dizaines de milliers de soldats en une seule bataille et oblige les pays belligérants à fournir un effort de mobilisation jusqu'alors inédit : pendant la Première Guerre mondiale, plus de 70 millions d'hommes ont été enrôlés et ont combattu.

Au bout de quelques mois, après la « course à la mer », le conflit se cantonne à une guerre de tranchées, où les combattants se sont enterrés et qu'ils se disputent. Souvent, pour des dizaines de milliers d'entre eux tombés au combat, quelques kilomètres seulement sont provisoirement pris à l'ennemi. À chaque tentative de percement du front, le bilan humain est très lourd et les conditions d'existence abominables. Face à l'aveuglement des états-majors qui n'hésitent pas à sacrifier des milliers de vies pour de faibles avantages stratégiques, des mutineries éclatent au sein de l'armée française, dont le bruit est toutefois étouffé par la propagande gouvernementale faite aux civils.

La guerre de mouvement reprend en 1918, sous l'impulsion des Allemands, alors que la Russie, incapable de continuer la guerre, cesse de soutenir les démocraties. L'intervention des Américains, ainsi que l'utilisation de nouvelles armes, permettent à la Triple Entente de remporter la victoire. Mais celle-ci est amère : aucun conflit n'a jamais été aussi meurtrier, ni destructeur. L'empreinte qu'il laisse dans les esprits est durable, particulièrement dans le nord-est de la France où le front se trouvait. Politiquement, l'Europe est transformée, avec un nouveau découpage qui présage de ce qu'elle va devenir. Toutefois, sur le plan économique, elle est à genoux et doit désormais compter avec une superpuissance à l'ouest, les États-Unis.

1. Prolégomènes à une entrée en guerre

Le climat international avant le conflit

§ 151.a La défaite française succédant à la guerre franco-prussienne a souvent été considérée comme une cause majeure de la Première Guerre mondiale, dans la mesure où le souhait d'une revanche occupait tous les esprits depuis la crise du boulangisme et l'affaire Dreyfus. C'est en tout cas ce que semble suggérer les paroles d'une chanson interprétée par le ténor belge Adolphe Maréchal en 1902, « Vous n'aurez pas l'Alsace et la Lorraine » (Villemer, et al.), ainsi que l'assassinat de Jean Jaurès, le 31 juillet 1914, suite à son opposition à une guerre de la France contre l'Allemagne. Depuis quelques années, l'importance du nationalisme revanchard dans la question de l'origine du conflit a été revue à la baisse par les historiens, tout comme celui de l'attentat de l'archiduc autrichien François-Ferdinand, lequel ne semble constituer que l'étape finale d'un long processus d'exacerbation des tensions entre les nations européennes. Les raisons profondes du conflit semblent être multiples, reposant sur les velléités à la fois impérialistes, nationalistes et économiques des pays ayant contribué au déclenchement de la guerre, ainsi qu'au jeu des alliances complexes qui finit par condamner ces mêmes pays à ne plus pouvoir trouver d'issues diplomatiques aux mésententes. C'est donc un mécanisme inexorable qui se déclenche à l'été 1914 (Duroselle 34).

Fig. 15.2 : Meyer, Henri. *En Chine, le gâteau des rois et... des empereurs.* 1898.

Ambitions impérialistes et nationalistes

§ 151.b Bien que l'Allemagne soit devenue l'une des grandes puissances européennes avec la France et l'Angleterre, elle n'a que très peu de colonies qui lui permettraient d'accroître sa production industrielle (Poidevin

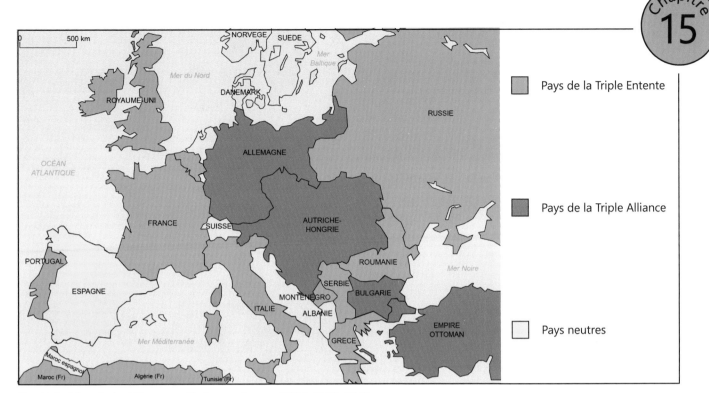

Fig. 15.3 : Historicair. *Alliances militaires en Europe (1914-1918).* 2012.

65). La crise de Tanger en 1905, au cours de laquelle l'empereur Guillaume II s'oppose au protectorat français du Maroc dans un discours, puis les manœuvres d'intimidation de la marine Allemande à Agadir en 1911, qui mènent la France et l'Allemagne au bord du conflit, semblent indiquer que les rivalités coloniales et économiques sont à l'origine de la Première Guerre mondiale (Loez 9). Cet antagonisme sert toutefois les ambitions d'autres pays voulant la défense ou l'agrandissement de leurs territoires, comme la Russie qui convoite les détroits turcs ouvrant sur la Méditerranée (Podevin 172), l'Empire autrichien, qui cherche à s'étendre vers la mer Noire, et l'Italie, qui réclame les terres autrichiennes de l'ouest[1] (Le Moal 26). La Serbie, au nom du panslavisme, proteste contre l'annexion récente de la Bosnie-Herzégovine et la création de l'Albanie par l'Empire autrichien, car elle cherche à rassembler tous ses ressortissants au sein d'un État serbo-croate, la Yougoslavie. Enfin, la Bulgarie s'est vu annexer l'ouest de son territoire par la Serbie. Le contexte politique est donc propice au déclenchement d'une guerre mondiale.

C'est le système des alliances militaires qui va finir de fragiliser la paix en Europe.

Alliances politiques et militaires

§ 151.c Sur le plan diplomatique, dès 1879, la France est isolée par Bismarck, qui opère un rapprochement avec l'Autriche, puis avec l'Italie et la Russie. Toutefois, cette dernière étant en désaccord avec l'Autriche sur la question de la Serbie, elle s'entend finalement avec la France, qui finance son développement industriel à partir de 1893. Cette alliance, particulièrement précieuse pour les deux pays, cause l'encerclement militaire de l'Allemagne, laquelle devra combattre sur deux fronts, tout au moins jusqu'en 1917[2]. L'attitude de l'Italie est plus mitigée : d'abord comprise dans le pacte germano-autrichien parce qu'elle revendique la Tunisie, passée sous influence française, son opiniâtreté à l'achèvement de son unité en réclamant les terres autrichiennes occidentales vont progressivement l'amener à s'affranchir de tout engagement militaire. Ayant conclu des ac-

1 Le Trentin-Tyrol du Sud, Trieste et l'Istrie.

2 En effet, la révolution russe de 1917 amène les socialistes au pouvoir, qui décident alors d'interrompre la politique belliqueuse de leur pays.

93

cords pacifiques secrets avec la France en 1902 (Poidevin 39), elle sera neutre au moment de la déclaration de guerre, ne rejoignant le conflit que plus tard, au côté des Français et des Anglais. Par contre, l'Empire ottoman, jadis défendu par la France et l'Angleterre au cours de la guerre de Crimée[3], est isolé diplomatiquement et se trouve une nouvelle fois menacé par l'expansionnisme russe. Il rejoint la Triple Alliance en octobre 1914, au côté de l'Allemagne et de l'Empire autrichien.

§ 151.d Parallèlement, l'Angleterre est inquiète du développement industriel de l'Allemagne et de sa domination sur les mers, la seconde flotte maritime après elle. Craignant l'invasion de la Belgique, un pays historiquement lié à son commerce, et ses côtes étant menacées, elle se range au côté de la France dès 1911. Avec elle, ce sont non seulement les soldats de ses nombreuses colonies qui s'engagent, mais également les dominions, les États membres de l'Empire britannique : l'Afrique du Sud, l'Australie, le Canada, la Nouvelle-Zélande et Terre-Neuve. En 1914, ce ne sont pas seulement la Triple Entente, constituée par la France, la Russie et l'Angleterre, et la Triple Alliance qui se font face, mais une quarantaine de pays souverains, ainsi que leurs territoires coloniaux.

Préparatifs de guerre

§ 151.e Au début du conflit, le rapport de force entre les deux protagonistes principaux n'est pas égal, avec une armée allemande plus nombreuse et plus performante, même si l'armée française dispose d'un équipement sophistiqué (Miquel 46). Le gouvernement radical de Poincaré tente de compenser cette faiblesse logistique par un allongement du service militaire jusqu'à trois ans. Certes, la Russie peut compter sur un vivier impressionnant de quatre millions de soldats, mais ce sont, pour la plupart, des paysans sous le commandement d'officiers mal entraînés (Ibid. 52). Dans

Fig. 15.4 : Le Petit Journal. *Assassinat de l'archiduc, héritier d'Autriche et de la duchesse sa femme à Sarajevo.* 12 juillet 1914.

les deux camps, le choix du matériel militaire repose sur la stratégie décidée initialement. La France privilégie l'offensive par l'Alsace et la Lorraine et s'est donc équipée du canon de 75, facile à produire et à déplacer et d'une portée moyenne. Au contraire, l'armée allemande souhaite prendre les démocraties de vitesse[4], en violant la neutralité territoriale de la Belgique et en encerclant l'armée française par l'arrière : ce sera le « plan *Schlieffen* ». Pour cela, elle compte sur une artillerie lourde à longue portée, lui permettant de faire des dégâts significatifs avant même d'être près de ses ennemis, en même temps qu'elle lui permet de mener des combats défensifs. Cette supériorité pèsera lourd dans la balance au début du conflit.

---

3 À ce sujet, voir § 135.e.

4 Elle souhaite tirer parti de la lenteur de la mobilisation militaire russe.

Un jeu de dominos : ultimatums et entrées en guerre

§ 151.f Un étudiant serbe appartenant à une organisation terroriste, Gavrilo Princip, assassine l'héritier du royaume d'Autriche-Hongrie, François Ferdinand, ainsi que son épouse, à Sarajevo, le 28 juin 1914. L'Autriche rend la Serbie responsable de cet assassinat et lance un ultimatum à son gouvernement le 23 juillet, dans lequel elle exige qu'une enquête sous autorité autrichienne soit diligentée sur son territoire. Devant le refus de la Serbie et la mobilisation de son armée, l'Autriche rompt toute relation diplomatique et lui déclare la guerre, le 28 juillet. Le lendemain, anticipant l'agression autrichienne, la Russie, protectrice de la Serbie, a également commencé la mobilisation de ses troupes. L'Allemagne lance alors un ultimatum à la Russie, qui est ignoré.

§ 151.g Les Français sont politiquement partagés quant à l'implication de leur pays dans la guerre jusqu'à la fin du mois de juillet 1914. Ce sont surtout les partis de gauche comme la CGT[5] et la SFIO[6] qui s'y opposent, en organisant une protestation le 27 juillet à Paris. Jean Jaurès, le chef de la SFIO, considère que la guerre est le résultat d'intérêts capitalistes en conflit et que les ouvriers doivent préférablement entrer en insurrection contre le régime politique plutôt que d'y prendre part (Becker). Mais le 31 juillet 1914, il est assassiné par un étudiant nationaliste, alors qu'il dîne avec ses collaborateurs, au café du Croissant. L'annonce de cette nouvelle n'entraîne pourtant pas de réactions excessives venant des partis gauchistes (Rabaut 73), bien au contraire : dès le 1er août, lorsque l'Autriche déclare la guerre à la Russie, la CGT fait connaître son soutien au gouvernement, de même que la SFIO, le 2 août, qui se dit prête à défendre la France. La mobilisation est donc générale, soutenue par la plupart des membres de la classe politique.

Fig. 15.5 : Agence Meurisse. *Jean Jaurès*. 1932.

§ 151.h Le 2 août 1914, l'Allemagne lance un ultimatum à la Belgique, pays neutre, lui intimant l'ordre de lui laisser traverser son territoire. Le jour suivant, ayant essuyé un refus, l'ambassadeur allemand communique à la France les exigences de son gouvernement : elle doit rester neutre dans le conflit et abandonner les places fortes de Toul et de Verdun. La réplique du président du Conseil, René Viviani, est la suivante : « La France agira selon ses intérêts ». L'Allemagne lui déclare donc la guerre. Le 4 août, la Belgique est envahie par les troupes germaniques. En France, dans un message aux députés, le président de la République, Raymond Poincaré, en appelle à l'Union sacrée de tous les Français – ce qui inclut tous les partis politiques jadis opposés à la guerre – contre les agresseurs. Enfin, le 5 août, par voie de conséquence, l'Angleterre déclare la guerre à l'Allemagne puis, le 11 août, la France déclare à son tour la guerre à l'Autriche-Hongrie. Le 26 août, les partis d'extrême-gauche rejoignent l'Union sacrée et le pays entier devient unanimement belliciste.

---

5   CGT : Confédération Générale du Travail, créée en 1895.

6   SFIO : Section Française de l'Internationale Ouvrière, fondée en 1905.

2. Guerres de mouvement et guerre de position

Fig. 15.6 : Max. *Canon allemand de 280 capturé par la 4e armée anglaise le 8 août 1918. Exposé à Paris.* 1918.

Guerres de mouvement et de position

§ 152.a La Première Guerre mondiale est traditionnellement divisée en trois phases par les historiens. Il y a d'abord une « guerre de mouvement » entre septembre 1914 et octobre 1915, au cours de laquelle les manœuvres militaires des belligérants sont rapides, alternant attaques, retraites et contre-attaques. C'est à ce moment que le commandement allemand tente de mettre en application sa stratégie d'encerclement, laquelle échoue à la suite des contre-attaques française, belge et anglaise. À partir de novembre 1915, aucune armée n'est plus en mesure de reprendre du terrain à son adversaire : les belligérants se retranchent donc sur leurs positions, initiant ce qu'on a appelé la « guerre des tranchées » en creusant des fossés dans la terre pour tenter de s'y protéger des balles et des tirs d'artillerie. De là, chaque troupe d'infanterie mène des attaques ponctuelles pour essayer de conquérir la tranchée ennemie qui lui fait face, souvent au prix de nombreuses vies humaines. Après un feu nourri de l'artillerie destiné à détruire les barbelés qui interdisent l'accès aux tranchées, les soldats sortent des fossés et traversent le « *no man's land* » qui sépare leur retranchement de celui de l'opposant, s'exposant aux tirs de fusils, de mitraillettes et d'obus. À partir de 1917, la défection de l'armée russe, l'intervention américaine et la systématisation de nouvelles armes de guerre[7] entraînent une nouvelle et dernière phase de guerre de mouvement, laquelle mène à la victoire des soldats de la Triple Entente.

Attaques et contre-attaques

§ 152.b En septembre 1914, les premières opérations militaires en Belgique permettent une avancée rapide des Allemands. Toutefois, celle-ci se heurte à l'héroïsme des Belges dont la résistance acharnée finit par décider le maigre contingent anglais de 70 000 mille hommes à traverser la Manche (Leclercq et De Rubbel). En

---

7 Il s'agira des chars d'assaut et de l'aviation.

YSER. 1914. - Après l'inondation.

Fig. 15.7 : Anonyme. *Yser. 1914. - Après l'inondation.* Carte postale propagandiste de 1914 se référant à l'inondation de la plaine de l'Yser par les troupes belges.

effet, sans la défense belge, le corps expéditionnaire britannique aurait été submergé par le nombre des attaquants. Au cours de leur avancée, les Allemands se montrent cruels à l'égard des populations. Des témoignages de crimes de guerre sont rapportés par des observateurs neutres (Horne et Kramer 215-219), ce qui achève de mobiliser l'ensemble de l'opinion française en faveur de la guerre (14-18, le bruit et la fureur). De leur côté, les forces des démocraties parviennent jusqu'en Alsace mais sont vite repoussées par les Allemands. Les Anglais, les Belges et les Français reculent bientôt devant les forces impérialistes, qui parviennent à 40 km de Paris. Toutefois, les véritables intentions du commandement germanique ne sont pas de prendre la capitale mais d'exterminer toute résistance, en prenant leurs opposants à revers. Au début du mois de septembre, le gouvernement français évacue Paris et s'installe à Bordeaux. La capitale est confiée à la garde du général Gallieni, qui en organise la défense.

§ 152.c Toutefois, le commandement allemand n'a pas prévu l'acharnement de la défense belge, qui tient vaillamment les sièges d'Anvers, de la Jette[8] et de Liège (Weygand 151). Une partie des troupes impériales est donc restée en arrière, laissant les flancs de l'avant-garde non protégés. La réplique des généraux Gallieni et Joffre est immédiate : les forces normalement prévues pour la défense de Paris attaquent les positions arrières de l'armée allemande en pleine progression, à l'Ourcq, le 5 septembre (Blond). Puis, le 6 septembre, les taxis parisiens ayant été réquisitionnés pour transporter rapidement des milliers de soldats vers le front, une contre-offensive générale est lancée en collaboration avec les troupes anglaises, au cours de la première bataille de la Marne, menant au recul des Allemands à 120 km de Paris (14-18, Le bruit et a fureur).

---

8   Près de Bruxelles.

Fig. 15.8 : Sargent, John Singer. *Gassed.* 1919.

La course à la mer

§ 152.d À partir de ce moment, l'objectif allemand consiste à contourner la résistance ennemie par le nord, tout en prenant les ports français situés sur la Manche. Mais au cours de la bataille de l'Yser, les forces de la Triple Entente prennent avantage du terrain pour compenser leur faiblesse numérique et stopper l'avancée allemande. Au nord, les Belges créent les premières fortifications sur les talus de voie ferrée, en position dominante, alors qu'ils inondent la plaine des polders[9] sur laquelle les troupes germaniques se déplacent. Très rapidement, celles-ci s'enlisent et ne peuvent plus progresser. À Ypres, les Britanniques s'embusquent dans les ruines d'où ils peuvent tirer sur les envahisseurs, qui s'avancent en terrain découvert. Des milliers de jeunes recrues allemandes inexpérimentées, lancées en masse pour submerger les Anglais, sont exterminées de cette façon (Keegan). Enfin, l'armée française fait la jonction avec ses alliés, créant un front hermétique qui s'étend de la mer du Nord à la Suisse.

Octobre 1915 : la guerre des tranchées

§ 152.e La ligne d'affrontement va se stabiliser, malgré les différentes attaques meurtrières

menées au cours de l'année 1915. Les Français tentent plusieurs fois de briser le front en Champagne et en Artois, sans réels succès, de même que les Allemands à Ypres, en avril, où ils utilisent pour la première fois les gaz de combat contre les troupes belges et anglaises, faisant des milliers de victimes. Par la suite, toutes les armées s'équipent avec des masques à gaz pour contrer les effets mortels de ce qu'ils appellent l'ypérite ou le « gaz moutarde », composé de chlore à des concentrations fatales. À leur tour, les Français, les Anglais et les Belges utiliseront cette armée biologique contre les Allemands .

§ 152.f L'échec des offensives mène progressivement à l'enlisement du conflit. En effet, le creusement de tranchées s'impose comme l'unique solution pour empêcher la progression de l'armée ennemie, alors qu'un feu d'artillerie nourri soutient son avancée. D'abord initiée par les Allemands pour stopper la contre-attaque fulgurante de leurs adversaires lors de la première bataille de la Marne, cette stratégie est bientôt généralisée sur tous les fronts. Cette immobilisation des déplacements militaires amène une évolution dans le type des équipements utilisés. D'une part, le canon de 75 millimètres français, d'une portée moyenne, est complété par une artillerie plus lourde, en compétition avec le feu adverse, tirant des obus jusqu'à 10 kilomètres. Par ailleurs, l'uniforme français bleu et rouge est évincé au profit d'une tenue bleu

---

9   Les *polders* sont des étendues de terre artificiellement gagnées sur une étendue d'eau – en général marécageuse – au moyen de digues, des barrages ou tout autre type de construction faite par l'homme. Leur niveau se situe la plupart du temps en-dessous du niveau de la mer.

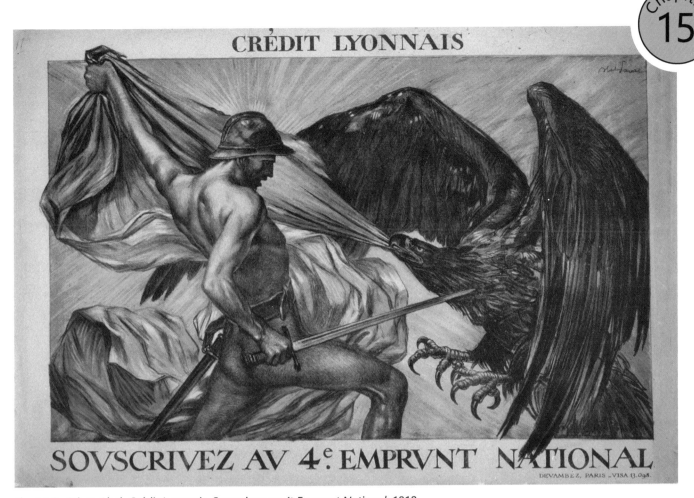

Fig. 15.9 : Faivre Abel. *Crédit Lyonnais. Souscrivez au 4ᵉ Emprunt National.* 1918.

horizon, plus susceptible de se fondre dans le paysage, munie d'un casque en métal[10] au lieu d'une simple casquette. Du côté germanique, le casque à pointe est remplacé par le célèbre modèle « *Stalhelm* », qui perdurera durant la 2ⁿᵈᵉ Guerre Mondiale. Enfin, les premiers raids des zeppelins allemands ont lieu pour terroriser les populations civiles à Paris et à Londres, auxquels les troupes des démocraties répliquent avec les premiers tirs anti-aériens et le développement exponentiel de l'aviation militaire.

Les autres fronts

§ 152.g L'Italie, longtemps hésitante quant à son implication dans le conflit, bascule du côté de la Triple Entente le 23 mai 1915. Son engagement est l'objet de négociations, car elle compte récupérer les territoires qu'elle estime irrédents,

c'est-à-dire de langue italienne ou ayant appartenu à des États italiens par le passé, à la fin de la guerre (Podevin 39). Par cette intervention, l'Italie pèse lourd dans la balance : elle oblige les armées des pays centraux à réduire leurs forces à l'ouest, affaiblissant leurs positions, pour les placer sur le front sud. Par ailleurs, l'Italie coupe l'approvisionnement par la Méditerranée, alors que le blocus est déjà présent partout ailleurs.

§ 152.h Au cours de la même période, les Britanniques tentent plusieurs débarquements infructueux en Turquie, dans les Dardanelles, qui se soldent par le massacre de 145 000 soldats (Miquel 315). Sur le front de l'Est, les Allemands reprennent l'offensive et font reculer les Russes de 150 kilomètres, les chassant d'Autriche et de Prusse, occupant les pays baltes et poursuivant leurs opposants sur leur propre territoire. Les pertes russes, très nombreuses, contribueront au changement du régime politique de la Russie en 1917, ainsi qu'à son désengagement militaire.

---

10 C'est le casque "Adrian", qui fut actualisé plusieurs fois et utilisé jusque dans les années 70 par les forces de police et jusqu'en 80 par les sapeurs-pompiers. Il équipa également les Russes, les Serbes, les Italiens, les Roumains, les Yougoslaves et les Grecs.

Fig. 15.10 : American Press Association. *Munitions manufacturing is no respecter of age.* 1917. Femmes occupées au marquage des obus à l'usine Saint-Nicolas.

Derrière le front

§ 152.i Tirant des leçons de la guerre franco-prussienne précédente, le gouvernement français met tout en œuvre pour que la population soutienne son action dans la guerre. Il s'agit non seulement de motiver les troupes et d'inciter les hommes à s'engager, mais également d'encourager la souscription à l'emprunt national finançant l'effort de guerre (Sumpf) et de mobiliser l'ensemble des entreprises. La rhétorique choisie repose sur quelques principes simples, destinés à rassurer la population, tout en obtenant son adhésion aux orientations politiques et stratégiques du gouvernement, comme par exemple la faiblesse militaire de l'ennemi, ses pertes plus nombreuses, son infériorité ethnique et sa cruauté intrinsèque (Galtier-Boissière). L'unité du peuple français passe donc par une propagande antiallemande, menant à la haine de l'ennemi et à la xénophobie (14-18, Le bruit et la fureur), en même temps qu'elle en appelle aux pays neutres à s'engager aux côtés de la France.

Une émancipation des femmes ?

§ 152.j Dès août 1914, les femmes sont dans les usines d'armement et participent activement à l'effort de guerre, menant des tâches physiquement pénibles[11]. La production atteint bientôt plus de 200 000 obus par jour. La demande constante de nouvelles recrues masculines sur le front change l'organisation de la société française, avec plus de prérogatives laissées aux femmes. Mais à la fin de la guerre, malgré cette amorce de leur émancipation, une certaine amélioration de leurs conditions de travail, les nouvelles responsabilités familiales qu'elles ont dû endosser et leur accès à des tâches plus élevées dans la hiérarchie professionnelle, les valeurs traditionnelles finissent par reprendre le dessus. En 1921, les femmes ne seront pas plus nombreuses à travailler qu'en 1914 (Husson) et leurs revendications électorales demeureront lettre morte (Bard).

11 Voir à ce sujet le témoignage de Marcelle Capy, féministe partageant son expérience dans *La Voix des femmes* entre nov. 1917 et jan. 1918 (Thébaud).

3. Les moments décisifs du conflit

De février à novembre 1916 : Verdun

§ 153.a Dans une tentative de briser l'immobilité du front, le commandement allemand déclenche une vaste offensive sur Verdun le 21 février 1916, dont l'objectif est de « saigner l'armée française à blanc », en la pilonnant à l'aide de son artillerie (Ferro 141). En attaquant un point stratégique du front que les états-majors de la Triple Entente voudront défendre coûte que coûte, il espère pouvoir réduire considérablement leurs effectifs. Des dizaines de milliers d'obus sont tirés à Verdun dès les premières heures, en préparatif de l'assaut qui est donné ensuite, avec trois corps d'armées[12]. Mais un général français, Philippe Pétain, organise rapidement la riposte en établissant une liaison routière, la « voie sacrée », qui permet la venue rapide de matériel et d'hommes pour repousser l'attaque. Puis, il met en place un système de rotation des troupes pour laisser aux soldats la possibilité de récupérer physiquement et moralement, après quelques semaines passées à Verdun. Cette stratégie aide également à renforcer les liens de solidarité et de fraternité entre les soldats, qui sont ainsi tous mobilisés sur le même front : Verdun devient un symbole de la valeur des combattants qui y ont été engagés. La bataille se termine en novembre 1916 avec la défaite des Allemands, repoussés à leur point de départ, la bataille de la Somme initiée par le commandement français les ayant obligé à diviser leurs forces. Verdun aura fait 700 000 morts sans donner aucun avantage territorial décisif à l'un ou l'autre des opposants.

De juillet à novembre 1916 : la Somme

§ 153.b La bataille de Verdun avait devancé le plan d'attaque concocté par Joffre sur la Somme, dans l'intention de percer les lignes ennemies. Celui-ci est lancé par le commandement franco-britannique dès que les conditions le permettent mais aboutit au même résultat qu'à Verdun. Pendant une semaine, l'artillerie française

Fig. 15.11 : Le Pays de France. *La défense de Verdun*. 1916.

tire plus d'un million et demi d'obus pour réduire l'opposition germanique à néant, puis lance une offensive. La réplique des Allemands, tout aussi vigoureuse, empêche l'infanterie britannique d'avancer. Surtout, l'inexpérience des jeunes recrues dans l'environnement meurtrier du *no man's land* cause des pertes effroyables. Entre juillet et novembre 1916, l'affrontement entre les deux armées fait un million de morts et ne permet aux armées franco-britanniques d'avancer que de treize kilomètres (Miquel 373).

Avril 1917 : le Chemin des Dames

§ 153.c Plusieurs tentatives de paix ont lieu durant l'année 1917, mais elles échouent successivement en raison de la divergence d'intérêts entre les pays de chaque alliance (Duroselle 300).

---

12 Soit à peu près cent mille hommes.

Fig. 15.12 : Agence Meurisse. *En première ligne, une vague d'assaut.* 1916.

C'est à cette même période que le général Nivelle prend la décision de lancer ce qu'il croit être la dernière offensive, au Chemin des Dames. Toutefois, il méconnaît la topographie du lieu et, pour comble d'imprudence, les Allemands finissent par connaître ses plans d'attaque. Les assauts répétés des poilus[13] mènent une nouvelle fois à un bain de sang. En définitive, le sacrifice inutile de 270 000 fantassins et l'obstination du commandement à continuer l'attaque déclenchent des mutineries impliquant plus de 40 000 hommes au sein de l'armée française. Nivelle est destitué de son commandement et le général Pétain, qui le remplace, prend enfin l'initiative d'améliorer le sort des soldats. Mais il faut bien donner l'exemple et rétablir la discipline dans l'armée : 27 mutins, ceux qui ont mené la révolte, sont exécutés (Ibid.).

L'implication des États-Unis

§ 153.d À partir de 1917, l'État-major allemand décide de concentrer une partie de son effort de guerre dans l'utilisation de sa force sous-marine. Il s'agit surtout de couler les navires de commerce britanniques, sur lesquels l'économie du Royaume-Uni repose (Miquel 391). Bien qu'elle soit couronnée de succès à ses débuts, cette stratégie de la terreur est enrayée par l'armée britannique grâce à l'utilisation de mines sous-marines et au soutien de la marine japonaise dans la mer Méditerranée. Par ailleurs, en 1915, le torpillage du paquebot britannique Lusitania, transportant des passagers américains, a créé de vives tensions entre l'Empire germanique et les États-Unis. La proposition maladroite d'une alliance avec l'Allemagne faite par le ministre Zimmermann au gouvernement mexicain, en échange de la reconquête du Texas, de l'Arizona et du Nouveau-Mexique, suffit à mettre le feu aux poudres. Le Congrès américain vote l'entrée en guerre des États-Unis le 2 avril et les premiers hommes sont acheminés sur le front européen à partir d'octobre 1917.

La défection de la Russie

§ 153.e À cette même date, la révolution bolchévique mène au retrait des troupes russes

---

13 Ainsi appelait-on les soldats français qui, en raison des duretés d'existence dans les tranchées, ne se rasaient plus.

Fig. 15.13 : Agence Meurisse. *À Chalais-Meudon, essais de petits tanks Renault.* 1918.

de la Triple Entente : les socialistes Lénine et Trotski souhaitent mettre un terme à la guerre, malgré la perte d'une partie de l'ouest de la Russie. Très éprouvés, les Russes ne sont plus en mesure de s'opposer à un ennemi mieux équipé et mieux organisé et signent le traité de Brest-Litovsk en mars 1918. Cette défection entraîne automatiquement le renforcement des effectifs à l'ouest et le lancement d'une nouvelle offensive germanique, la dernière.

Ultime offensive allemande et victoire de la Triple Entente

§ 153.f Une fois la menace russe écartée, l'état-major allemand souhaite donc prendre un avantage décisif sur ses ennemis, avec des dizaines de milliers de soldats fraîchement rapatriées du front de l'Est. Par ailleurs, le délai nécessaire pour la mobilisation des forces américaines repousse l'arrivée de ce contingent en France à l'été 1918. Les Allemands lancent donc leurs forces à la jonction des armées françaises et anglaises, dans la région de Saint-Quentin, pour briser le front, en les séparant l'une de l'autre. C'est la reprise de la guerre de mou-

vement. Au cours des semaines qui suivent, le front se rapproche de nouveau dangereusement de Paris. En juillet, au cours de la seconde bataille de la Marne, la stratégie du général Pétain consistant à résister à l'avancée ennemie grâce à des poches de résistance fortifiées et à des contre-attaques latérales a des effets dévastateurs sur les troupes germaniques (Miquel 574). À la fin du mois de juillet, les armées impériales ne sont plus en mesure de lancer une attaque d'envergure. À partir d'août, toutes les offensives de la Triple Entente connaissent une issue victorieuse : tout d'abord en Picardie, puis en Meuse-Argonne avec le concours des troupes américaines et enfin, en septembre, en Flandres. L'utilisation de l'aviation et du nouveau char d'assaut Renault FT[14], innovations techniques annonçant la guerre moderne, n'est pas étrangère à cette série de victoires.

_____

14 Sans être totalement innovateur, la légèreté, la maniabilité et la tourelle rotative de ce nouveau blindé permettaient à l'infanterie de passer les fils de fer barbelés et de supprimer les nids de mitrailleuses des opposants. Bien que dépassé, il continua à être utilisé au cours du conflit suivant, non seulement par l'armée française mais aussi par les troupes allemandes.

L'armistice et le traité de Versailles

§ 153.g Le 4 novembre, les Autrichiens se déclarent vaincus face aux forces de la Triple Entente. En Allemagne, à la même date, une insurrection contre la guerre et contre le régime contraint l'empereur germanique à abdiquer. Une république y est alors proclamée. Ce sont ses représentants qui signent l'armistice à Rethondes, dans la forêt de Compiègne, le 11 novembre 1918. L'Allemagne se rend sans condition, livrant sa flotte et tout son armement. Un mois plus tard, à Versailles, un traité de paix est signé en l'absence des représentants de la Triple Alliance. L'Alsace et la Lorraine sont restituées à la France, les colonies de l'Allemagne sont annexées et les réparations financières qui lui sont imposées s'élèvent au montant exorbitant de 132 milliards de marks-or. Par ailleurs, selon ce traité, la rive gauche du Rhin est occupée pendant 15 ans et une partie de son territoire est annexée au profit de la Pologne et de la Belgique. Toutes ces conditions de paix paraîtront vite injustifiées aux yeux des Allemands. En effet, l'Empire n'ayant été inquiété à aucun moment, sa puissance industrielle demeurant intacte et ayant occupé le nord-est de la France pendant quatre ans, ils n'acceptent pas d'être vaincus. Le nationalisme allemand

Fig. 15.14 : Anonyme. *Les amiraux Hope, Foch et Wemyss, après la signature de l'armistice, le 11 novembre 1918.* 1918

se nourrira de ce paradoxe pour préparer le conflit suivant, lequel apparaît dès lors comme la conséquence inéluctable du premier.

4. La « Der des ders »[15] ?

Le bilan humain

§ 154.a En 1918, des dizaines de pays se relèvent difficilement de ce qui constitue le premier conflit à l'échelle terrestre de l'Histoire. À cette date, jamais aucune guerre n'a été aussi meurtrière : on compte neuf millions de morts et quasiment autant d'invalides, sans compter le déficit des naissances que les pertes civiles et militaires entraînent inéluctablement. Le tribut humain

payé par chaque pays engagé dans la guerre est encore manifeste 50 ans après. Le souvenir cuisant de la guerre est ravivé par l'omniprésence des « gueules cassées » au sein de la population civile, des soldats défigurés que les progrès de la médecine ont pu sauver, mais qui souffrent d'un déficit physique important. Le nombre des victimes de troubles post-traumatiques comme l'*obusite*, consécutifs aux bombardements incessants et à l'horreur des combats, est mal chiffré, mais les travaux de Sigmund Freud (Tréhel, « Freud (1856-1939) : un papa de guerre ») de Karl Abraham (Tréhel, « Karl Abraham (1877-1925) : travail en chirurgie militaire et intérêt pour les névroses traumatiques de guerre ») et d'autres

---

15 Expression datant de l'époque de la Première Guerre mondiale, maintenant communément utilisée en français, qui signifie "la dernière des dernières guerres". C'est en effet le souhait que beaucoup de Français exprimaient au lendemain du conflit, suite aux nombreux traumatismes dont ils avaient souffert.

Fig. 15.15 : Agence Rol. *Le 28 décembre 1919, [voyage présidentiel et] remise de la Croix de guerre et [de la] Légion d'honneur à [la ville d']Arras [la foule devant la tribune présidentielle dans une ville en ruine]. 1919.*

psychiatres, qui traitent des névroses traumatiques résultantes de la guerre, laissent penser que celles-ci sont loin de constituer un épiphénomène. De nombreux récits basés sur des témoignages véridiques[16] font penser que cette pathologie a atteint un grand nombre d'anciens combattants.

En marge du conflit : le génocide arménien

§ 154.b Bien qu'il fasse encore l'objet d'une censure de la part de certains acteurs politiques à l'heure actuelle, le génocide organisé et perpétré par le gouvernement jeune-turc de l'Empire ottoman en 1915 contre la communauté arménienne est bien réel. Il a causé la déportation et le massacre d'un million et demi de victimes. La France et le Parlement européen, par une loi de 1987 (European Parliament), reconnaissent l'existence de cette extermination planifiée fort bien documentée. Toutefois, pour des raisons diplomatiques, le terme « tragédie » remplace parfois le mot « génocide » dans les documents officiels (Arefi « Obama aussi refuse de parler de "génocide" arménien » ; Louis, « Le dilemme d'Israël face au génocide arménien »), discréditant ainsi la thèse d'un complot exterminateur et diminuant son importance.

Les destructions matérielles et l'épuisement des économies

§ 154.c Le déclin économique de la France qui suit immédiatement le déclenchement de la guerre est imputable à plusieurs causes. Principalement, ce sont la pénurie de main d'œuvre, conséquence de la mobilisation, ainsi que le manque de matières premières qui causent le ralentissement de la machine économique. Après la guerre, la majorité des sites industriels, destinés à l'armement, sont désormais inutilisables et doivent être reconvertis en urgence. Par ailleurs, les principaux sites d'exploitation

---

16 Qu'il nous soit permit de citer deux films qui, parmi beaucoup d'autres œuvres en tout genre, nous paraissent rendre compte du syndrome traumatiques des anciens combattants de façon réaliste : *Les fragments d'Antonin* (Bomin) et *Un long dimanche de fiançailles* (Jeunet).

de ressources naturelles sont localisés dans le nord-est de la France, région que les Allemands ont occupée, puis dévastée avant que la guerre ne se termine, comme par exemple les mines de charbon, afin de rendre leur exploitation impossible. Les Français se dédommagent donc par l'occupation de la Ruhr en 1918. Le pays ne peut pas non plus compter sur son exploitation agricole, qui a subi les conséquences collatérales de la guerre : le nord et l'est de la France ont été ravagés par le pilonnage des bombardements et les sols sont empoisonnés par les armes chimiques et les centaines de milliers de cadavres en décomposition. Trois millions d'hectares de terre ne sont plus cultivables (Miquel 606), soit que le paysage ait été trop remodelé par les explosions, soit qu'il faille le décontaminer et le déminer. Près de 100 ans après, des munitions sont encore découvertes sur les anciens sites de combat, comme dans la Somme (AFP). Des villes ont été quasiment détruites, comme Reims, ravagée à 85 pour cent[17]. Enfin, de nombreuses infrastructures comme les ponts, les routes, les voies ferrées, les habitations et les usines, sont détruites et des villages ont été rayés de la carte.

§ 154.d Au niveau mondial, tous les pays connaissent des difficultés dues à l'obligation de reconvertir leur industrie d'armement, de réintégrer les combattants dans la vie civile et de rembourser les emprunts contractés pour soutenir l'effort de guerre, alors que les marges de profit des usines construisant l'équipement militaire avaient été réduites à néant (Fridenson). La croissance économique qui survient finalement dans les années 20 dissimule une instabilité structurelle de l'économie mondiale. En effet, une transition vers un nouvel ordre économique doit s'amorcer car l'Europe, complètement ruinée, ne peut plus être le régulateur de jadis. Selon Charles Kindleberger (1988), cette situation va entraîner la crise de 1929.

---

17 Sa cathédrale, reconstruite après la guerre, avait reçu 288 obus.

Fig. 15.16 : Le Petit Journal. *Metz et la Lorraine rendues à la France*. 8 décembre 1918. Propagande journalistique.

Remodelage politique de l'Europe

§ 154.e Enfin, en 1918, les Empires allemand, russe, austro-hongrois et ottoman ont disparu et de nouveaux pays sont nés ou réapparaissent en Europe. La Pologne ressuscite des terres qu'elle récupère de l'Allemagne et de la Russie. La Finlande, l'Estonie, la Lettonie, la Lituanie, la Tchécoslovaquie, la Hongrie et la Yougoslavie émergent du démantèlement des Empires russe et autrichien, suite aux revendications d'avant-guerre de minorités nationalistes. L'Autriche n'occupe plus qu'un cinquième de son ancien territoire impérial. L'Empire ottoman se réduit à la Turquie, la Syrie et l'Irak, qui passent sous mandats français et britannique. Ce redécoupage, ainsi que l'installation définitive de la démocratie dans des pays européens qui ne l'ont jamais connue, sont loin de faire l'unanimité. Les conditions sont déjà réunies pour qu'un nouveau conflit mondial survienne.

Références

Livres, articles et documents vidéo

- *14-18, le bruit et la fureur*. Réal. Jean-François Delassus. Interpr. Alexandre Astier. TSR. France Télévision, 2009. Film.

- AFP. « 1,7 tonne de munitions de la Première Guerre mondiale découverte dans la Somme. » *LeMonde.fr*. Le Monde, 4 mars 2015. Web. 30 nov. 2016.

- Arefi, Armin. « Obama aussi refuse de parler de "génocide" arménien. » *Le Point International*. Le Point, 23 avril 2015. Web. 30 nov. 2016.

- Bard, Christine. *Les filles de Marianne. Histoire des féminismes 1914-1940*. Paris: Fayard, 1995. Imprimé.

- Becker, Jean-Jacques. *L'année 14*. Paris: Armand Colin, 2004. Imprimé.

- Blond, Georges. *La Marne*. Paris: Presses de la Cité, 1962. Imprimé.

- Céline, Louis-Ferdinand. *Voyage au bout de la nuit*. Paris: Denoël, 1932. Imprimé.

- Duroselle, Jean-Baptiste. *La Grande Guerre des Français : l'incompréhensible*. Paris: Perrin, 2003. Imprimé.

- European Parliament. « Resolution on a political solution to the Armenian question. » *Armenian National Institute*. European Parliament résolution. 1998-2016. Web. 30 nov. 2016.

- Ferro, Marc. *La Grande Guerre, 1914-1918*. Paris: Gallimard, 1969. Imprimé.

- Fischer, Fritz. *Krieg der Illusionen : die deutsche Politik von 1911 bis 1914*. Dusseldorf: Droste, 1969. Imprimé.

- Fridenson, Patrick. *Histoire des usines Renault, tome 1*. Paris: Seuil, 1998. Imprimé.

- Galtier-Boissière, Jean. *La Grande Guerre, 1914-1918*. Paris: Les Productions de Paris, 1966. Imprimé.

- Horne, John et Alan Kramer. *German Atrocities, 1914 : A History Of Denial*. New Haven : Yale University Press, 2001. Imprimé.

- Husson, Jean-Pierre. « Les femmes et la Première Guerre mondiale. » *Histoire et mémoires des deux guerres mondiales*, 2000-2010. Web. 30 nov. 2016

- Keegan, John. *A History of Warfare*. New York : Afred A. Knopf, 1993. Imprimé.

- Kindleberger, Charles. *La Grande Crise mondiale, 1929-1939*. Paris: Economica, 1988. Imprimé.

- Le Moal, Frédéric. *La France et l'Italie dans les Balkans, 1914-1919 : le contentieux adriatique*. Paris: L'Harmattan, 2006. Imprimé.

- Leclercq, Alain et Gérard De Rubbel. *Les plus surprenantes histoires de 14-18 : Essai historique*. Cork: Primento Digital Publishing / La Boîte à Pandore, 2014. Imprimé.

- *Les fragments d'Antonin*. Réal. Gabriel Le Bomin. Interpr. Anouk Grinberg, Aurélien Recoing Gregori Derangère. 2006. Film.

- Loez, André. *La Grande Guerre*. Paris: La Découverte, 2010. Imprimé.

- Louis, Cyrille. « Le dilemme d'Israël face au génocide arménien ». *Le Figaro.fr*. Le Figaro, 24 avril 2015. Web. 30 nov. 2016.

- Miquel, Pierre. *La Grande Guerre*. Paris: Fayard, 1999. Imprimé.

- Poidevin, Raymond. *L'Allemagne de Guillaume II à Hindenburg. 1900-1933 : un Empire, une défaite*. Paris: Éditions Richelieu, 1972. Imprimé.

- Rabaut, Jean. *1914, Jaurès assassiné.* Bruxelles: Complexe, 2005. Imprimé.

- Sumpf, Alexandre. « Les emprunts nationaux de 1916 et 1917 ». *L'Histoire par l'Image.* Juin 2006. Web. 30 nov. 2016. 🌍

- Thébaud, Françoise. « Les ouvrières des usines de guerre. » *14-18, le magazine de la Grande Guerre.* 1. Avril-mai (2001): 56-61. Imprimé.

- Tréhel, Gilles. « Freud (1856-1939) : un papa de guerre. » *L'information psychiatrique.* 84. 4 (2008): 329-342. Imprimé. 🌍

- —. « Karl Abraham (1877-1925) : travail en chirurgie militaire et intérêt pour les névroses traumatiques de guerre. » *Cliniques méditerranéennes.* 76. 2 (2007): 235-254. Imprimé. 🌍

- *Un long dimanche de fiançailles.* Réal. Jean-Pierre Jeunet. Interpr. Christophe Perie, Audrey Tautou Marc Robert. 2004. Film.

- Villemer, Gaston, Henri Nazet et Ben Tayoux. « Alsace et Lorraine. » Jacquot & fils, 1871. Phonographe. 🌍

- Weygand, Général. *Idéal vécu.* Paris: Flammarion, 1953. Imprimé.

Liens utiles à consulter

- Guerre1418.fr

  Répertoire de sites 🌍

  Vidéos en ligne 🌍

- Guerre de 1914-1918 🌍

- Images de 14-18 🌍

- La Grande Guerre en dessins 🌍

- Le Petit Journal, supplément illustré

  « La collection du *Petit Journal* » 🌍

- L'Histoire par l'image

  « Artillerie et artilleurs dans la bataille du Chemin des Dames » 🌍

  « Images de l'Allemand » 🌍

  « La déshumanisation des soldats » 🌍

  « L'aviation dans la guerre de 14-18 » 🌍

  « Les chars Renault » 🌍

  « Le traité de Versailles » 🌍

  « Les victimes civiles de la guerre » 🌍

  « L'intervention des États-Unis dans la Première guerre mondiale » 🌍

  « Les ravages de la guerre 14-18 » 🌍

  « Reconstituer la guerre de 1914 » 🌍

  Verdun 🌍

  « Y'a bon» Banania » 🌍

- Mission du Centenaire 🌍

- Musée de l'Armistice

  « Sur les pas d'Augustin Trébuchon » 🌍

  « Le dernier jour de la Grande Guerre » 🌍

Médiathèque

- *14-18, le bruit et la fureur.* Réal. Jean-François Delassus. Interpr. Alexandre Astier. Iota Production / Programme 33. 2008. Film. 🌍

  [00:53:43 - 01:02:35]

- *Les fragments d'Antonin.* Réal. Gabriel Le Bomin. Interpr. Gregori Derangère, Anouk Grinberg, Aurélien Recoing. Dragoonie Films / Rezo Films. 2006. Film. 🌍

  [00:12:15 - 00:18:18]

- *Un lond dimanche de fiançailles.* Réal. Jean-Pierre Jeunet. Interpr. Marc Robert, Aleksandra Yermak, Audrey Tautou. 2003 Productions / Warner Bros / Tapioca Films. 2004. Film. 🌍

  [01:22:58 - 01:26:12]

L'entre-deux-guerres

Recto :

Fig. 16.0.a : Agence Rol. *Essen, patrouille de Dragons* . 1923.

Fig. 16.0.b : Acme Newspicture. *Maurice Chevalier avec un de ses futurs petits imitateurs.* 1933.

Fig. 16.0.c : Agence Meurisse. *Congrès de Tours : vue générale de la salle.* 1920.

Fig. 16.0.d : Russel, Charles. *Vue générale des troupes SA, SS et NSKK appelées sous les drapeaux.* 1935.

Fig. 16.0.e (image de fond) : Waléry, Lucien. *Joséphine Baker dansant le Charleston aux Folies Bergères.* 1926.

0. Une paix éphémère

§ 160 Dans les premières années qui suivent la Première Guerre mondiale, les conditions de paix semblent difficiles à mettre en place. Le traité de Versailles constitue en effet un point de friction non seulement entre l'Allemagne et la France, mais également entre celle-ci et les pays anglo-saxons, soucieux de préserver la paix en Europe. Des tentatives dans ce sens vont avoir lieu (création de la SDN, accords de Locarno, pacte Kellogg-Briand...) mais, faute de concertation et de cohésion au niveau international, elles mèneront toutes à une impasse. Pourtant, plus personne ne veut de la guerre qui doit être la « Der des ders »[1]. Dans la société civile, la fin du conflit initie les « années folles », une période marquée par un renouveau des divertissements et de la production artistique, remèdes contre les hantises de 14-18, relayés par les nouveaux médias de l'information que sont la radio et le cinéma. Une nouvelle société voit le jour : la libération relative de la femme et l'essor industriel, lequel facilite la naissance du consumérisme, sont les nouvelles donnes qui annoncent déjà le monde d'aujourd'hui. Toutefois, la crise économique du début des années 30 met un frein brutal à

Fig. 16.1 : Colin, Paul. *La Revue Nègre au music-hall des Champs-Élysées.* 1925. Affiche.

cette nouvelle croissance de la société libérale, nourrissant deux idéologies naissantes, autant opposées l'une à l'autre qu'au capitalisme des régimes démocratiques : le socialisme et le fascisme. Si les causes de la Première Guerre mondiale étaient diffuses, celles qui préludent à la Seconde sont parfaitement claires : il s'agit de la compétition acharnée entre ces trois projets socio-politiques.

1. Le passif de la Première Guerre mondiale

Le Bloc national

§ 161.a En novembre 1919, de nouvelles élections législatives ont lieu en France, opposant la coalition du Bloc national, composée de divers partis de droite conservateurs et radicaux, et celle de l'Alliance démocratique, avec les partis de gauche, dont toutefois la SFIO ne

fait pas partie. Le Bloc national se présente comme un parti œuvrant dans la continuité de l'Union sacrée, décrétée au commencement de la guerre[2]. L'un des thèmes de sa campagne électorale est la mise en application du traité de Versailles point par point, ceci afin d'obtenir les dédommagements de guerre nécessaires au redressement économique du pays, ainsi

---

1   À ce sujet, voir §154.a et suivants.

2   À ce sujet, voir §151.h.

qu'à l'indemnisation des victimes de guerre et des anciens combattants. Son slogan : « L'Allemagne paiera ! » fait mouche auprès de la population durement éprouvée, rappelant par-là l'article 231 du traité de Versailles, lequel impute la seule responsabilité du conflit à l'Allemagne. Par ailleurs, cette coalition de droite aborde la question du bolchevisme, dorénavant considéré comme un danger en raison des grèves et des mutineries qui agitent la France après la guerre. En effet, le succès de la révolution russe a encouragé les partis de gauche et, éprouvée par les privations et les sacrifices, la classe ouvrière est plus réceptive à leurs idées marxistes. Ainsi, brandissant la menace de l'insurrection des groupes socialistes et diabolisant les Allemands (Sirinelli, et al.), le Bloc national dispose de deux puissants leviers capables d'influencer une population en recherche de paix et de prospérité.

Gagner la guerre et perdre la paix

§ 161.b Le nouveau mode de scrutin utilisé, proportionnel plutôt que majoritaire[3], favorise le Bloc national qui, arrivant en tête des élections, occupe plus de la moitié des sièges. Comme 44 pour cent des députés y sont d'anciens combattants, on l'appelle la chambre « bleu horizon », de la couleur de l'uniforme des soldats français sur le front. Dans un premier temps, elle collabore avec le président de la République Raymond Poincaré[4] et le président du Conseil radical-socialiste George Clémenceau[5], tous les deux inflexibles sur la question des dédommagements financiers de l'Allemagne. Leur rem-

Fig. 16.2 : Anonyme. *Comment voter contre le bolchévisme ?* 1919. Propagande anti-communiste.

placement en 1920 par les socialistes Alexandre Millerand et Aristide Briand[6] ne change que peu de chose à l'orientation générale de la politique extérieure. En effet, les prérogatives prioritaires du gouvernement restent l'indemnisation aux victimes de guerre et la reconstruction, mesures qui grèvent le budget mais qui, de toute façon, doivent être compensées par l'indemnité de réparation qui doit être versée par les Allemands aux pays de la Triple Entente. Toutefois, dans un premier temps, ces derniers refusent de payer, ce qui condamne le gouvernement Briand à répercuter le coût du déficit sur les contribuables français, en augmentant les impôts. Aristide Briand tente de négocier avec les Allemands en

---

3   L'Assemblée est alors élue par un scrutin de liste, à la majorité et à la proportionnelle : non seulement les candidats de chaque liste ayant remporté la majorité des voix sont élus (le scrutin est donc plurinominal et majoritaire), mais en plus les sièges restant sont proportionnellement répartis entre les listes (le scrutin est alors plurinominal et proportionnel). L'objectif de ce scrutin est la formation de majorités politiques plus stables, donc plus aptes à soutenir les représentants de l'exécutif qui se succèdent, au lieu d'avoir des chambres parlementaires qui s'y opposent (avec un scrutin uninominal majoritaire).

4   Dont le mandat débuta en 1913 et qui fut l'artisan de l'Union sacrée.

5   À la présidence du Conseil depuis 1917 et surnommé "Père la Victoire".

6   Dans les faits, le républicain radical Paul Deschanel succède à Poincaré pour quelques mois, mais doit démissionner suite à plusieurs incidents de décompensation psychique.

janvier 1922 mais, comme la majorité des députés veulent appliquer le traité de Versailles à la lettre, les tractations échouent. Aristide Briand démissionne, cédant sa place à Raymond Poincaré.

L'occupation de la Ruhr

§ 161.c Pour contraindre les Allemands à appliquer les clauses du traité de Versailles, le nouveau président du Conseil fait occuper la Ruhr par l'armée française en 1923 et invite la Belgique à faire de même. Malgré des grèves d'ouvriers dans les zones maintenant sous le contrôle des « poilus », cette initiative semble finalement infléchir la politique allemande dans le sens voulu par le gouvernement français : le désastre économique provoqué par cette violation territoriale oblige le chancelier allemand, Gustav Stresemann, à accepter le paiement de la dette. Toutefois, des émeutes et des tentatives de prises de pouvoir, comme celle d'Hitler le 8 novembre 1923, tendent à montrer que l'occupation militaire des Français et des Belges déstabilise le régime (Kershaw, *Hitler, 1889-1936*). Par ailleurs, l'Allemagne étant un partenaire économique privilégié du Royaume-Uni, celui-ci considère l'étalement de la dette ou sa réduction comme une nécessité. Elle fait pression sur le système financier français, ce qui oblige le gouvernement de Poincaré à retirer les troupes françaises de la Ruhr et à accepter le plan Dawes, proposé par les Anglo-Saxons. Celui-ci a pour objectif de lutter contre l'inflation qui sévit en Allemagne, en étalant le calendrier de ses paiements. Pour la France et la Belgique, il est déjà clair que cette politique mènera au non-remboursement de la dette (Mantoux 60). Quant aux groupes nationalistes déjà très actifs en Allemagne, ils considèrent le retrait des troupes franco-belges comme le signe que la communauté internationale n'est pas assez politiquement soudée et que la Rhénanie pourra être remilitarisée un jour.

La SDN à l'initiative de Wilson... mais sans les États-Unis

§ 161.d En février 1919, à Paris, lors de la Conférence de paix pour la négociation des traités, le

Fig. 16.3 : Moritz, R. *Pour que l'Allemagne paie.* 1923.

président américain Wilson propose de créer la Société des Nations (SDN), dont l'objectif principal est de mettre fin à la diplomatie secrète[7], selon lui l'une des principales causes du déclenchement de la Première Guerre mondiale. Cette offre est assortie de 13 autres points qui mettent l'accent sur le droit des peuples à disposer d'eux-mêmes[8], la réduction des armements et la résolution des conflits par l'arbitrage diplomatique. Contrairement à la France, seulement préoccupée par la question de l'indemnisation de guerre et de la reconstruction, la position des États-Unis et de l'Angleterre est de privilégier le redressement de l'Allemagne, sans laquelle l'Europe ne pourra pas se reconstruire, et de poser les bases d'une paix durable. Malgré tout, la France consent à adhérer à la SDN en étant sûre que, de cette manière, elle obtiendra satisfaction au sujet des réparations

---

7 C'est-à-dire le système des alliances entre pays.

8 Notamment avec la naissance d'un droit international.

Fig. 16.4 : Raven-Hill, Leonard. *The Gap in the Bridge*. 1919. Caricature évoquant l'absence des États-Unis à la SDN.

de guerre. Paradoxalement, le Congrès américain rejette l'adhésion des États-Unis à la SDN, motivé par sa tradition isolationniste et le caractère discutable des conditions posées par le traité de Versailles (Gerbet). La SDN a quelques succès à ses débuts mais, dans les années 1930, au cours desquelles les mouvements nationalistes s'amplifient, elle se montre incapable de régler les problèmes par voie diplomatique, ne disposant pas à cet effet d'une force armée susceptible d'exercer des pressions sur d'éventuels agresseurs. Ayant échoué à remplir sa mission, elle disparaîtra au déclenchement de la Seconde Guerre mondiale.

Les accords de Locarno, un effort vers la paix ?

§ 161.e À partir de 1925, les élections de partis démocratiques à la tête des pays sortant du conflit favorisent le rapprochement de ces derniers. C'est le cas en France, avec l'éviction du Bloc national au profit du Cartel des gauches, dirigé par Édouard Herriot à partir de 1924, mais aussi en Allemagne, avec l'élection du centriste allemand Stresemann, et en Angleterre, avec le Parti travailliste arrivant en tête du scrutin. La France, qui a perdu le soutien de l'Angleterre et des États-Unis, cherche une solution diplomatique au paiement de la dette, alors que le chancelier allemand souhaite mettre un terme à la crise économique et politique que traverse son pays, conséquences des exigences imposées par le traité de Versailles. Par ailleurs, il souhaite l'évacuation de la Rhénanie. Pour tous les pays concernés, la première étape consiste donc à s'assurer que leur intégrité territoriale sera respectée. Le 16 octobre 1925, les accords de Locarno sont donc signés par la France, l'Italie, la Belgique, la Grande Bretagne et l'Allemagne. Ils garantissent le statu quo des frontières et, rejetant le recours à la force militaire, ont pour principe le règlement des disputes par voie diplomatique, grâce à l'arbitrage de la SDN. Les accords sont constitués de plusieurs pactes et traités entre les anciens pays belligérants. Toutefois, bien qu'ils concourent

Fig. 16.5 : Anonyme. *Aristide Briand et Gustav Stresemann en 1926, après avoir été récompensés du prix Nobel de la paix.* 1926.

à un apaisement des tensions, ils ne donnent pas les mêmes garanties à l'Allemagne qu'aux autres pays d'Europe : en effet, un traité d'alliance militaire entre la France, la Pologne et la Tchécoslovaquie, en cas d'agression de l'Allemagne, signifie clairement que la méfiance est encore à l'ordre du jour (Prevot 204).

Renoncer à la guerre

§ 161.f C'est peut-être d'ailleurs dans cette optique qu'Aristide Briand, qui a signé les accords de Locarno[9], lance un appel aux États-Unis, afin de renoncer bilatéralement à la guerre : conscient que l'Allemagne se relève économiquement et qu'elle resserre ses liens avec l'Angleterre, les États-Unis ou l'U.R.S.S, il veut éviter l'isolement diplomatique de la France, tout en établissant un vrai rapprochement pacifique avec l'Allemagne. Le secrétaire d'État américain, Franck Kellogg, souhaite aller plus loin : que toutes les grandes puissances établissent un traité de renonciation à

la guerre de façon multilatérale. Le 27 août 1928, 63 pays signent le traité Briand-Kellogg, lequel met la guerre « hors-la-loi », bien qu'il admette un principe de légitime défense, à la définition très floue[10], et qu'il n'offre aucun moyen de régler les litiges ou de sanctionner les pays agresseurs (Roscher). Par conséquent, même si le pacte Briand-Kellogg reflète la bonne volonté d'une grande partie de la communauté internationale au lendemain de la Première Guerre mondiale, il est considéré comme inapplicable par nombre de partis politiques. Pire, il pousse les pays agresseurs à mener des guerres sans les avoir déclarées, comme celle menée peu après par les États-Unis en Amérique centrale, celle du Japon en Mandchourie, de l'Italie en Abyssinie, de l'URSS en Finlande et à l'est de la Pologne et de l'Allemagne à l'ouest de la Pologne, tout cela

---

9 À cette époque, il est ministre des Affaires étrangères.

10 En effet, ce traité ne détermine pas le moment à partir duquel on peut considérer qu'une action militaire constitue un acte de légitime défense (avant, pendant ou après l'agression) ni sur quoi celle-ci s'applique (un territoire national ou colonial, un transport de ressortissants, etc.).

Fig. 16.6 : Agence Rol. *Nouveau taxi Citroën [devant le Passage des Princes, Paris, 2e arrondissement]*. 1921. L'un des premiers modèles de voiture française produits à la chaîne.

avant que la Seconde Guerre mondiale n'ait commencé. Le pacte Briand-Kellogg constitue donc un nouvel échec en soi, bien qu'il ait permis de rehausser l'image de la France sur la scène internationale et qu'il ait servi de base à des législations internationales ultérieures, comme la Charte des Nations-Unies (ONU).

La reprise économique et les progrès techniques

§ **161.g** Malgré l'endettement important qui caractérise l'économie des pays occidentaux au lendemain de la guerre, le taux de croissance n'a jamais été si élevé en deux siècles : au niveau mondial, de 1917 à 1927, il est de 3,8 %, bien qu'un tel chiffre cache de fortes disparités entre pays (Petit). Dans cette période, au niveau de la production industrielle, ce sont d'abord les États-Unis qui arrivent en tête, suivis de la France, de l'Allemagne et de la Grande Bretagne. Beaucoup d'économistes attribuent cette embellie économique à la vulgarisation du travail rationalisé, aux pro-

grès technologiques dynamisés par la course aux armements et au phénomène de concentration économique (Ibid. 63). Les deux principaux vecteurs de cette augmentation de la production sont les secteurs de l'automobile et de l'électricité, où on applique des économies d'échelle. Ainsi, la France, qui devient le troisième producteur mondial d'acier et de fonte, multiplie par cinq sa production automobile et par huit sa production d'électricité (Adoumié). Toutefois, les variations monétaires, comme par exemple la pression que l'Angleterre exerce financièrement sur la France pour aider l'économie allemande, entraînent des dévaluations. Dans ces conditions, malgré la forte production industrielle, il y a peu d'échanges commerciaux. Ce phénomène constituerait l'une des causes de la crise qui s'annonce. Quoi qu'il en soit, la croissance exceptionnelle des années 20 a des répercussions au niveau social : c'est ce qu'on a appelé les « années folles ».

2. Les « années folles »

Un phénomène civilisationnel

§ 162.a La période dite des « années folles » est le résultat d'une conjonction de facteurs ayant eu un impact civilisationnel globalement positif dans de nombreux pays. Bien qu'on puisse parler d'un phénomène de renaissance à l'échelle mondiale[11], il faut être prudent quant à l'ampleur et à la forme que ce dernier a prises, suivant les sociétés où il apparaît. En France, il a donné naissance à une recrudescence de divertissements, ainsi qu'au renouveau de la pensée et de l'art. Les origines de ce phénomène sont multiples, mais la majorité des historiens sont d'accord pour dire qu'il prit sa source dans un désir collectif d'oublier les horreurs de la Première Guerre mondiale, alors que la croissance économique, les progrès techniques et de nouvelles idéologies émergentes permettaient de regarder vers l'avenir. L'expression marginale qui désigne cette époque, « années folles », n'est pas contemporaine des années 20. Elle correspond à un regard critique posé à une époque ultérieure, probablement par le journaliste Gilbert Guilleminault, dans les années 50 (1956) et a été reprise depuis par nombre d'ouvrages de vulgarisation ou par les journalistes, mais sans être complètement validée par les études historiques[12]. L'expression elle-même est sujette à interprétation : revêt-elle une valeur hyperbolique, désignant l'état d'agitation idéologique, d'effervescence artistique et de frénésie ludique qui caractérise ce bref moment de l'histoire de France, ou s'agit-il de dénoncer *a posteriori* l'état d'aveuglement dans lequel se trouvaient les sociétés des années 20, incapables ni de prédire les égarements du modernisme et du consumérisme naissants, ni d'anticiper les débordements futurs des totalitarismes en développement ?

---

11 Aux États-Unis, on parlera de "Roaring Twenties".

12 Raison pour laquelle on notera l'absence de lettres capitales, comme pour désigner la Renaissance ou la Belle Époque.

Fig. 16.7 : Waléry, Lucien. *Joséphine Baker en jupe de bananes, pour le spectacle des Folies Bergères « Un Vent de Folie »*. 1927.

Les nouveaux divertissements

§ 162.b Avec la fin de la guerre, on célèbre les héros dont les Américains font partie. Ceux-ci ont apporté le jazz, le charleston et le shimmy dans leurs bagages et ces nouveaux styles se diffusent largement en Europe. Un engouement certain pour cette nouvelle culture hétéroclite d'outre-Atlantique naît à Paris, laquelle influence les intellectuels et des artistes comme Jean Cocteau, André Breton, Louis Aragon, Salvador Dali ou Pablo Picasso, avant de se répandre auprès d'un public plus vaste. Par exemple, séduit par l'Art nègre, le directeur artistique du sulfureux théâtre des Champs-Élysées fait jouer la *Revue*

Fig. 16.8 : Ernst, Max. *Au rendez-vous des amis*. 1922.

nègre en 1925, où se produisent le clarinettiste Sydney Bechet et la danseuse aux seins nus Joséphine Baker. Celle-ci devient rapidement une égérie de la vie parisienne et le ton est rapidement donné : les cabarets et les cafés branchés fleurissent dans la capitale, surtout à Montparnasse et à Montmartre, où la vie artistique se concentre. On y trouve les écrivains américains de la Génération perdue[13], des artistes surréalistes ou des peintres du mouvement cubiste.

Le mouvement Dada

§ 162.c Au début de la guerre, en février 1916, le dramaturge allemand Hugo Ball fonde le cabaret Voltaire, où se produisent différents artistes en recherche de liberté totale d'expression. Leur but est la remise en cause des valeurs, des traditions et des conventions de la société bien-pensante par la moquerie, l'extravagance et la provocation. L'écrivain Tristan Tzara baptise cette nouvelle initiative du nom de « Dada[14] », après avoir arbitrai-

rement pointé ce terme du doigt dans le dictionnaire Larousse (Dachy 8). Sans principe directeur, les adeptes du mouvement Dada innovent dans la représentation publique d'événements en tout genre : soirées-spectacles burlesques dans la lignée d'Alfred Jarry[15], pièces de théâtre jamais répétées, concerts impossibles à jouer et même parodies de justice[16], au cours desquels le public est autorisé à jeter des projectiles sur ceux qui réalisent ces exhibitions. Un journal voit même le jour pour diffuser les nouvelles idées dans toutes les grandes villes d'Allemagne, puis à Paris. Au niveau artistique proprement dit, le mouvement Dada se nourrit de diverses influences, notamment les collages pratiqués par Picasso dans la dernière phase du cubisme ou l'Art abs-

13 Scott Fitzgerald, Henri Miller et Ernest Hemingway.

14 Signifie "cheval" dans le langage enfantin ou encore "loisir, occupation".

15 Avec sa pièce *Ubu roi* (1896), c'est le créateur du spectacle burlesque et provocateur.

16 Ce sera la *Mise en accusation et jugement de Maurice Barrès pour crime contre la sûreté de l'esprit* (Franck).

trait. Très rapidement, les différents adeptes du Dada sont en désaccord et suivent chacun leurs propres voies : le surréalisme, le réalisme social et d'autres mouvements esthétiques avant-gardistes apparaissent à ce moment. Selon David Locher, le Dada serait le point de départ de toutes les tendances artistiques qualifiées de « postmodernistes ».

Le surréalisme

§ 162.d Dans la continuité du mouvement Dada, le surréalisme est un moyen d'expression rejetant le contrôle de la raison et s'appuyant sur les mécanismes inconscients de l'esprit (Breton, *Manifeste du surréalisme : poisson soluble.*). Il s'inspire notamment des théories de Sigmund Freud concernant l'existence d'un inconscient : celui-ci influence les décisions et les actes d'un individu, malgré le contrôle qu'il pense avoir sur lui par la raison, comme le montre l'expérience de l'écriture automatique[17], supposée « révéler » les mécanismes de la pensée. Pour Breton, rêve et réalité se conjuguent dans l'expérience surréaliste qui, par conséquent, prend autant de formes possibles qu'il existe d'adeptes : l'écrivain-poète Louis Aragon, les peintres René Magritte et Salvador Dali, les poètes Jacques Prévert, Robert Desnos et Paul Éluard ou encore le dramaturge et cinéaste Jean Cocteau ont tous œuvré dans ce sens, notamment en adhérant au « Bureau de la recherche surréaliste », créé par Breton en 1924. Parallèlement, le surréalisme est investi de la mission de véhiculer de nouvelles valeurs morales, libératrices de l'individu et de la société, ce qui explique l'adhésion politique de certains de ses adeptes au Parti communiste ou à d'autres mouvances idéologiques. Mais cette implication des artistes dans le projet citoyen ne dure pas : dans un entretien donné à la télévision canadienne en 1961, André Breton reconnaît la nécessité pour le surréalisme de conserver ses distances avec l'univers institutionnel, afin de préserver ses valeurs proprement humaines (André Breton, pionnier du surréalisme).

17 Où l'expérimentateur écrit tout ce qui lui passe par la tête sans chercher à contrôler ses émotions ou sa pensée.

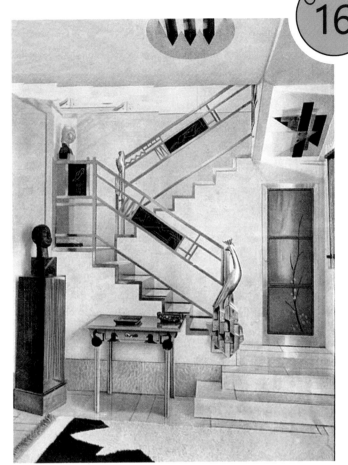

Fig. 16.9 : Legrain, Pierre. *Cage d'escalier de l'hôtel particulier de Jacques Doucet, 33 rue Saint-James, à Neuilly-sur-Seine.* 1929.

L'Art déco

§ 162.e En 1925 a lieu l'exposition internationale des Arts décoratifs et industriels modernes à Paris. Elle présente les travaux d'artistes des deux dernières décennies qui viennent de s'écouler, au cours desquelles l'Art déco s'est progressivement imposé. Cette nouvelle esthétique constitue une réaction contre l'Art nouveau, jugé trop asymétrique, fantaisiste et émotionnel (Véra 29). Par opposition, cette nouvelle tendance glorifie la pureté de la ligne droite, la symétrie, la sobriété et la clarté, à l'image du cubisme et dans la tradition du rationalisme classique de la fin du XVIIe siècle. C'est finalement, comme le prêche un ensemble de textes signés Jean Cocteau, un « rappel à l'ordre ». Ce mouvement d'architecture-décoration ne s'adresse initialement en France qu'à une classe sociale fortunée. Mais cette simplification convient bien à cette époque de reconstruction au cours de laquelle certaines villes, comme Reims et Saint-Quentin, doivent être complètement reconstruites : elles le seront dans le style de l'architecture moderne, qui partage de nombreux points communs avec l'Art déco, mais qui apparaît moins luxueuse, plus fonctionnelle, conçue pour une clientèle de masse. La tendance Art déco perdurera jusqu'au commencement de la Seconde Guerre mondiale.

Rôle des médias dans le développement de la culture populaire

§ 162.f Il ne faut pas croire que la culture des « années folles » soit uniquement réservée à une élite intellectuelle et sociale. Au contraire, on assiste à un phénomène de vulgarisation des manifestations culturelles et des divertissements, qui deviennent réputés, car relayés par la presse écrite, la radio et le cinéma, à l'impact grandissant. Ainsi, le sport devient de plus en plus populaire en France, surtout lors des Jeux olympiques d'été de 1924, organisés à Paris, ville qui connaît un regain de notoriété grâce à la présence de nombreux journalistes (Site officiel du Mouvement olympique). La photographie prend son essor avec des appareils très maniables, comme le Leica, qui ouvrent la voie au reportage photo, alors que la photographie avait uniquement une fonction illustrative dans la période précédente (AVM AG & Ellipse Documentaires 134). Le film parlant fait également son apparition aux États-Unis dès 1927 et connaît un succès fulgurant, permettant au public de mieux connaître les célébrités en entendant leurs voix (Ibid. 158-159). C'est ainsi que le chanteur populaire français Maurice Chevalier, qui a débuté sa carrière dans les revues des cabarets parisiens, connaît une renommée mondiale dès 1928, avec son style décontracté et sa bonne humeur. Il en va de même pour les chanteuses et actrices Mistinguett et Arletty, dont le parler et les manières populaires s'internationalisent.

Le début de l'émancipation des femmes

§ 162.g Le 6 août 1926, Gertrude Ederle, une Américaine, est la première femme à traverser la Manche à la nage, exploit qui ne fait que corroborer le nouveau regard que la société pose désormais sur la condition féminine. En effet,

Fig. 16.10 : Anonyme. *Gabrielle Chanel, posant en marinière et en pantalon avec son chien.* 1928.

depuis le début des années 20, le prototype de la femme masculinisée a fait son apparition, notamment par le biais du roman de Victor Marguerite, *La Garçonne* (1922). Cette tendance est alimentée par la véritable révolution amorcée dans la mode féminine depuis l'adoption de nouvelles tenues, moins contraignantes pour les femmes devenues très actives. C'est l'époque où Coco Chanel fait son entrée dans le monde de la mode avec des vêtements sobres et confortables, remisant au placard les décorations chargées et les corsets peu pratiques (Ibid. 183). Cette simplification, si elle est dans l'air du temps, est également la conséquence de l'émancipation de certaines femmes, d'une classe sociale aisée, devenues plus sportives, plus indépendantes, car conduisant maintenant des véhicules motorisées, moins contraintes dans leurs attitudes en société et libérées sexuellement. À l'image de Marlène Dietrich, elle sont plus minces, portent les cheveux courts et dévoilent des parties de leurs corps jusqu'alors interdites aux regards.

La fin des « années folles »

§ 162.h Le 24 octobre 1929, la valeur des actions cotées à la bourse de Wall Street chute brutalement, entraînant la liquidation des titres par des milliers d'investisseurs et la ruine de millions de particuliers et d'entreprises, endettés par les titres qu'ils ont achetés à crédit. Le mouvement de panique que cette chute brutale produit amène les banques à réclamer l'argent qu'ils ont investi un peu partout dans le monde, alors que les Américains se ruent sur les banques de dépôt, et à geler les crédits aux entreprises et aux économies en difficulté. La crise financière américaine devient mondiale, provoquant une situation extrêmement difficile en Europe : la production baisse, les entreprises licencient et les aides sociales sont suspendues, provoquant la misère ainsi que la montée des totalitarismes. Les effets ne sont toutefois pas immédiats : la crise n'arrive en France qu'en 1931, à la suite du ralentissement des exportations. Pour autant, ses conséquences sur le territoire français sont sans commune mesure avec celles qui déstabilisent l'économie et le régime politique de l'Allemagne. Mais l'instabilité ministérielle, le refus de la dévaluation du franc par le gouvernement et les différents scandales financiers qui vont éclater vont aggraver la stabilité intérieure de la Troisième République, déjà menacée.

3. Le temps des socialismes

Scission de la SFIO au congrès de Tour

§ 163.a L'Internationale ouvrière[18], née en 1889 de l'union de partis de gauche de différents pays, poursuit le rêve d'une révolution à l'échelle mondiale qui, selon les théories marxistes, libèrera le prolétariat de la pauvreté et de la guerre. La révolution russe de 1917 ne constitue donc que le début d'un projet plus vaste, néanmoins compromis par l'engagement de plusieurs partis socialistes dans la Première Guerre mondiale, au nom de l'Union nationale. Au lendemain du conflit, l'Internationale semble donc avoir échoué dans sa mission de renverser les forces capitalistes mondiales qui nourrissent les antagonismes nationalistes. Toutefois, dans les années 20, le Parti communiste russe, dont la révolution a finalement abouti, bénéficie d'un certain prestige en Europe : les classes laborieuses européennes, qui ont payé un lourd tribut à la guerre, sont sensibles aux idées socialistes et réclament l'appropriation de leur outil de travail. Les partis de gauche grossissent partout en Europe. Une conférence internationale est organisée à Moscou, au cours de laquelle les fondations du Komintern, la Troisième Internationale communiste, sont jetées. Cependant, dans un souci d'uniformisation idéo-

Fig. 16.11 : Agence Meurisse. *Congrès de Tours : vue d'ensemble à la sortie.* 1920.

logique, elle centralise l'autorité et impose une ligne politique unique à tous ceux qui veulent y adhérer. En décembre 1920, le congrès de Tours

---

18 Qui est, en fait, la Deuxième Internationale.

de la Section française de l'Internationale ouvrière (SFIO) met la décision de son adhésion au Komintern soviétique à l'ordre du jour. Certains membres du bureau politique, qui refusent la dictature des bolchéviques, souhaitent rester fidèles à la Deuxième Internationale, alors que d'autres sont prêts à franchir le pas. À l'issue du congrès, les participants ont choisi d'adhérer à l'un de ces deux partis : la SFIO, dirigée par Léon Blum, qui se démarque de l'autorité bolchévique et croit en un socialisme réformiste basé sur le parlementarisme, et le Parti communiste français (PCF), obéissant à Moscou et dirigé par Maurice Thorez, croyant en une révolution insurrectionnelle semblable à celle qui s'est produite à l'est.

Contexte politique du début des années 30

§ 163.b L'instabilité politique des années 30 est le résultat des faiblesses institutionnelles qui caractérisent la Troisième République. En effet, le président du Conseil des ministres doit avoir le soutien du Parlement pour gouverner. Or la mésentente qui règne entre les modérés, les radicaux et les socialistes entraîne souvent la mise en minorité du gouvernement et, consécutivement, sa démission. Un autre président du Conseil est alors nommé par le président de la République. La mésentente des partis concernent surtout l'orientation de l'économie : alors que les socialistes, majoritaires, veulent des réformes de structures, les radicaux, plutôt placés au centre de l'hémicycle, souhaitent favoriser l'économie libérale. Les cinq gouvernements radicaux qui se succèdent de 1932 à 1934 voudraient pouvoir compter sur l'appui des modérés[19], mais ces derniers exigent des positions ministérielles que les radicaux refusent de leur donner.

Des affaires compromettantes

§163.c Parallèlement, plusieurs scandales financiers éclaboussent le monde politique, comme celui de la *Gazette du Franc*, un journal économique tenu par une femme d'affaires juive, Marthe Hanau. Prodiguant des conseils aux épargnants, elle les oriente vers des placements dans des affaires fictives appartenant à ses re-

Fig. 16.12 : Police magazine. Deux photos d'Alexandre Stavisky, changeant d'apparence à quelques années d'intervalle. 1934.

lations et émet des titres dont elle acquitte les rendements à partir des nouvelles souscriptions qu'elle reçoit. Sa mise en cause éclabousse les milieux politiques et médiatiques qu'elle a corrompus, car l'affaire est découverte en 1928 et est exploitée par les opposants au régime. Ces derniers sont principalement les représentants de partis nationalistes antisémites (Sauvy).

§ 163.d Un autre scandale de ce type, encore plus préjudiciable pour la classe politique, se produit en 1933 et a l'effet d'un coup de tonnerre. Alexandre Stavisky, juif ukrainien naturalisé, est inquiété une vingtaine de fois dans différentes affaires d'escroquerie. Bénéficiant de remises de peine, il fonde en toute impunité un crédit municipal à Bayonne avec la collaboration intéressée du député-maire. Pour obtenir des liquidités, il fait émettre des bons de caisse en échange de bijoux faux ou volés, lesquels sont ensuite placés dans des établissements financiers recommandés par le ministère du travail. Stavisky, qui soutient la politique des radicaux au pouvoir et qui a des relations dans les ministères, encaisse la plus grande partie du bénéfice (Decaux, *C'était le XXe siècle. T2, La course à l'abîme*). Suite à la découverte de l'escroquerie par le receveur des Finances de Bayonne et sa révélation publique, Stavisky s'enfuit, puis se « suicide »[20] en janvier

---

19 Les républicains modérés, c'est-à-dire la droite.

---

20 Le journal *Le Canard enchaîné* titre : "Stavisky s'est suicidé d'une balle à trois mètres" (*Le Point*).

Fig. 16.13 : Agence Meurisse. *Cortège et manifestation du Front populaire.* 1936.

1934. De virulentes manifestations antiparlementaires d'extrême-droite éclatent alors. Le gouvernement chancelle sur ses bases.

§ 163.e Une dernière affaire compromettante de moindre importance, mais impliquant le garde des Sceaux lui-même, constitue la goutte qui fait déborder le vase. Suite à l'affaire Stavisky, le gouvernement de Camille Chautemps démissionne. Il est remplacé par celui d'Édouard Daladier, qui ordonne la mutation du préfet en charge de l'affaire Stavisky, Jean Chiappe, soupçonné à tort. Très populaire auprès de la droite nationaliste, celui-ci refuse sa mutation et est limogé. Tous les partis nationalistes et paramilitaires de droite manifestent violemment sur la place de la Concorde et la rive gauche de la Seine le 6 février 1934. Dans la nuit, ils essaient d'atteindre le palais Bourbon face à une garde mobile qui n'hésite pas à ouvrir le feu sur les manifestants : il y a plus de 20 morts et plusieurs centaines de blessés. Le gouvernement Daladier doit lui aussi démissionner.

Le Front populaire

§ 163.f La violence des manifestations d'extrême-droite a ébranlé la Troisième République. Gaston Doumergue, qui créé un nouveau gouvernement composé essentiellement de modérés, joue la carte de l'apaisement, bien qu'une nouvelle manifestation d'extrême-gauche antifasciste fasse de nouvelles victimes le 9 février. En effet, la gauche est maintenant convaincue que les partis fascistes ont fomenté, tenté et raté un coup d'État contre la République. Le 12 février, une grève générale est décrétée, puis Maurice Thorez, chef du parti communiste, invite tous les partis de gauche, et même les radicaux et les catholiques[21], à s'unir contre le fascisme, à l'initiative de Moscou (Zeraffa-Dray 80). Dès juillet 1934, un pacte est signé entre les deux partis marxistes, fondant le Front populaire, parti dont l'objectif est de lutter avec des moyens électoraux à la fois contre le fascisme

---

21 Cette alliance entre partis normalement opposés s'explique par les critiques que les radicaux subissent de la part des modérés.

Fig. 16.14 : Agence Meurisse. *Manifestation du Rassemblement populaire au 14 juillet : la tribune officielle : M.M. Léon Blum, Delbos, Daladier, Thorez, Salengro, Spinasse, Violette, Cot etc.* 1936.

et le gouvernement des modérés. Ce texte sera signé par les radicaux quelques mois plus tard. Le 14 juillet 1935, dans un élan de solidarité, les dirigeants du parti radical, du PCF et de la SFIO défilent ensemble avec plus de 500 000 adhérents, puis ils décident de créer un programme commun pour les élections de 1936. Pendant ce temps, le gouvernement des modérés s'enlise dans des réformes qui aggravent la situation du pays : les mesures économiques de Pierre-Étienne Flandin, qui limitent la production des entreprises pour avoir un contrôle sur les prix, provoquent encore plus de chômage et fait s'enfuir les capitaux à l'étranger, plongeant le pays dans la récession.

§ 163.g La victoire retentissante du Front de gauche en mai 1936 ouvre la voie à un gouvernement de coalition. Comme les socialistes ont remporté le plus de voix au second tour, c'est l'un des leurs qui se trouve à sa tête, Léon Blum. Toutefois, comme par le passé, les radicaux pèsent lourd dans la balance politique et chaque parti doit pleinement jouer le jeu de la coalition[22]. Ainsi, le programme du Front populaire ne prétend pas changer les structures de la société, comme les partis marxistes l'auraient souhaité, bien qu'il offre des avancées significatives dans le domaine social et des réformes au niveau du système bancaire, pour éviter de nouveaux scandales. Des grèves spontanées apparaissent dans tout le pays après la nomination du nouveau chef de l'État. Celui-ci saisit cette opportunité pour peaufiner son programme, en négociant différents accords avec le patronat qui s'ajoutent aux me-

---

22 Il faut noter que les membres du PCF ne feront pas parti du gouvernement, soit qu'ils ne veuillent pas effrayer une population hantée par le spectre du communisme, soit qu'ils refusent de se compromettre dans un gouvernement qu'ils considèrent déjà comme éphémère.

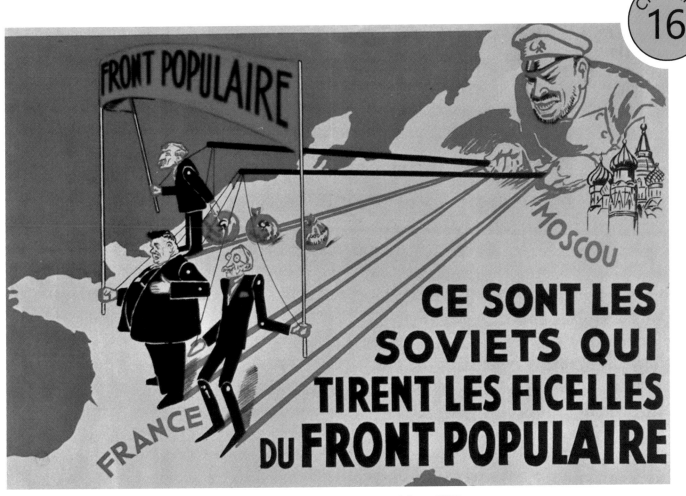

Fig. 16.13 : Anonyme. « *Ce sont les Soviets qui tirent les ficelles du Front populaire* ». 1936.

sures déjà envisagées : ce seront les accords de Matignon. Le retour de la croissance est prévu par la relance de la consommation et par l'initiative d'une politique de grands travaux. Pour les salariés, la semaine de travail passe à 40 heures sans diminution de leur rémunération, 15 jours de congés payés leur sont octroyés et des caisses de chômage et de retraite sont créées pour l'ensemble de la classe laborieuse. Enfin, la Banque de France est affranchie de l'influence des plus riches par sa nationalisation et une meilleure transparence de la part des organes de presse est exigée, par la publication du passif de leur entreprise[23]. Mais, paradoxalement, bien que l'existence de la coalition doive beaucoup à la volonté des partis de lutter contre l'extrême-droite, peu de mesures sont proposées contre la menace extérieure que le fascisme et le nazisme représentent, en réaction à l'invasion italienne de l'Éthiopie (oc-

---

23 C'est-à-dire l'origine de leur financement.

tobre 1935) et à la réoccupation de la Rhénanie par l'armée allemande (mars 1935).

§ 163.h L'élan d'enthousiasme qui a salué l'avènement du Front populaire est de courte durée. Malgré les mesures prises, le chômage et l'inflation s'aggravent, ce qui rend les augmentations de salaire obtenus lors des accords de Matignon obsolètes. Face à cette situation, Léon Blum dévalue le franc, solution qui avait été repoussée jusqu'alors par les gouvernements précédents, ce qui déçoit les radicaux. Par ailleurs, la guerre civile d'Espagne, qui oppose le *Frente Popular* aux franquistes, est un miroir dans lequel tous les citoyens français se regardent : alors que les partis de droite espèrent la victoire de Franco et l'écrasement du communisme, la gauche souhaite œuvrer pour la victoire de son parti jumeau. Les radicaux s'opposent à toute intervention, tout comme la Grande Bretagne, le principal allié de la France. Hitler et Mussolini, qui financent l'effort de guerre des franquistes, comprennent qu'ils ont les mains libres. Une partie de la presse se déchaîne alors contre le gouvernement Blum dans une campagne de diffamation d'autant plus cruelle qu'elle repose sur des arguments antisémites : c'est la revanche des partis d'extrême-droite. Le ministre de l'Intérieur, injustement calomnié, se suicide[24].

§ 163.i En février 1937, voyant que la situation économique du pays ne s'améliore pas, Léon Blum décide de suspendre le programme du Front populaire pendant quelques mois. En juin, alors qu'il souhaite revenir à ses premières orientations politiques d'inspiration socialiste, les radicaux votent contre lui. Il présente alors la démission de son gouvernement. C'est Édouard Daladier qui le remplace, avec Paul Reynaud aux finances, lequel parviendra enfin à assainir la situation économique du pays deux ans avant que la guerre ne commence. Si le Front populaire a échoué dans sa tâche de redresser le pays, il apparaît néanmoins comme un symbole démocratique fort pour beaucoup de Français, comme l'est, par exemple, la Commune de Paris, la révolte des Canuts ou, plus loin encore, les premiers moments de la Révolution française. Dans l'imaginaire collectif, il constitue un monument de l'identité nationale en raison des aspirations égalitaristes, fraternelles et fédératrices qu'il a fait naître. Bien qu'elles aient peu de choses en commun avec le Front populaire ou le *Frente Popular* espagnol, des tendances extrémistes de droite utilisent les mêmes leviers populistes et rassembleurs, pour fonder deux idéologies qui vont être les causes principales de la Seconde Guerre mondiale : le fascisme et le nazisme.

4. Le nationalisme extrémiste des droites européennes

Fascisme et nazisme

§ 164.a Bien qu'elles soient souvent assimilées l'une à l'autre, les doctrines fasciste et nazie ne reposent pas sur les mêmes fondations idéologiques. Certains historiens voient dans le nazisme, ou national-socialisme, le développement particulier de la théorie d'un système politique totalitariste, le fascisme, qui est né en Italie mais peut prendre différentes formes selon les États (Kershaw, *Qu'est-ce que le nazisme ?* : 27-94). D'autres considèrent que le nazisme constitue un phénomène doctrinaire unique, dans la mesure où il fait reposer ses principes sur une prétendue hiérarchie des races, au sommet de laquelle se trouve les Aryens, dont le peuple allemand serait représentatif (Poliakov 491-505). Le nazisme emprunterait donc un certain nombre de composantes au fascisme, comme le totalitarisme, pour se donner les moyens de mettre ses idées en application. Inversement, si le fascisme n'était pas raciste initialement, il

Fig. 16.16 : Anonyme. *Adolf Hitler et Benito Mussolini.* 1936.

---

24 Accusé de désertion durant la Première Guerre mondiale par l'Action Française et le journal nationaliste *Gringoire*, Roger Salengro se suicide.

Fig. 16.17 : Anonyme. *Faisceau de combat fasciste italien posant devant la caméra, en 1922.* 1922.

l'est devenu à partir de 1937, au moment de l'annexion de l'Éthiopie par l'Italie et du rapprochement politique et idéologique de cette dernière avec l'Allemagne nazie.

Le fascisme : une doctrine née du socialisme italien

§ 164.b La gauche italienne révolutionnaire constitue le creuset du fascisme mussolinien, un mouvement antilibéral radical dont la tendance s'infléchit lentement à droite à mesure qu'elle s'oppose de façon de plus en plus virulente au socialisme, pourtant son point d'origine. Ce mouvement politique suit principalement l'évolution de son fondateur, Benito Mussolini, instituteur puis rédacteur en chef de plusieurs journaux, qui acquiert une grande popularité grâce à ses éditoriaux percutants et ses idées populistes. Initialement pacifique, son parti-pris pour une guerre défensive en 1914 le fait renvoyer du quotidien national qu'il dirigeait, *Avanti*, ce qui le contraint à fonder son propre journal *Il Popolo d'Italia*. Mobilisé à l'entrée en guerre de l'Italie en 1915, il est soldat sur le front jusqu'en 1917, année au cours de laquelle il est gravement blessé. De retour dans la vie civile, il continue son activité journalistique en s'opposant virulemment à la politique pacifiste des bolchéviques. Après la guerre, bien que la bataille de Vittorio Veneto ait finalement fait de l'Italie une nation victorieuse, il critique virulemment le Parti socialiste, qu'il accuse d'avoir fragilisé le pays en le poussant au désarmement, entraînant des désastres militaires, comme la bataille de Caporetto (Milza 210). Dès ce moment, Mussolini initie un rapprochement progressif vers la droite et tire parti du mécontentement général engendré par la victoire en demi-teinte de l'Italie. En effet, les territoires dalmatiens, convoités par les Italiens et arrachés aux Autrichiens au prix de pertes humaines exorbitantes, reviennent finalement

Fig. 16.18 : Anonyme. *Mussolini au cours de sa marche sur Rome en 1922*. 1922.

à la Serbie. Répondant favorablement à ses diatribes contre le gouvernement, un nombre croissant de nationalistes viennent grossir les rangs de son groupement politique.

Naissance du parti fasciste

§ 164.c Cependant, Mussolini continue son combat pour les idées de gauche, notamment au moment des grèves de 1919 qui embrasent le pays. C'est à ce moment qu'il crée le Parti national fasciste, empruntant cette appellation aux faisceaux que portaient les licteurs[25] dans la Rome antique, symboles de la loi appliquée par la violence. Pour autant, le programme du parti présente toujours des idées républicaines : impôt sur le capital, taxe sur les bénéfices de guerre, nationalisation et cession de la terre aux paysans, ces derniers constituant la majorité de la population à cette époque.

Mais bien qu'il soutienne les mouvements sociaux, le parti fasciste en vient aux mains avec les socialistes : après les élections de 1919, qui fut un échec pour Mussolini, les *squadristes*[26], les faisceaux de combat fascistes, incendient le journal *Avanti*. Le revers électoral que Mussolini a essuyé le décide à s'unir aux partis de droite dès 1920.

Le dépassement des contradictions

§ 164.d Bien qu'un tel revirement paraisse contradictoire (Ibid. 263), Mussolini se donne comme priorité de faire barrage à la révolution prolétarienne : les opinions socialistes étant particulièrement populaires dans l'Italie des années 20, celles-ci pourraient faire le jeu de puissances étrangères et réduire à néant les

---

25 Dans la Rome antique, les licteurs étaient l'escorte des magistrats chargés d'énoncer la loi, de la faire appliquer par la contrainte et de châtier les coupables.

26 Ou "membres d'une escouade". D'abord sympathisants de gauche, les partisans sont devenus les membres d'une organisation paramilitaire, portant une chemise noire, un gourdin et utilisant de l'huile de ricin pour intimider et humilier leurs adversaires.

Fig. 16.19 : Agence Rol. *Lausanne, arrivée de Mussolini au casino.* 1922.

ambitions nationalistes du futur dictateur. Petit à petit, le soutien financier dont bénéficient les fascistes, leur fréquentation des milieux bourgeois et leur large ratissage idéologique, destiné à grossir les effectifs du parti, contribuent à assouplir leurs perspectives gauchistes. Mussolini pioche dans une population hétéroclite d'individus déçus par l'issue de la guerre et par la situation économique du pays. Au final, l'idéologie marxiste ne peut être conciliée avec le soutien des plus riches qu'en embrassant une idéologie totalitariste d'extrême-droite, dont l'objectif est de supprimer tous les antagonismes sociaux et de soumettre tout impératif à l'intérêt national, incarné par la toute-puissance de l'État.

La marche sur Rome et l'installation de Mussolini au pouvoir

§ 164.e À partir de 1921, le mouvement prend rapidement une envergure nationale. Il s'agit pour les fascistes d'anéantir le socialisme et de s'imposer comme le premier parti, non seulement par des manœuvres d'intimidation, mais aussi par l'imposition d'un syndicalisme fasciste renonçant à la lutte des classes (Ibid. 287). Dans son groupement politique rassemblant maintenant des centaines de milliers d'adhérents, Mussolini doit faire taire les révoltes des principaux chefs squadristes et discipliner le parti, qu'il munit d'un programme. Puis, durant l'été 1922, il entame le processus de la « révolution fasciste » avec l'occupation des mairies des villes principales. En octobre 1922, 40 000 « chemises noires » défilent à Naples pour revendiquer le pouvoir, provoquant la crainte d'une guerre civile. Mussolini négocie avec le gouvernement installé à Rome pour réclamer une place au gouvernement, qu'il juge devoir lui revenir légitimement, étant donné l'importance qu'a pris le Parti national fasciste. Le 27 octobre, tentant le tout pour le tout, il marche sur Rome, se sachant perdu si l'armée intervient, mais confiant dans la possibilité d'un accord. Le roi Victor-Emmanuel III lui cède la présidence du Conseil.

Du libéralisme à la dictature mussolinienne

§ 164.f De 1922 jusqu'en 1925, Mussolini cherche à rassurer les politiques afin de mieux s'assurer les rênes du pouvoir : il promeut une politique libérale dans la continuité du gouvernement précédent et en contradiction avec ses propres orientations idéologiques. À partir de 1925, ayant fait assassiner le socialiste Giacomo Matteoti et progressivement instauré un corporatisme fasciste occupant tous les degrés de la hiérarchie institutionnelle, Mussolini commence à mettre en application les principes de son propre programme, clamant son antilibéralisme et promulguant les « lois fascistissimes ». La monarchie parlementaire est progressivement convertie en régime totalitaire. Celui qu'on appelle maintenant le *Duce*, le « Guide », mène alors une politique dirigiste de grands travaux publics, de protectionnisme économique, de constitution de monopoles et de contrôle des masses, en mettant en avant le principe de l'intérêt général. Cette nouvelle gestion connaît un certain succès qui mène au redressement économique du pays, tout au moins jusqu'en 1935. En effet, dès cette date, sa conquête de l'Éthiopie étant condamnée quasi unanimement par la communauté internationale, celle-ci prend des sanctions économiques qui fragilisent la prospérité renaissante de l'Italie. Dès lors, il ne reste plus à Mussolini qu'à signer un traité italo-germano-japonais, l'axe Rome-Berlin (1936), ainsi que le pacte d'acier (1939) pour assurer la pérennité du régime et de ses conquêtes.

L'Allemagne nazie

§ 164.g Il existe une contradiction apparente dans l'abréviation nazisme[27] : la présence du terme socialisme pour désigner une idéologie qui s'est toujours revendiquée d'extrême-droite. En effet, contrairement à Mussolini, Hitler n'a jamais embrassé les idées marxistes, bien qu'il en ait eu connaissance : le « socialisme germanique », dont le premier Parti ouvrier allemand

Fig. 16.20 : Anonyme. Couverture de l'édition de 1937 de *Mein Kampf*. 1937.

se réclamait, se présentait comme une troisième voie, c'est-à-dire une alternative aux deux idéologies dominantes à l'échelle internationale, le socialisme et le capitalisme. Dès lors, se nourrissant du nationalisme allemand, exacerbé par les sanctions considérées injustes du traité de Versailles, et de son corollaire, l'idée selon laquelle le peuple allemand était supérieur à tous les autres, la doctrine du parti s'est construite en un tout faussement cohérent[28]. Le nazisme n'est donc pas une idéologie au sens propre, mais plutôt, comme le dit Marlis Steinert (173-

27 Dans la langue allemande : *Nationalsozialismus*

28 Celle-ci mêle différents courants de pensée, tels que le darwinisme social, le nietzschéisme, le pangermanisme ou l'eugénisme, souvent pervertis et détournés de leur but originel, et s'approprie des vocables dont le sens ne correspond pas à leur origine historique. C'est le cas du terme "socialisme" dans national-socialisme. La doctrine nazie n'avait en effet rien en commun avec le socialisme bolchévique, qu'elle abhorrait par défaut.

178), le produit de « l'éclectisme autodidacte » et de la synthèse personnelle d'un seul homme en quête de puissance, Hitler.

Un parcours opportuniste

§ 164.h Adolf Hitler figure parmi les hommes qui ont laissé les traces les plus indélébiles et les plus douloureuses dans le cours de l'Histoire, en raison de la portée fatale de ses résolutions à l'échelle planétaire. Même après plus de 70 ans, il est difficile de comprendre le parcours de cet individu qui, bien qu'il fût issu de la classe populaire et semblât condamné à la déchéance sociale, parvint à se hisser au sommet de l'État allemand pour semer la destruction partout en Europe. Pour cette raison, le processus civilisationnel en France au XXᵉ siècle est lié à son destin : sans lui, celle-ci aurait-elle connu les bouleversements politiques, sociaux, culturels et économiques qui l'ont transformée de façon si radicale ? Les sources historiographiques qui traitent de la vie d'Hitler font pourtant état d'un personnage anecdotique : un individu qui se destinait aux Beaux-Arts mais dont le manque de persévérance, l'obstination et le caractère colérique le conduisent à l'indigence dans les rues de Vienne et de Munich, jusqu'à ce qu'il s'engage dans l'armée (Richard 55). Fort peu impliqué dans la vie politique à cette époque, vivant de quelques peintures qu'il vend et ne manifestant aucun antisémitisme ou aryanisme apparent, il est alors âgé de 25 ans (Kershaw, *Hitler, 1889-1936.* : 67-72).

§ 164.i La guerre ne révèle pas Hitler sous un jour exceptionnel : il est blessé deux fois et n'est engagé qu'une fois sur le front de façon décisive. Malgré tout, après la guerre, il reste incorporé dans l'armée, sans doute pour des raisons matérielles. Bien qu'il soit dépourvu d'idéologie politique (Op. cit. 132-133), il est opportunément chargé par ses supérieurs de faire de la propagande anti-communiste auprès de ses camarades, au moment des grèves qui sévissent un peu partout dans le pays. Hitler se découvre alors un vrai talent pour les discours publics. Peu à peu, il développe une rhétorique construite autour de thèmes nationalistes et, pour la pre-

Fig. 16.21 : NSDAP. *Débat ouvert au public sur le thème : « Le combat mondial contre la domination des Juifs ».* 1941.

mière fois, empreinte d'antisémitisme : soutenant l'idée que la signature du traité de Versailles par l'Allemagne résulte d'une trahison de ses dirigeants, il devient également convaincu que les Juifs sont à l'origine des révolutions[29] (Nolte 177). Quelques mois plus tard, il est chargé d'infiltrer un groupuscule nationaliste, le Parti des travailleurs allemands, à des fins de surveillance. Son adhésion, initialement opportuniste, lui donne une tribune pour mettre en pratique ses dons d'orateur et y répandre ses idées : il se retrouve à la tête du Parti national-socialiste des travailleurs allemands (NSDAP), y développe un programme, choisit un emblème[30] et met en place une milice paramilitaire, les Sections d'Assaut, les S.A., chargés du service d'ordre et de la lutte anticommuniste.

---

29 D'où le lien qu'il établit entre Juifs et communistes.
30 La croix gammée.

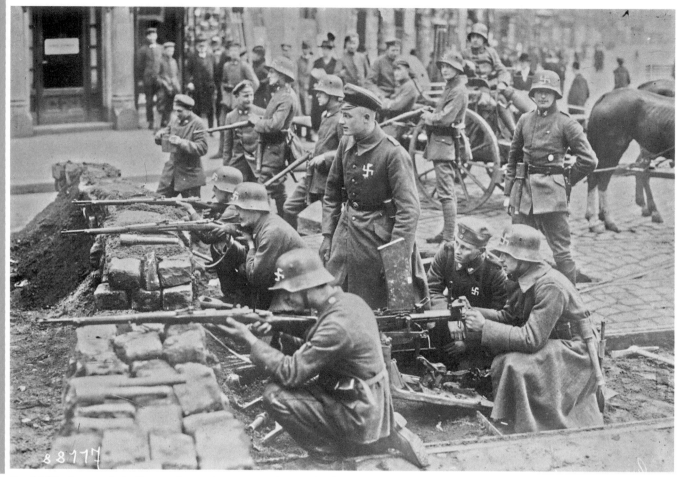

Fig. 16.22 : Agence Rol. *Troupes bavaroises [portant la svastika,]* . 1923. Putsch de Munich.

Le coup d'État de novembre 1923

§ 164.j La direction du parti prend bientôt l'apparence d'un culte de la personnalité d'Hitler, entretenu à la fois par le narcissisme de celui-ci, ses rêves mégalomanes et surtout la croyance collective en la venue d'un chef providentiel pouvant rendre sa grandeur à l'Allemagne[31]. Pour cette raison, Hitler séduit plus qu'il ne convainc un public déjà acquis à sa cause, utilisant une rhétorique du spectaculaire, avec ses formules qui frappent l'esprit et ses effets théâtraux. Convaincu qu'il est, tout comme Mussolini, la main du destin, Hitler échoue dans un premier coup d'État en Bavière, le 9 novembre 1923. Loin d'être un frein à son ascension politique, son jugement, une parodie de justice, et sa détention sont pour lui une opportunité de se faire connaître et d'écrire *Mein Kampf*, sa cellule spacieuse ayant été convertie en véritable cabinet de travail où il peut recevoir des visites (Op. cit. 254). De retour dans la vie civile, il s'emploie à réorganiser son parti, comme Mussolini l'avait fait, en y éliminant les oppositions. Le Parti national-socialiste entre au *Reichstag* en mai 1924. En 1926, Hitler crée les Jeunesses hitlériennes pour accroître sa popularité au niveau local. Il courtise les faveurs des élites traditionnelles, qu'il juge indispensables pour servir ses desseins, et bénéficie du soutien du politicien Alfred Hugenberg et de son organe de presse nationaliste. Petit à petit, le minage institutionnel et la propagande du Parti national-socialiste permet à Hitler de gagner l'électorat populaire et de figurer parmi les groupements politiques allemands les plus en vogue des années 30[32].

---

31 Un tel schéma relationnel peut s'expliquer par les réminiscences de la tradition féodale en Allemagne, en dépit de son nouveau régime parlementaire, vieux seulement d'une décennie.

32 D'abord très minoritaire, le parti nazie accroît son audience en tirant parti de la crise économique et de l'esprit revanchard des Allemands durant l'entre-deux-guerres.

La montée au pouvoir

§ 164.k La mort du chancelier Stresemann et la démission du chancelier socio-démocrate Hermann Müller[33] laissent les mains libres au conservateur Paul Von Hindenburg, monarchiste qui devient président de l'exécutif dès 1925. De fait, en gouvernant par décrets et en dissolvant par quatre fois le Reichstag[34] entre 1930 et 1933, Hindenburg amorce la fin du gouvernement parlementaire[35] (Peukert). Chef du parti majoritaire au Reichstag, Hitler devient l'opposant d'Hindenburg aux élections présidentielles de 1932 mais échoue dans sa tentative d'atteindre le sommet de l'État. En revanche, les élections législatives qui suivent lui font obtenir 37.4 pour cent des sièges. Dans ces conditions, le contrôle du Parlement échappe aux conservateurs et Hindenburg doit proposer le poste de chancelier à Hitler en janvier 1933, tout en méditant sa destitution rapide. Mais dans la nuit du 27 au 28 février 1933, le bâtiment du Reichstag est incendié : Hitler demande au Président la signature d'un décret d'urgence abolissant toutes les libertés individuelles garanties par les textes constitutionnels de la République. Cette « mise au pas » autorise les nazis à réprimer l'opposition politique en toute légalité. Pour autant, le Reichstag n'est pas officiellement dissous, mais une nouvelle loi datant du 23 mars 1933 confie les pleins pouvoirs à Hitler et abroge ipso facto la séparation des pouvoirs exécutifs et législatifs. Dès lors, le nouveau chancelier gouverne par décret et le Reichstag devient un organe institutionnel obsolète.

L'« épuration » de la société allemande

§ 164.l En 1933, l'établissement définitif d'Hitler au pouvoir n'est pas garanti tant qu'il existe des éléments perturbateurs au sein de la hié-

Fig. 16.23 : Agence Meurisse. *Hitler, homme politique allemand.* 1932. Notez le caractère incongru de la description.

rarchie nazie, lesquels pourraient le discréditer auprès d'Hindenburg et de ses appuis financiers. Dans sa volonté de mettre un terme aux velléités révolutionnaires d'Ernst Röhm et de ses S.A., qui représentent l'aile socialisante du parti[36], Hitler ordonne le massacre de tous leurs leaders dans la nuit du 29 au 30 juin 1934 (Decaux, op. cit.)[37]. Avec cette purge, Hitler s'assure le soutien de tous les grands industriels et de l'armée, ce qui lui permet d'accéder à la fonction de *Führer*, le chef suprême, son autorité s'exerçant à tous les niveaux de l'État. Cet avènement permet l'application immédiate des mesures prévues dans le programme du parti nazi. Les Juifs sont révoqués des postes du gouvernement, déchus de leur nationalité

---

33 Incapable de redresser l'économie de l'Allemagne, durement frappée par la crise mondiale.

34 C'est-à-dire le Parlement, à l'époque de la République de Weimar.

35 Hitler ne fera que combler une lacune causée par l'instabilité institutionnelle de la jeune république et la crise de 1929.

36 Röhm souhaitait une révolution sociale antilibérale, laquelle aurait obligé Hitler à s'attaquer aux détenteurs du capital, ses alliés dans la course aux armements.

37 Les historiens se réfèrent à cet événement comme à la "Nuit des Longs Couteaux".

et commencent à être placés dans des camps de concentration. Les individus jugés inférieurs du point de vue de leur race ou de leur orientation sexuelle sont stérilisés et déportés. Cette « épuration » de la société civile est grandement facilitée par la coopération de nombreux délateurs : avant la guerre, au moins 11 millions d'Allemands adhèrent au Parti nazi et la propagande, la peur ou le conformisme sont suffisants pour l'endoctrinement du reste des citoyens (Reichel). De nombreuses manifestations nazies ont lieu spontanément à l'initiative, non du gouvernement, mais des organisations d'étudiants, des syndicats ou des ligues de jeunesse, comme par exemple les autodafés, pour brûler les ouvrages jugés contraires à la ligne du parti. Enfin, le grossissement des effectifs SS donne au gouvernement les moyens d'organiser le massacre de centaines de Juifs et la déportation de milliers d'autres à l'échelle nationale, au cours de la Nuit de Cristal, du 9 au 10 novembre 1938. Dès ce moment, Hitler tourne son attention vers l'extérieur.

La guerre civile espagnole et le franquisme

§ 164.m Les élections espagnoles de février 1936 donnent la victoire au *Frente Popular*, une coalition politique de gauche, et à l'installation d'un frontiste à la présidence de la Deuxième République espagnole. La peur du bolchévisme et l'existence d'une forte opposition de droite, principalement menée par les royalistes et les catholiques, conduit au putsch du général Francisco Franco, militaire conservateur qui souhaite le retour d'un ordre en conformité avec les principes de l'Église catholique dans le pays (De Castillo). Pour autant, il n'est ni royaliste, ni fasciste, ni libéral et ne se présente pas comme un idéologue, à l'instar de Mussolini et d'Hitler. Le 18 juillet 1936, son coup d'État échoue partiellement, car il déclenche une révolution socialiste qui divise le pays en deux parties à peu près égales : au nord et au nord-ouest, les troupes nationalistes franquistes, à l'est et au sud-est les troupes républicaines socialistes. L'armement des ouvriers pousse le patronat à se rallier aux franquistes, alors que la popula-

Fig. 16.24 : Koltsov, Mikhail. «*Ils ne passeront pas. Le fascisme veut conquérir Madrid : Madrid sera la tombe des fascistes !*» 1936-1937.

tion la plus démunie collectivise les entreprises et les terres au nom de la révolution socialiste. Toutefois, les milices révolutionnaires sont peu à peu désarmées par le gouvernement frontiste toujours en place : celui-ci les intègre aux forces militaires qu'il compte opposer à Franco, alors que ce dernier dispose de l'essentiel des officiers et des troupes de l'armée régulière. C'est le commencement de la guerre civile espagnole.

Guernica

§ 164.n En juillet 1936, les premières offensives nationalistes sont lancées depuis la partie espagnole du Maroc. Très rapidement, les troupes républicaines sont submergées par une armée franquiste d'autant plus efficace qu'elle dispose de l'aide de l'Allemagne et de l'Italie. Pour Mussolini et Hitler, cette intervention est une opportunité de mettre à l'épreuve leur stratégie et leur équipement militaires, dans

Fig. 16.25 : Blomberg, Vänrikki. *L'un des avions à l'essai lors du bombardement de Guernica, le chasseur Messerschmitt Bf 109.* 1943.

l'optique d'un conflit paneuropéen. L'épisode tristement célèbre du bombardement de Guernica par l'aviation allemande, contre une population uniquement constituée de civils, témoigne à la fois de l'efficacité des armes utilisées et de la volonté de destruction des assaillants envoyés par les franquistes, ces derniers ayant voulu marquer les esprits en faisant un exemple (Richard, « Guernica, un crime franquiste »). Mais selon certains historiens, le bombardement de Guernica aurait été l'occasion pour les Allemands de tester la capacité destructrice de leurs bombes incendiaires et de leur aviation (Beevor 421). Le 1er avril 1939, toute l'Espagne tombe aux mains des nationalistes et la guerre civile est terminée, initiant une dictature qui durera 36 ans. Au cours de la Seconde Guerre mondiale, l'Espagne ne prendra pas part aux combats.

Références

Livres, articles et documents vidéo

- Adoumié, Vincent. *Histoire de France. De la République à l'État français, 1918-1944.* Paris: Hachette Éducation, 2005. Imprimé.

- AVM AG & Ellipse Documentaires. *Médiathèque. Cent ans d'histoire contemporaine, Les années 20.* Paris: Société Générale de Diffusion et d'Édition, 1998. Imprimé.

- Beevor, Antony. *La Guerre d'Espagne.* Paris: Calmann-Lévy, 2006. Imprimé.

- « André Breton, pionnier du surréalisme ». Judith Jasmin. *Premier plan.* RTF. 27 févr 1961. Télévision. 🌍

- —. *Manifeste du surréalisme : poisson soluble.* Paris: Sagittaire, 1924. Imprimé.

- Cocteau, Jean. *Le rappel à l'ordre.* Paris: Stock, 1926. Imprimé.

- Dachy, Marc. *Dada & les dadaïsmes.* Paris: Gallimard, 2011. Imprimé.

- De Castillo, Michel. *Le temps de Franco.* Paris: Fayard, 2008. Imprimé.

- Decaux, Alain. *C'était le XXᵉ siècle. T2, La course à l'abîme.* Paris: Perrin, 1997. Imprimé.

- Franck, Dan. *Le temps des Bohèmes.* Paris: Grasset, 2015. Imprimé. 🌍

- Gerbet, Pierre. *Le rêve d'un ordre mondial : de la SDN à l'ONU.* Paris: Imprimerie nationale Éditions, 1996. Imprimé.

- Guilleminault, Gilbert. *Le Roman de la IIIᵉ République.* Paris: Denoël, 1956. Imprimé.

- Jarry, Alfred. *Ubu roi.* Paris: Mercure de France, 1896. Imprimé. 🌍

- Johnson, Eric A. Nazi Terror, *The Gestapo, Jews, and ordinary Germans.* New York: Basic Books, 1999. Imprimé.

- Kershaw, Ian. *Hitler, 1889-1936.* Paris: Flammarion, 2001. Imprimé.

- —. *Qu'est-ce que le nazisme ?* Paris: Gallimard, 1992. Imprimé.

- Le Point. « Stavisky se suicide "d'une balle tirée à 3 mètres !" ». *Le Point.* Le Point, 06 févr. 2014. Web. 26 sept. 2016. 🌍

- Locher, David. « Unacknowledged Roots and Blatant Imitation: postmodernism and the Dada Movement. » *Electronic Journal of Sociology* (1999). Web. 26 sept. 2016. 🌍

- Mantoux, Étienne. *La paix calomniée ou les conséquences économiques de M. Keynes.* Paris: Gallimard, 1946. Imprimé.

- Marguerite, Victor. *La Garçonne.* Paris: Flammarion, 1922. Imprimé. 🌍

- Milza, Pierre. *Mussolini.* Paris: Fayard, 2007. Imprimé.

- Nolte, Ernst. L*a guerre civile européenne : National-socialisme et bolchévisme 1917-1945.* Paris: Perrin, 2011. Imprimé.

- ONU. *Charte des Nations Unies et statut de la Cour internationale de justice.* ONU. s.d. Web. 2 dec. 2016. 🌍

- Petit, Jean-Pierre. *La Bourse : renouveau et rupture.* Paris: Odile Jacob, 2003. Imprimé.

- Peukert, Detlev J. *La République de Weimar.* Paris: Aubier, 1995. Imprimé.

- Poliakov, Léon. *Bréviaire de la haine : le IIIᵉ Reich et les Juifs.* Paris: Calmann-Lévy, 1951. Imprimé.

- Prevot, Dominique. *Le XXᵉ siècle : le siècle des illusions.* Paris: Éditions Ellipses, 2001. Imprimé.

- Reichel, Peter. *La fascination du nazisme.* Paris: Odile Jacob, 1993. Imprimé.

L'entre-deux-guerres

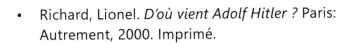

- Richard, Lionel. *D'où vient Adolf Hitler ?* Paris: Autrement, 2000. Imprimé.

- —. « Guernica, un crime franquiste. » *Le Monde diplomatique*. Le Monde Diplomatique, avril 2007. Web. 26 sept. 2016.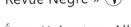

- Roscher, Bernhard. « Der Briand-Kellogg-Pakt von 1928. Der "Verzicht auf den Krieg als Mittel nationaler Politik" im völkerrechtlichen Denken der Zwischenkriegszeit. » *Studien zur Geschichte des Völkerrechts 8*. Baden-Baden: Nomos, 2004. Imprimé.

- Sauvy, Alfred. *Histoire économique de la France. 3, entre les deux guerres : divers sujets.* Paris: Fayard, 1972. Imprimé.

- Sirinelli, Jean-François, Robert Vandenbussche et Vavasseur-Desperriers Jean. *La France de 1914 à nos jours.* Paris: Presses Universitaires de France, 2004. Imprimé.

- Site officiel du Mouvement olympique. « Paris 1924. » 2015. Web. 26 sept. 2016.

- Steinert, Marlis. *Hitler*. Paris: Fayard, 1991. Imprimé.

- Véra, André. « Le Nouveau style. » *L'Art décoratif* 27 (jan.-juin 1912): 21-32. Imprimé.

- Zeraffa-Dray, Danièle. *D'une République à l'autre, 1918-1958.* Paris: Hachette, 1998. Imprimé.

Liens utiles à consulter

- Histoiredelart.net

  Le cubisme

  Le surréalisme

- Ina.fr :

  « 1929-1940 : la mort de la Troisième République »

  « Coco Chanel N°1 »

- « Alain Decaux - La marche sur Rome »

  « La marche sur Rome (archives) »

- « Paris, les années lumineuses 1905-1930 »

- Le Petit Journal, supplément illustré

  « La collection du *Petit Journal* »

- L'Histoire par l'image

  « Berlin dans les années 30 : entre frénésie et chaos »

  « Joséphine Baker et la Revue Nègre »

  « La crise de 1929 aux États-Unis et en Allemagne »

  « La crise des années 30 : la démocratie remise en question »

  « La menace communiste dans la France de l'entre-deux-guerres »

  « Le féminisme réformiste en France »

  « Le pavillon des artisans français contemporains »

  « Les croisières de Citroën : publicité et colonialisme dans l'entre-deux-guerres »

  « L'évolution de la mode féminine »

  « Plus jamais ça ! »

- Sites divers

  Cubisme.org

  Le-surréalisme.com

Médiathèque

- *Faubourg 36*. Réal. Christophe Barratier. Interpr. Gérard Jugnot, Clovis Cornillac, Kad Merad. Galatée Films / CNC / Canal Plus. 2008. Film.

  [00:09:02 - 00:17:30]

- *La Môme*. Réal. Olivier Dahan. Interpr. Marion Cotillard, Jean-Pierre Martins, Gérard Depardieu. Légendes Entreprise / TFM Distribution. 2007. Film.

[00:43:00 - 00:50:05]

[01:02:00 - 01:12:50]

- *La vie et rien d'autre*. Réal. Bertrand Tavernier. Interpr. Philippe Noiret, Sabine Azéma, Maurice Barrier. Little Bear / Hachette Première et Cie / Films A2. 1989. Film. 🌐

[00:29:08 - 00:40:34]

La Seconde Guerre mondiale

Recto :

Fig. 17.0.a : Anonyme. *Un citoyen Français sanglotant alors que les soldats allemands défilent dans Paris le 14 juin 1940 [...]*. 1940.

Fig. 17.0.b : Anonyme. Profil du maréchal Pétain figurant sur une pièce monnaie. 1941.

Fig. 17.0.c : United States Army Signal Corps. *Observé par deux garçonnets, un membre des F.F.I. pose avec son fusil-mitrailleur [...]*. 1944.

Fig. 17.0.d : Malindine, E .G. *Un photographe de l'armée embrasse un tout jeune enfant devant la foule qui l'applaudit, à Paris, le 26 août 1944*. 1944.

Fig. 17.0.e (image de fond) : Anonyme. *Adolf Hitler à Paris, le 23 juin 1940*. 1940.

O. Une guerre de résistance

§ 170 Beaucoup d'historiens sont d'accord pour dire que la Seconde Guerre mondiale est née des frustrations engendrées par le traité de Versailles et des conséquences de la crise économique mondiale. Celle-ci, en mettant un coup d'arrêt à l'expansion économique en Europe, amène le peuple allemand à se tourner vers le national-socialisme, une doctrine politique populiste pangermaniste. Toutefois, il ne faut pas oublier que ce deuxième conflit d'envergure mondiale est le fruit de l'esprit pathologiquement troublé d'un seul homme[1], Hitler. Celui-ci a su faire converger les sursauts identitaires et les conceptions oligarchiques d'un autre âge pour les utiliser à des fins autoritaristes, s'opposant aux nouvelles idéologies émergentes, le libéralisme et le communisme. Pour cette raison, on peut dire qu'Hitler incarne le dernier sursaut despotique de l'ancien monde, alors qu'une nouvelle donne politique émerge à l'échelle mondiale.

En France, le parlementarisme peureux de la Troisième République mourante va signer la mort du régime, alors même que les gouvernements qui se succèdent, craignant plus le bolchévisme russe que le nazisme, réalisent mal l'ampleur du danger qui menace l'Europe. La France entière marche vers la guerre à reculons, se compromet-

Fig. 17.1 : Anonyme. *Un officier américain et un résistant français dissimulés derrière une voiture au cours d'un affontement dans les rues d'une ville française.* 1944

tant lâchement avec l'ennemi, au mépris des alliances qu'elle a contractées avec d'autres pays. Lorsque la guerre éclate, l'incompétence du haut commandement mène le pays à sa perte et le gouvernement est mis en minorité. Saisissant cette opportunité, le héros de Verdun, le maréchal Pétain, ouvre la boîte de Pandore en signant la reddition de la France, car il souhaite s'arroger un pouvoir qui lui permettra de faire émerger les valeurs désuètes et hétéroclites d'une France fantasmagorique. Mais tous ceux qui entrent dans la collaboration souillent la mémoire des Poilus au point que, bien vite, l'esprit de résistance renaît un peu partout sur le territoire national. Ce sont d'abord les combattants de la France libre qui, derrière le général de Gaulle en exil, entament un long processus de reconquête. Mais ce sont aussi ceux qu'on a appelés « résistants », qui sont des centaines de milliers à combattre dans la clandestinité et qui risquent leur vie, ainsi que celle de leurs proches, pour lutter contre le nazisme. Cette guerre en sourdine se fait plus évidente à mesure que le dénouement approche, transformant les Français en participants actifs de leur libération, qui redorent le blason national et prennent place, une fois encore, aux côtés des vainqueurs.

---

1 Le psychanalyste Walter Charles Langer, le psychiatre Douglas Kelly (Hai 253) et la psychologue Alice Miller, pour ne citer qu'eux, ont établi des profils psychologiques d'Hitler qui traduisent des troubles de la personnalité.

1. La passivité des démocraties

Lebensraum **et pacifisme**

§ 171.a Construite sur l'idée de la supériorité de la race aryenne, l'idéologie nazie met en avant deux impératifs qui justifieraient l'entrée en guerre de l'Allemagne. D'une part, se basant sur le darwinisme social, elle prétend que les races humaines sont amenées à s'affronter dans des conflits dont l'enjeu est la suprématie mondiale et que l'Allemagne ne fait que précipiter une lutte qui est, de toute façon, incontournable (Chapoutot 428). L'extermination des Juifs, qui sont accusés de ternir la pureté de la race aryenne en favorisant les métissages, est donc justifiée par les nazis comme une réaction purement « défensive ». Par ailleurs, les Aryens revendique un espace vital, le *Lebensraum*, qui, une fois conquis par la force militaire, apportera les ressources nécessaires à la renaissance de cette « civilisation »[2]. Selon Hitler, cette expansion doit essentiellement se faire vers l'Est (1925 : 652).

La réoccupation de la région rhénane

§ 171.b La première action d'Hitler dans la poursuite de ses objectifs est la réoccupation de la Rhénanie par les troupes allemandes, le 7 mars 1936. Cette zone, interdite aux armées germaniques par le traité de Versailles et les accords de Locarno, représente un atout économique mais surtout militaire, en raison du nombre d'usines d'armement qui y sont implantées. En réalité, l'entrée des troupes de la Wehrmacht en Rhénanie est un coup de bluff, Hitler étant prêt à les retirer à la moindre sommation des démocraties. Toutefois, l'invasion de l'Éthiopie par les armées italiennes détourne l'attention de la communauté internationale sur Mussolini. Certes, des protestations de pure forme sont émises par les gouvernements anglais et français, mais Hitler peut justifier cette violation des traités de paix par le

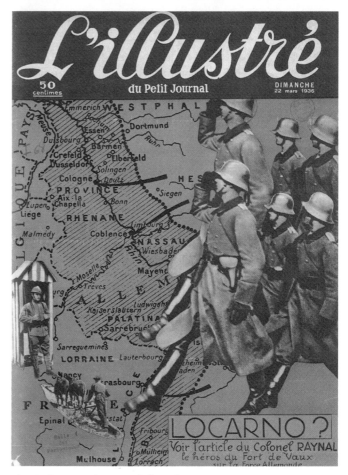

Fig. 17.2 : Le Petit Journal Illustré. *Locarno ?* 1936.

pacte d'assistance mutuelle signé entre l'URSS et la France, une dizaine de jours auparavant. En effet, celui-ci compromet tout rapprochement diplomatique franco-germanique et permet à l'Allemagne de rompre les engagements qu'elle a contractés à la signature du traité de Versailles. Le pacifisme lâche des démocraties, hantés par la Première Guerre mondiale, fait délibérément sous-estimer à ces dernières la menace de l'expansionnisme fasciste et nazi.

L'*Anschluss* : **vers l'unification du IIIe Reich**

§ 171.c L'Autriche constitue la seconde étape importante dans la reconstitution du Reich allemand car, en plus de sa population germanophone, elle dispose d'importantes réserves d'or et des ressources naturelles. Dès la fin de la Première Guerre mondiale, l'union des deux pays est déjà envisagée par de nombreux Allemands

---

2 Pour Hitler, qui méprise les activités commerciales, car elles seraient propres aux Juifs, le négoce ne saurait être la seule option au développement de l'Allemagne.

Fig. 17.3 : Anonyme. *Hitler recueillant l'ovation du Reichstag après avoir annoncé l'acquisition "pacifique" de l'Autriche*. 1938.

et Autrichiens mais, par peur d'une éventuelle restauration de la puissance militaire germanique, les instances internationales proscrivent cette éventualité lors de la signature du traité de Versailles. Dans les années 30, suite à la crise économique, le parti nazi autrichien connaît un regain d'intérêt et ses membres tentent un coup d'État avec l'assassinat du chancelier autrichien Dolfuss. Kurt Von Schuschnigg, un socio-démocrate, lui succède. Celui-ci fait tout pour garantir l'indépendance de son pays vis-à-vis de l'Allemagne, en s'assurant du soutien de la France, de l'Angleterre et surtout de l'Italie fasciste. Toutefois, le pacte anti-Komintern, signé entre Hitler et Mussolini après l'invasion de l'Éthiopie, met un terme à la protection dont bénéficie l'Autriche : Hitler met une forte pression sur le chancelier Schuschnigg en mars 1938, l'obligeant à amnistier les nazis responsables de l'assassinat de Dolfuss, à les nommer à des postes clé du gouvernement et à soumettre le destin économique de l'Autriche à celui de l'Allemagne. Dans un dernier sursaut de révolte, Schuschnigg tente de rallier l'opinion publique à sa cause en annonçant un référendum sur le rattachement

de son pays au grand voisin germanique. Les menaces d'interventions militaires d'Hitler l'en dissuade, l'obligeant à démissionner. À l'annonce de la chute du gouvernement, les persécutions contre les Juifs débutent. Le lendemain, le 12 mars, les chars allemands entrent dans Vienne sous les acclamations de la foule, soulagée de cette résolution « pacifique » du conflit et, selon l'historien Bukey, heureuse de pouvoir mettre un terme au « problème juif » (2000 : 25). Le plébiscite organisé par les nazis obtient l'approbation de la population et la réaction des démocraties est molle. En France, le gouvernement vient d'être renversé : le régime parlementaire fragilise l'exécutif et empêche les dirigeants d'adopter une position ferme, alors même qu'une portion de la classe politique cherche à faire des compromis avec Hitler. Ce dernier sait à présent qu'il peut tout oser, les dernières garanties du traité de Versailles ayant volé en éclat.

Le « lâche soulagement » de Munich

§ 171.d La Tchécoslovaquie est un État créé artificiellement au lendemain de la Première

Guerre mondiale, lors du traité de Saint-Germain-en-Laye, lequel entérine la dislocation de l'Empire autrichien. Cet accord donne suite aux demandes de rattachement de certaines populations à des nations déjà existantes, ou bien aux revendications de peuples à disposer d'un État national indépendant, selon le principe du « droit des peuples à disposer d'eux-mêmes », énoncé par Wilson. Ainsi, les Slovaques et les Tchèques demandent la fondation de la Tchécoslovaquie. Cependant, dans les faits, à peine la moitié de la population de ce nouveau territoire est slovaque ou tchèque, le reste des habitants étant des « minorités » allemandes, hongroises, polonaises, ruthènes et roms, qui ont vécu côte à côte pendant des siècles, au sein du Saint-Empire romain germanique. Quant aux Tchèques et aux Slovaques, ce sont deux peuples bien distincts, séparés l'un de l'autre depuis plusieurs siècles. Une large population allemande occupe les Sudètes, une bande territoriale circonscrivant la Bohème et la Moravie, aux frontières de l'Allemagne, de la Pologne et de l'Autriche. Elle n'a jamais accepté son rattachement au nouvel État : aux élections de 1935, plus d'un million de ses électeurs votent en faveur du Parti allemand des Sudètes, soutenu par le Parti nazi (Prager Tagblatt). L'annexion de l'Autriche ayant enhardi leurs revendications pro-allemandes, Hitler annonce qu'il envahira le territoire des Sudètes le 1er octobre 1938, invoquant les mêmes principes que ceux énoncés par Wilson.

§ 171.e Il est difficile de savoir si Hitler a de nouveau bluffé ou s'il croyait l'Allemagne déjà prête militairement à faire face à la coalition des pays démocratiques. Pour ces derniers, l'annonce de l'annexion des Sudètes sonne comme une déclaration de guerre mais, sur proposition de Mussolini, une conférence de la dernière chance est organisée à Munich, en septembre 1938. En définitive, ses participants valident lâchement l'annexion des Sudètes par l'Allemagne, exposant ce qui reste de la Tchécoslovaquie à l'invasion totale, et livrent une partie de la Silésie à la Pologne. Conscient que cette cession territoriale déshonorante

Fig. 17.4 : Anonyme. Caricature polonaise du pacte Ribbentrop-Molotov. 1939.

trahit le pacte militaire signé entre la France et la Tchécoslovaquie, le président Édouard Daladier s'attend à être vilipendé à son retour à Paris : bien au contraire, tout comme son homologue britannique Chamberlain, il est acclamé en sauveur de la paix par une population soulagée d'avoir échappé au pire. Léon Blum, lui, avoue hésiter entre « un lâche soulagement et la honte » (Lacouture, *Léon Blum*). Quant à la presse tchécoslovaque, elle crie à la trahison, alors que le gouvernement capitule le 30 septembre 1938. Six mois plus tard, sans considération pour les accords de Munich, le Reich envahit le reste de la Tchécoslovaquie, absorbant son entière population. La France et l'Angleterre commencent à mobiliser leurs armées mais ne réagissent toujours pas.

Le pacte germano-soviétique

§ 171.f Les conséquences des accords de Munich sont plus graves que ce que les démocraties avaient anticipé. Non seulement le Reich grossit sa population, et donc son nombre potentiel de soldats, mais en plus il met la main sur l'industrie d'armement tchèque dont les blindés sont réputés de meilleure qualité que ceux des Allemands, ce qui renforce considérablement son potentiel militaire. Par ailleurs, le gouvernement de l'Union soviétique a pu voir en ces accords une remise en cause de son alliance militaire traditionnelle avec les démocraties occidentales, et plus particulièrement avec la France[3]. Voulant, comme Hitler, gagner du temps[4], mais souhaitant également profiter de la situation de faiblesse dans laquelle se trouve l'union des démocraties, Staline[5] signe un pacte de non-agression avec Hitler le 23 août 1939, qui inclue secrètement le partage de la Pologne et l'extension de la sphère d'influence soviétique bien au-delà de sa frontière, aux pays Baltes et à la Finlande. Pour le chef suprême de l'URSS, cette avancée de la frontière soviétique permet d'anticiper l'agression allemande, en établissant une zone tampon grâce aux territoires nouvellement acquis. Contrairement à la France et à l'Angleterre, pour lui la question n'est pas de savoir si Hitler va attaquer, mais plutôt quand il le fera (Bugaj). Pour les démocraties, le pacte est un désastre politico-militaire : il permet à Hitler de baser ses armées à l'ouest, sans craindre une attaque du côté opposé, ainsi que d'accroître ses échanges économiques avec l'URSS, dont les ressources illimitées en matières premières sont cruciales pour les nazis. Une semaine après le pacte de non-agression, Hitler envahit la Pologne, initiant ipso facto la Seconde Guerre mondiale.

2. Une défaite éclair

La « drôle de guerre »

§ 172.a En mars 1939, l'Allemagne réclamait l'enclave de Dantzig, ainsi que le corridor qui lui donnait un accès à la mer Baltique, mais qui séparait la Prusse orientale de la Prusse occidentale. Face au refus du gouvernement polonais, et désormais assurée du soutien de l'URSS, l'Allemagne envahit son territoire le 1er septembre 1939 par l'ouest, tandis que l'URSS attaque de l'autre côté, prétextant la défense de ses concitoyens biélorusses et ukrainiens, victimes de discrimination. Le 3 septembre, les démocraties alliées déclarent la guerre à l'Allemagne. Pour autant, elles se contentent de rester derrière la ligne Maginot, à la frontière française, plutôt que de procéder à une invasion du territoire germanique qui aurait désorganisé les troupes nazies, car la majorité d'entre elles se trouvaient à l'est. Les soldats français sont

Fig. 17.5 : Bryan, Julien. *Enfant polonais dans les ruines de Varsovie*. Septembre 1939.

---

3 Churchill écrira que l'offre des soviétiques de venir en aide à la Tchécoslovaquie fut délibérément ignorée par les Occidentaux (1948).

4 Staline ordonne la délocalisation d'une grande partie des usines vers la Sibérie afin de conserver son potentiel militaire à l'URSS, dont il attend l'invasion à l'est. Cette stratégie anticipatrice est l'une des raisons principales de la victoire des soviétiques en 1945.

5 Au pouvoir depuis 1929.

forcés à l'attente par leur état-major[6], qui croit rejouer la Première Guerre mondiale. À l'arrière, les civils français assistent à l'héroïsme inutile de l'armée polonaise qui combat sur deux fronts. Impressionnés par l'arsenal allemand et sa stratégie de la *Blitzkrieg*, laquelle combine l'utilisation de l'aviation, des chars d'assaut et de l'infanterie pour avancer très rapidement en territoire ennemi, ils se résignent à une guerre qu'ils considèrent perdue d'avance, car beaucoup abandonnent la capitale, alors qu'un climat d'espionnite[7] règne dans tout le pays. Sept mois plus tard, Hitler tourne ses regards vers le front de l'Ouest et commence la campagne de France, le 10 mai 1940.

La campagne de France

§ 172.b Les Français, les Anglais, les Belges et les Hollandais, qui ont rassemblé leurs armées, sont loin de constituer un front uni et cohérent contre les Allemands : la désorganisation du commandement français, le manque de coordination entre les Alliés et la pénurie d'un équipement militaire de pointe aux endroits stratégiques permettent aux envahisseurs d'avancer sans grands ralentissements (Grandhomme 25-28). Surtout, les tactiques militaires françaises d'un autre temps contrastent avec celles utilisées par les Allemands : alors que ces derniers utilisent les chars pour percer le front, dégageant la voie pour les soldats à pied, les Français ont moins de blindés, qu'ils utilisent seulement en soutien de l'infanterie. Les bombardements de l'aviation allemande portent également un coup fatal aux avions français, cloués au sol, dont le nombre est trois fois inférieur à ceux de leurs opposants. Malgré quelques succès, comme à Abbeville, avec la division blindée du général de Gaulle, le dispositif militaire des Alliés est compromis dès la fin du mois de mai 1940. En juin, c'est la débâcle : le commandement anglais par-

6 Notamment par Maurice Gamelin, commandant en chef des armées françaises, qui décide de se retrancher derrière la ligne Maginot, à la frontière franco-allemande.

7 C'est la crainte d'espions ennemis cachés au sein de la population, engendrant un état d'alerte général. Le terme en lui-même est négatif, connotant l'idée d'une paranoïa collective.

Fig. 17.6 : Braun, Eva. *Prisonniers britanniques à Dunkerque, en juin 1940.*

vient à réembarquer 380 000 hommes, dont un tiers de soldats français, en direction de l'Angleterre, tandis qu'ils laissent tout leur matériel sur la plage. Mussolini, rassuré par la tournure que prennent les événements, déclare alors la guerre à la France, cherchant à s'accaparer la région niçoise et la Corse. Mais, bien que ses troupes soient plus nombreuses, ses succès sont très limités face à la forte résistance française dans le Sud : il ne parvient à prendre que Menton, situé exactement à la frontière. La marine française, elle, intervient sur le territoire italien, infligeant des défaites aux fascistes (Ibid. 30).

L'exode et la chute du gouvernement Reynaud

§ 172.c Paris est prise le 14 juin 1940, provoquant un exode de centaines de milliers de personnes fuyant l'avancée allemande sur les routes de France. Le gouvernement français, dirigé par le président du Conseil Paul Reynaud, qui refuse d'abandonner la lutte, se replie à Bordeaux. Son intention est de continuer la guerre depuis les colonies françaises, avec l'aide de la Grande-Bretagne, avec laquelle il projette de créer une union gouvernementale franco-britannique. Ce projet est défendu à Londres par le conseiller politique Jean Monnet, le général de Gaulle, à présent ministre de la Défense nationale en mission diplomatique, et surtout par le Premier ministre britannique, Winston Churchill. Toutefois, le vice-président du Conseil, le maréchal Philippe Pétain, se montre favorable à l'arrêt des combats et à la signature d'un armistice, car il est convaincu qu'il n'est matériellement plus possible de continuer la guerre, même depuis les colonies. Il parvient à convaincre les autres membres du gouvernement de se rallier à son point de vue et, mis en minorité, le président du Conseil Paul Reynaud démissionne. C'est Pétain qui le remplace et annonce publiquement à la radio, le 17 juin, la défaite de la France, ordonnant la reddition.

L'appel du 18 juin 1840

§ 172.d De retour de Grande-Bretagne, le général de Gaulle constate l'échec du projet d'union franco-britannique et décide de continuer le combat depuis l'étranger, avec l'aval et le soutien financier de Paul Reynaud[8]. Il repart donc à Londres le 17 juin[9]. Le 18 juin, dans une allocution à la BBC, de Gaulle s'adresse à l'ensemble des Français, mais surtout aux militaires encore en état de combattre, les encourageant à résister contre l'envahisseur. Il affirme l'existence de forces étrangères disposées à vaincre l'Allemagne dans une guerre mécanique qui ne fait que débuter et dont la France a seulement perdu une bataille. Peu entendue à un moment où les combats font encore rage, cette diffusion radiophonique est néanmoins relayée de bouche à oreille et dans les journaux, puis à nouveau retransmise à la radio. Elle est à l'origine du mouvement de la France libre, c'est-à-dire du mouvement de résis-

Fig. 17.7 : De Gaulle, Charles. *À tous les Français*. 1940. Affiche relayant l'appel du général de Gaulle à continuer la guerre.

tance militaire combattant hors de l'Hexagone[10]. Le lendemain, le général Weygand, qui a pris le poste de ministre de la Défense nationale dans le gouvernement Pétain, ordonne à de Gaulle de regagner Paris. N'ayant pas reçu de réponse, il le fait dégrader au rang de colonel et condamner à mort.

La France libre

§ 172.e Le 22 juin 1940, un armistice aussi humiliant pour les Français que celui que les Allemands avaient signé à Rethondes est conclu au même endroit, dans le wagon qui avait servi à la reddition de l'Allemagne, en 1918. Pourtant, il existe encore des poches de résistance en France,

---

8 Celui-ci lui remet une somme d'argent destinée à couvrir ses frais de logistiques en exil (Lacouture, *De Gaulle. 1, Le rebelle (1890-1944)* : 352)

9 L'avion de Winston Churchill ayant été laissé à sa disposition (ibid. : 351)

10 À ne pas confondre avec la Résistance intérieure, que de Gaulle ne rallie à sa cause que bien plus tard.

notamment sur la ligne Maginot, qui ne sera prise qu'en juillet. Même si Pétain représente le gouvernement officiel de la France, désormais prêt à la collaboration avec le vainqueur allemand, quelques milliers d'hommes refusent la défaite et, souhaitant continuer le combat, rejoignent les rangs de la France libre, sous le commandement du général de Gaulle. Celui-ci va progressivement représenter une alternative au gouvernement de Vichy, même si, dans un premier temps, son autorité n'est pas complètement reconnue par les dirigeants britanniques, qui conservent toujours l'espoir de rallier Pétain ou ses collaborateurs à leur cause. De Gaulle doit donc faire ses preuves en s'imposant en tant que représentant officiel de l'ensemble des Français, d'abord militairement, puis politiquement.

§ 172.f En septembre 1940, les premières opérations militaires à Dakar sont un échec et diminuent la crédibilité du général de Gaulle vis-à-vis de Churchill. Toutefois, durant l'été, le ralliement spontané de territoires coloniaux français[11] atténue grandement l'impact de ce fiasco et commence à donner à la France libre non seulement une dimension militaire, mais aussi étatique. Cette organisation se fixe dès le départ trois objectifs : libérer l'ensemble du territoire français, faire renaître la démocratie et établir un nouveau gouvernement. Elle assoit sa légitimité sur une base juridique fondée par le général et ses collaborateurs[12] et officialise son activité par la diffusion de bulletins officiels contenant les lois et les décrets de la France libre. En décembre 1940, elle est forte de 27 000 soldats, d'une trentaine de navires et d'une centaine d'avions (Lormier, *C'est nous les Africains. L'épopée de l'armée fran-*

Fig. 17.8 : Anonyme. *Le général Charles de Gaulle.* 1940.

çaise d'Afrique, 1940-1945). Enfin, le 16 novembre 1941, au grand dam de Churchill, de Gaulle publie une déclaration remettant en question la légitimité du gouvernement de Vichy. Si l'importance de l'intervention militaire des soldats de la France libre ne sera reconnue que tardivement par les Alliés de la deuxième heure, les Américains et les Russes, elle est unanimement reconnue par les Britanniques qui respecteront leur parole de rétablir la puissance française partout dans le monde[13].

3. La France sous l'Occupation

Collaboration et Résistance

§ 173.a Pour beaucoup, les événements ayant eu lieu dans la métropole occupée par l'Allemagne nazie comptent parmi les heures les plus sombres de l'histoire de France. En effet, contrastant avec le comportement héroïque des soldats de la France libre, les différents types de collaboration ayant donné suite à la

11 Ce seront notamment les Nouvelles-Hébrides, le Tchad, le Cameroun, le Congo.

12 Comme par exemple René Cassin ou René Pléven.

13 Sauf dans les Indes.

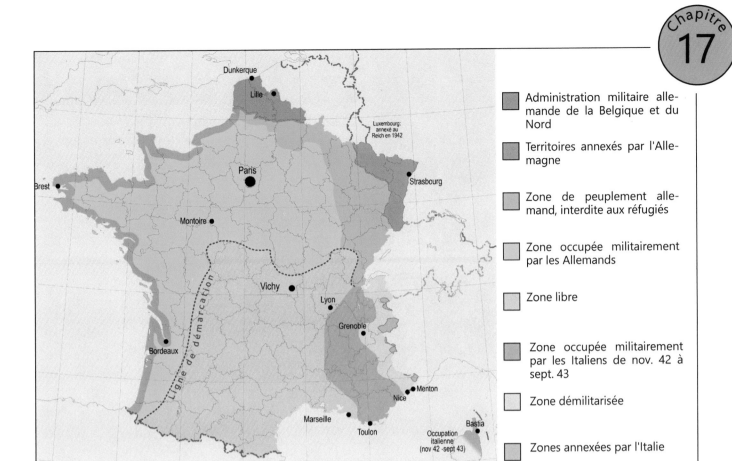

Fig. 17.9 : Rama et Éric Gaba. *Période de l'Occupation en France (1940-1944) : la ligne de démarcation et les zones françaises occupées pendant la Seconde Guerre mondiale.* 2013.

victoire allemande ont eu un impact durable sur la mentalité française jusqu'à aujourd'hui. Toutefois, au cours de cette période noire, des hommes se sont levés et ont combattu dans l'anonymat, constituant progressivement une véritable organisation souterraine, attendant dans l'ombre l'opportunité de frapper l'ennemi jusqu'à sa défaite : ce sont les résistants. Sans le travail de sape qu'ils ont mené par le sabotage ou les attentats, sans les mesures qu'ils ont prises pour défendre les civils et sans leur précieux travail de renseignement pour informer les différents états-majors des armées alliées, l'issue de la guerre aurait été incertaine. Le général Eisenhower reconnaît lui-même que la rapidité de l'avance des troupes américaines sur le territoire français lors du débarquement en Normandie fut grandement facilitée par le soutien des soldats de la Résistance, dont il évalue le nombre à entre 150 000 et 300 000 hommes (1946).

Le démantèlement du territoire national et le coût financier de l'Occupation

§ 173.b La France vaincue constitue un territoire d'autant plus vaste à gérer pour Hitler, qu'il doit préparer l'invasion du sud de l'Europe et de l'URSS. Il décide donc de laisser le gouvernement français diriger une partie de la France, alors qu'il pille les ressources industrielles et agricoles de la portion occupée, sans lesquelles ses troupes ne peuvent pas être opérationnelles. À l'issue de l'armistice, le territoire de la métropole est donc distribué en différentes zones. La partie principale est la zone d'occupation allemande, comprenant le Nord, l'Ouest et le littoral du Sud-Ouest, séparée de la zone libre par une frontière strictement surveillée, la ligne de démarcation. Au-delà commence la zone « libre », essentiellement le Centre, le Midi et la Provence, dont la région alpine sera toutefois occupée par les Italiens à partir de 1942. De fait, l'Alsace et la Lorraine

Fig. 17.10 : Anonyme. « *Je fais à la France le don de ma personne* ». 1940.

sont annexées au territoire germanique, mais certaines zones sont « colonisées » par des civils allemands, comme la Champagne-Ardenne, la Franche-Comté et une partie de la Picardie, tandis que d'autres sont rattachées au commandement allemand de Bruxelles (le Nord-Pas-de-Calais). Par ailleurs, prétextant la nécessité de soutenir l'effort de guerre, l'occupant a le contrôle des régions riches en ressources naturelles et s'arroge le droit de réquisitionner les biens privés ou de fixer les prix. Les frais d'occupation sont à la charge de la population qui doit loger et nourrir l'armée allemande. Une rançon de 400 millions de francs par jour, l'équivalent de quatre millions de salaires ouvriers journaliers, doit être payée à l'occupant pour entretenir les troupes. En 1943, les productions automobile et aéronau-

tique françaises sont exclusivement réservées à l'armée allemande, tout comme l'essentiel de la production sidérurgique, de la construction des bâtiments et des travaux publics. La moitié des moyens de transport ferroviaire est affectée aux déplacement des troupes germaniques et, de ce fait, ceux-ci seront l'une des cibles privilégiées de la Résistance, jusqu'à la fin de la guerre (Rousso). Enfin, le pillage par l'armée d'occupation est monnaie courante, comme dans les musées, où des œuvres d'art sont saisies et emportées directement en Allemagne.

La vie au quotidien sous l'Occupation

§ 173.c Les conditions extrêmement dures imposées à la France lors de l'armistice provoquent la pénurie dans tout le pays. Des tickets de rationnement sont institués pour permettre une répartition à peu près équitable des denrées quotidiennes parmi la population, mais les parts sont minimales. Par exemple, en 1943, 275 grammes de pain peuvent être achetés par personne et par jour et seulement 90 grammes de viande par semaine (Grandhomme 43). Les maladies de carence se multiplient, les produits de nécessité de la vie quotidienne se raréfient. La plupart des voitures ayant été réquisitionnées, les transports s'archaïsent : le fiacre pour les plus chanceux, le vélo ou la marche à pied pour les autres. Faute de caoutchouc, les semelles des chaussures sont faites de bois. Le marché noir représente une alternative, mais les prix sont rédhibitoires.

Les figures emblématiques de la collaboration : Pétain et Laval

§ 173.d La défaite de l'armée française a permis à Pétain de devenir le chef du gouvernement grâce aux manœuvres politiques du sénateur Pierre Laval, ancien président du Conseil socialiste, qui voit là un moyen de reprendre les rênes du pouvoir. En octobre 1940, toujours à l'instigation de Laval, Pétain rencontre Hitler à Montoire et lui serre la main pour lui signifier sa volonté de collaborer avec l'Allemagne, vœu qu'il confirme quelques jours plus tard dans une allocution radiophonique aux Français. Avec Laval, qu'il nomme vice-président du Conseil et

---

14 Ceux qui ont fui ces territoires sont interdits d'y retourner. Voir carte page précédente.

secrétaire d'État aux Affaires étrangères, il mise sur la victoire de l'Allemagne et cherche à susciter l'indulgence de ses dirigeants, en se montrant coopératif. Cependant, ses motifs personnels divergent de ceux de son bras droit : alors qu'il voit en la collaboration une opportunité de s'approprier le pouvoir et d'imposer ses vues traditionnalistes et nationalistes, Laval croit sincèrement pouvoir donner à la France une place privilégiée au sein de la nouvelle Europe nazie qu'il envisage (Azéma et Wieviorka). De leur côté, les Allemands jouent sur la naïveté de leurs interlocuteurs français : pour Hitler, qui est d'ailleurs francophobe, il n'a jamais été question de considérer la France ou tout autre pays autrement que comme un pays vassal, serviable à merci. Cette ambiguïté et l'aveuglement des dirigeants de Vichy vont entraîner les drames de la collaboration, en même temps qu'ils vont favoriser l'émergence de la Résistance française.

Pétain et la « Révolution nationale »

§ 173.e Le gouvernement de Vichy constitue une réaction contre le parlementarisme de la Troisième République, jugé responsable de la défaite française. Les vichystes accusent volontiers les Juifs, les francs-maçons et la bourgeoisie d'affaires d'être à l'origine de la décadence du pays, comme le maréchal Pétain le prétend dans son discours du 11 octobre 1940[15] ou comme le célèbre auteur Paul Claudel, en faveur de la droite réactionnaire, l'écrit dans son journal[16]. Les partisans de Vichy vont donc opérer un retour vers des valeurs traditionnelles françaises, notamment en remplaçant le terme de « République » par celui d'« État ». Dans les faits, lors de la débâcle militaire de l'armée alliée, Pétain s'est vu remettre les pleins pouvoirs en tant que

Fig. 17.11 : Anonyme. *Travail, famille, patrie*. 1942. Affiche de propagande du gouvernement de Vichy.

vice-président du Conseil par une assemblée incomplète de députés en panique, en attendant la rédaction d'une nouvelle constitution. Il ne la promulguera jamais, se contentant de gouverner par ordonnance ou en édictant des actes constitutionnels[17]. Une fois au pouvoir, il ajourne les séances du Parlement jusqu'à nouvel ordre et, le 8 octobre, proclame la « Révolution nationale » dans un discours, remettant en cause le principe constitutionnel de l'égalité des citoyens, qu'il remplace par celui de hiérarchie du mérite. Il annonce un « ordre nouveau » fondé sur les valeurs du travail, de la famille et de la patrie, prônant la coopération des classes sociales[18],

15 Dans son discours, il dénonce l'asservissement de la France par des "coalitions d'intérêts économiques", par les partis et par les syndicats. En réalité, selon Barreau, c'est à lui seul et à sa "stratégie inepte" qu'on doit imputer la défaite de la France (275).

16 "La France est délivrée après 60 ans de joug du parti radical et anticatholique (professeurs, avocats, juifs, francs-maçons). Le nouveau gouvernement invoque Dieu et rend la Grande-Chartreuse aux religieux. Espérance d'être délivré du suffrage universel et du parlementarisme" (1969).

17 Cet événement est au cœur de la question de la continuité historique et juridique de l'État français, certains l'attribuant au gouvernement de Vichy par voie parlementaire, d'autres au gouvernement gaulliste en exil, parce que les pleins pouvoirs octroyés à Pétain ne l'ont pas été dans des circonstances régulières.

18 Et non leur antagonisme.

l'accroissement de la natalité et l'unité nationale. Dans les faits, il s'agit d'un régime dictatorial qui, paradoxalement, accueille des hommes d'horizons politiques très divers, pourvu qu'ils souscrivent aux vues réactionnaires de Pétain, vieil homme simple et borné issu du monde rural, à qui les subtilités de la politique échappent complètement (Crémieux-Brilhac).

Pétain, « l'homme providentiel »

§ 173.f Au lendemain de la défaite, le maréchal est idolâtré par la grande majorité des Français. Ces derniers voient en lui un homme providentiel, car il représente à la fois le vainqueur de Verdun et le patriarche soucieux de préserver les valeurs de la France en danger. Ce culte de la personne est alimenté par la propagande abondante du gouvernement de Vichy, qui produit l'effigie du maréchal dans tous les lieux publics, dans les écoles, sur les pièces de monnaie ou sur les timbres. Le vieil homme est aisément comparé aux héros de l'histoire française, comme Vercingétorix ou Jeanne d'Arc. Son discours simple plaît à la masse du peuple et il sait se rendre accessible aux populations rurales qu'il visite et qui l'acclament. Toutefois, cette popularité ne durera que jusqu'au 8 novembre 1942, date à laquelle les Alliés débarquent en Afrique du Nord et où Pétain ordonne de leur résister. Malgré ce nouveau témoignage incontestable de la collaboration française avec l'occupant nazi, la zone libre est aussitôt envahie par les troupes allemandes, en dépit des clauses de l'armistice. Le maréchal continuera néanmoins de coopérer étroitement avec l'ennemi comme il l'a toujours fait, son exercice personnel du pouvoir dépendant uniquement de l'occupation du pays. Par conséquent, de nombreux Français se détourneront de lui.

Les multiples visages de la collaboration

§ 173.g Plusieurs types de collaboration peuvent être recensés au cours de l'occupation du territoire métropolitain français par les troupes germaniques, durant la Seconde Guerre mondiale. Il convient de les distinguer car elles n'ont pas donné lieu aux mêmes jugements et sentences à la Libération. On peut d'abord citer l'oppor-

Fig. 17.12 : Anonyme. *La relève commence !... La relève commencée !* 1942.

tunisme de populations au contact de l'armée, de la police de Vichy ou de la Gestapo, pour obtenir des avantages en nature en ces temps de guerre difficiles ou pour régler des conflits privés par des dénonciations[19]. La collaboration économique d'industriels et de banquiers fait aussi son apparition : décrétée par le gouvernement de Vichy, elle permet de relancer l'économie française, alors que la rançon payée par la France à l'Allemagne la met dans une situation financière difficile. Il est à noter que cette mise à l'amende de la richesse nationale se fait sous administration française, de même que l'envoi des deux millions de travailleurs envoyés en Allemagne, au titre du Service de Travail Obligatoire (STO) imposé par l'occupant, ou que celui des 700 000 travailleurs « volontaires ».

---

19 Ceci peut expliquer pourquoi, dans la culture française, la délation aux autorités est en général très mal perçue.

§ 173.h Ces mesures sont prises dans le cadre de la collaboration d'État, que Pétain et Laval avaient déjà envisagée avant l'armistice. S'y ajoutent la participation du gouvernement français dans la chasse et la déportation des Juifs, qui se voient dépossédés de leurs biens, et la collaboration de l'armée française avec l'armée allemande en Syrie, au Liban et en Afrique du Nord, dès mai 1941, laquelle inclut la livraison d'armes et de munitions. Il faut également mentionner la création d'une Légion des Volontaires Français (LVF), comprenant des soldats français combattant contre les soviétiques sous uniforme allemand, et la constitution d'une Milice française aux ordres de Laval, pour aider l'armée allemande dans sa lutte contre les résistants, à partir de janvier 1943[20]. Bien souvent, la collaboration d'État menée par Laval ou son successeur temporaire, Darlan, n'a pas d'autre objectif que de montrer des gages de bonne volonté à l'occupant : elle se fait donc sans contrepartie réelle, devançant les désirs des Allemands, comme lorsque Laval cède spontanément à ces derniers les réserves d'or que les Belges avaient confiées à la France, ou bien qu'il leur conseille de déporter les enfants juifs en même temps que leurs parents (Grandhomme 60).

§ 173.i Enfin, les historiens font la différence entre les collaborateurs et les collaborationnistes (Azéma et Wieviorka 84-86), ces derniers aspirant aux mêmes idées que les nazis et souhaitant une entrée en guerre de la France aux côtés de l'Allemagne. Ce sont essentiellement des partis politiques, dont les plus connus sont le Rassemblement national populaire (RNP) ou le Parti populaire français (PPF), qui enverront des recrues alimenter les effectifs de la LVF. Ils souhaitent l'instauration d'un régime autoritaire comparable à celui des fascistes ou des nazis, mais Hitler voit d'un mauvais œil une telle possibilité. En effet, en août 1940, celui-ci demande à Otto Abetz, son ambassadeur en France, de faire en sorte que la France reste faible. Si un

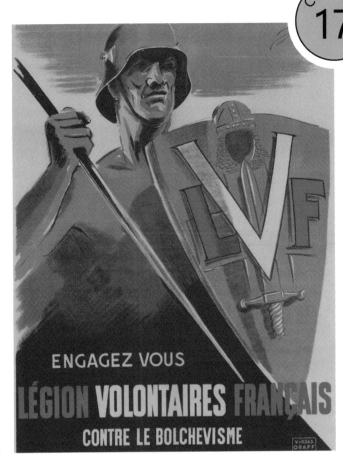

Fig. 17.13 : Breton, Jean. *Engagez-vous. Légion volontaires français contre le bolchévisme.* 1942.

parti nationaliste y naissait, il pourrait constituer une menace pour l'occupation nazie (Burrin).

Collaboration de Vichy pour la déportation des Juifs et des Tziganes

§ 173.j Les accords signés en 1942 entre René Bousquet, secrétaire général à la police, et le général SS Karl Oberg ouvrent la voie à la déportation massive des Juifs hors de France. Mais dès l'automne 1940, ceux-ci sont progressivement mis au ban de la société en étant renvoyés des postes qu'ils occupent dans la fonction publique, puis en étant radiés de la liste des professions libérales. Un écriteau doit signaler la confession juive des propriétaires de magasin, sur leur devanture. Le 29 mars 1941, un Commissariat général aux questions juives est créé, entraînant un accroissement des persécutions antisémites. Jusqu'en décembre, ce sont essentiellement les Juifs étrangers qui sont internés dans des camps, puis déportés. À partir de janvier 1942, les nazis mettent en application ce qu'ils ont appelé la « Solution finale » : le 27 mars, les premiers

---

20 Cette Milice française pourchassera et exterminera les résistants du Vercors.

convois de Juifs français partent vers les camps d'extermination. En mai, l'étoile jaune signalant les Français de confession juive est rendue obligatoire. Le 16 et le 17 juillet 1942, au cours de l'événement que les historiens ont appelé la « rafle du Vél' d'hiv », 13 152 juifs sont chassés de leurs logements parisiens par 7 000 gendarmes, sont entassés dans des conditions abominables à l'intérieur du Vélodrome d'Hiver, situé dans le 15e arrondissement de Paris, puis déplacés vers les camps de Drancy, Beaune-la-Rolande et Pithiviers, en attente de leur déportation (François et Renée Bédarida). En 1943, de nouvelles rafles ont lieu à Marseille, à Lyon, à Nîmes, à Avignon et à Nice. Les dernières déportations partent de Grenoble et de Clermont-Ferrand, en 1944. Au total, 76 000 Juifs ont été déportés de France vers les camps d'Allemagne ou de Pologne. La majorité d'entre eux n'en est pas revenue (Grandhomme 88). Toutefois, si la responsabilité de certains Français dans le génocide des Juifs ne fait aucun doute, il faut concéder aux institutions religieuses, aux résistants et à la population civile le mérite d'avoir sauvé des dizaines de milliers d'entre eux. En effet, de tous les pays occupés par les nazis, la France est le pays où le plus de Juifs ont été sauvés, soit 75% de la communauté recensée dans la métropole en 1940 (AFP).

4. La France résistante

Les campagnes de la France libre en Afrique du Nord et au Moyen-Orient

§ 174.a Dès 1940, la stratégie du général de Gaulle consiste à reprendre possession des colonies, notamment celles d'Afrique du Nord et de l'Ouest, pour des raisons à la fois militaires, c.-à-d. le grossissement et le ravitaillement des troupes, et politiques, la préservation d'une partie du territoire national, ce qui permet d'y asseoir légitimement le gouvernement de la France libre. Ces vues coïncident partiellement avec l'objectif des Anglais, alors les seuls alliés restés en course contre l'Allemagne, l'Italie et le Japon, et qui cherchent à préserver leur source de ravitaillement par le canal de Suez, depuis l'Inde. En outre, il s'agit d'attaquer les forces de l'Axe par leur maillon faible, l'armée italienne, qui se trouve en Lybie et en Afrique de l'Est (Érythrée et Éthiopie). Pour cela, les Anglais disposent d'avantages stratégiques importants : Gibraltar et Malte, qui serviront de bases d'opérations, de reconnaissance et de ravitaillement en Méditerranée.

Bataille de Bir Hakeim

§ 174.b Les premières interventions militaires réussies de la France libre ont lieu en février et en mars 1941, en Érythrée, à Kub Kub, et en Lybie, à Koufra, contre les Italiens. En juin 1942, à

Fig. 17.14 : Chetwyn, Len. *Des légionnaires de la France libre surgissant du désert pour attaquer un point stratégique ennemi, à Bir Hakeim, le 12 juin 1942.* 1942.

la bataille de Bir Hakeim, les troupes françaises du général Koenig bloquent héroïquement l'avancée allemande du général Rommel, venu au secours des Italiens, ce qui permet à l'armée anglaise de replier ses troupes mises à mal. Assaut après assaut, l'Afrikakorps est stoppée par les défenses françaises, ce qui a pour effet d'épuiser son carburant, ses munitions et ses effectifs. Après 14 jours de résistance, comme le général anglais Montgoméry leur a donné l'ordre d'évacuer Bir Hakeim, les troupes françaises quittent leurs positions défensives et parviennent à s'échapper dans le désert. Pendant ce temps, le repli en bon ordre de l'armée britannique a donné à celle-ci le temps de se réorganiser : elle contre-attaque et bat les troupes du général Rommel à El Alamein, qui ne dispose plus d'assez de ressources pour continuer son avancée. En octobre 1942, la contre-offensive générale de Montgomery fait reculer les troupes italo-allemandes jusqu'en Tunisie, où elles doivent se rendre.

Français libres contre vichystes

§174.c Si ces succès de la France libre sont salués par tous[21], ils restent insuffisants à convaincre les partisans de Vichy de s'allier à de Gaulle. La Syrie et le Liban, qui sont sous mandat français, finissent par servir de base de ravitaillement à la Luftwaffe, avec la bénédiction du gouvernement pétainiste. En juin 1941, alors que la Grèce et l'île de Crète ont été perdues par les Britanniques, de Gaulle propose à Churchill de prendre la Syrie, défendue par les vichystes. Le général français Dentz, qui est à leur tête, oppose une résistance farouche aux Alliés avec ses 30 000 soldats, n'hésitant pas à tirer sur les forces de la France libre. Après un combat fratricide sanglant et la défaite des vichystes, la France libre prend le contrôle administratif de la Syrie et du Liban.

Le débarquement en Afrique du Nord

§ 174.d En décembre 1941, l'attaque de Pearl Harbor perpétrée par les Japonais décide les États-Unis à entrer en guerre contre les pays de l'Axe. Exactement 11 mois plus tard, ils coordonnent le débarquement en Afrique du nord avec les Britanniques, excluant de Gaulle qui a

---

21 Après la bataille de Bir Hakeim, Hitler lui-même comprend la nécessité de mieux contenir la France militairement, une fois la guerre terminée, car il estime que sa valeur combattive concurrence celle de l'Allemagne (Lormier, 2009).

Fig. 17.15 : Mason, H.A. *Le général de Gaulle, obligé par Churchill et Roosevelt de serrer la main de son rival, le général Giraud, lors de la conférénce de Casablanca, en janvier 1943.* 1943.

échoué à Dakar, mais cherchant à impliquer un général français prestigieux, Henri Giraud, pour s'attirer la sympathie des vichystes d'Algérie. Celui-ci, miraculeusement évadé d'Allemagne, est un médiocre politicien encore proche du maréchal Pétain, ainsi que de l'amiral Darlan qui commande l'armée de Vichy, dont les Américains veulent se servir pour rallier le gouvernement pétainiste à leur cause. De façon fortuite, Darlan se trouve à Alger lors du débarquement allié. Il s'entend avec le camp anglo-américain, obtenant la direction politique de l'Afrique du Nord et de l'Afrique Occidentale française et laissant à Giraud le commandement des forces militaires. Malgré son changement d'obédience, Darlan n'en modifie pas pour autant les lois vichystes qui régissent les territoires d'Afrique française, notamment celles qui excluent les juifs de la nationalité, et maintient les camps de concentration du Sud algérien. Ces derniers contiennent des résistants et des ressortissants de pays européens engagés dans la Légion étrangère, pour contrer le nazisme. À la fin du mois de décembre 1942, Darlan est assassiné par Fernand Bonnier de la Chapelle, un patriote anti-vichyste qui voit en l'amiral un sérieux empêchement à la réunion des armées africaines avec la France libre (Faivre). Le pouvoir passe donc à Giraud.

De Gaulle s'impose comme chef incontesté du gouvernement en exil

§ 174.e Dans la continuité de Darlan, Giraud établit un gouvernement autoritaire qui cumule tous les pouvoirs, bien qu'il soit désavoué par le gouvernement de Vichy. Toutefois, cette nouvelle autorité constituant une troisième voie pour beaucoup de pétainistes, ceux-ci rejoignent son camp, car elle leur permet de se dédouaner de l'image sulfureuse du gouvernement français, alors que de Gaulle se montre beaucoup plus intransigeant vis-à-vis des collaborateurs. Réunissant maintenant une armée plus importante que celle de la France libre, l'armée d'Afrique, et plébiscité par les chefs de l'armée d'Armistice récemment dissoute[22], Giraud dispose de la confiance des Américains, au contraire de Charles de Gaulle, considéré par Roosevelt comme un futur dictateur[23]. Mais au début de 1943, une campagne de presse américaine contre les lois antisémites de Giraud et les camps de concentration d'Algérie met l'état-major allié dans un vif embarras. En mars 1943, Giraud est contraint de prononcer une al-

Fig. 17.16 : Anonyme. *Pensez à nous, résistez !* 1940-1945.

locution radiophonique dans laquelle il annonce sa rupture avec le pétainisme et son souhait de rétablir la démocratie sur l'ensemble du territoire français. Dans ces conditions, de Gaulle, soutenu par les chefs de la Résistance intérieure française, se rallie à Giraud pour fonder le Comité français de la libération nationale en juin 1943, sur la base d'une coprésidence. Toutefois, en septembre 1943, Giraud commande la libération de la Corse sans en avertir de Gaulle. Ce dernier saisit ce prétexte pour l'évincer du pouvoir, jugeant Giraud trop docile vis-à-vis des Américains et souhaitant fonder une autorité qui n'a plus rien à voir avec Vichy.

La Résistance intérieure

§ 174.f Dès l'armistice de 1940, des hommes et des femmes issus des milieux les plus divers fondent spontanément des réseaux de renseignement, d'entraide et de lutte contre l'envahisseur en métropole. Ces groupes sont, en général,

---

22 L'armée d'Armistice est autorisée par les Allemands à la signature du cessez-le-feu et comprend 100 000 hommes, le même nombre qui avait été donné à l'Allemagne à l'issue de la 1ère Guerre mondiale. À la suite du débarquement en Afrique du Nord, les troupes allemandes envahissent la zone libre et dissolvent l'armée d'Armistice car des rumeurs de débarquement circulent dans le sud de la France.

23 Cette présomption s'accordait bien avec le souhait des États-Unis d'établir un gouvernement qu'il contrôlerait, the *Allied Military Government of Occupied Territories* (AMGOT), introduisant leur propre monnaie sur un territoire découpé en zones d'influence, s'arrogeant des "droits exorbitants" et faisant de la France un pays vassal (Lacroix-Riz). Pendant toute la guerre, Roosevelt tenta de manœuvrer pour écarter de Gaulle, qu'il savait résilient et qui, finalement, mit cette politique en échec en imposant son autorité lors du débarquement de juin 1944 et en signant un accord de défense avec la Russie stalinienne (Gallo).

Fig. 17.17 : Grant, Donald, I. *Membres du maquis à La Trésorerie.* 1944.

isolés les uns des autres et n'ont pas entendu l'appel du 18 juin. Dans un premier temps, ils sont même favorables à Pétain mais agissent dans la clandestinité, pour préparer la revanche ou simplement combattre les prérogatives des nazis au niveau local, avec des moyens autres que militaires : soutien matériel des résistants armés, publications clandestines d'ouvrages de presse, sauvetage des Juifs, production de faux papiers, etc. Les résistants n'ont pas de profil type ou d'allégeance politique particulière : ce sont, pour la plupart, des citoyens rangés avec une vie de famille, qui n'exercent pas leur activité séditieuse à plein temps. Toutefois, dès le déclenchement de l'opération Barbarossa[24], de nombreux communistes entrent en « guerre de libération » contre l'occupant, alors que la ligne du parti a consisté jusqu'alors à rester en-dehors d'un conflit opposant des « idéologies impérialistes ». Ils perpètrent alors de nombreuses actions contre les

nazis (attentats ou sabotages), ce qui déclenche souvent de sanglantes représailles contre les populations civiles[25]. Par ailleurs, avec l'instauration du Service de Travail Obligatoire, beaucoup de citoyens vont entrer dans la clandestinité, grossissant les rangs des organisations de résistance souterraines, les maquis, situés dans des régions peu peuplées, d'où elles peuvent lancer des opérations de guérilla.

Jean Moulin et l'unification des mouvements de résistance

§ 174.g Les premiers contacts opérés entre la France libre et la Résistance intérieure ont lieu au cours de l'été 1940. Très tôt, de Gaulle se rend compte qu'il doit pouvoir compter sur des forces intérieures réfractaires au gouvernement de Vichy et aux nazis pour pouvoir asseoir sa crédibilité vis-à-vis des Alliés et parler au nom de tous les Français. Par ailleurs, l'isolement

24 C'est-à-dire l'invasion de l'URSS par les troupes germaniques en juin 1941.

25 Comme par exemple l'exécution de dix citoyens à Paris, le 16 septembre 1941, suite à l'assassinat d'un officier allemand à Barbès par le communiste Pierre Georges, dit le "Colonel Fabien".

des réseaux de résistance diminue leur efficacité. Préfet du département d'Eure-et-Loir révoqué par Pétain pour ses idées de gauche, Jean Moulin caresse le projet d'établir des relations entre la Résistance et la France libre (Cordier 62). Il rencontre le général de Gaulle à Londres et reçoit pour mission d'unifier les réseaux de résistance, de créer une armée secrète et de la placer sous l'égide du gouvernement en exil. Cette mission est à la fois périlleuse et difficile, non seulement parce que les chefs des factions résistantes ne sont pas toujours disposés à renoncer à leur autorité, mais aussi parce qu'ils ont des vues différentes sur la façon dont la lutte doit être menée. Toutefois, à l'automne 1942, les deux principaux mouvements de révolte, Combat et Libération-Sud, acceptent de mettre leur force en commun et de fonder l'Armée secrète (AS), sous l'autorité du général de Gaulle. La France libre devient alors la France combattante. En janvier 1943, Jean Moulin est parvenu à agréger un troisième réseau de résistance à ce premier noyau[26], pour fonder les Mouvements Unis de Résistance (MUR). Quelques mois plus tard, les MUR et l'AS sont rattachés au Comité français de libération nationale (CFLN), qui regroupe les forces intérieures et extérieures françaises et les colonies, tandis que le Conseil national de la Résistance (CNR) est créé. Les communistes, qui ont développé leur propre réseau de résistance unifié, ne s'unissent au mouvement général qu'en 1944, lorsque les Forces Françaises de l'Intérieur (FFI) sont créées, pour aider au débarquement allié.

Importance de l'unification des mouvements de résistance

§ 174.h L'unification de tous les mouvements de lutte contre l'occcupant sous une seule autorité, celle du gouvernement provisoire en exil, jouera un rôle capital sur un plan militaire et stratégique. En septembre 1943, la résistance de Corse a déjà libéré son propre territoire avec l'aide de commandos français en-

---

26 Il s'agit de Combat, Franc-tireur et Libération-Sud.

Fig. 17.18 : Anonyme. *Des libérateurs ? La libération par l'armée du crime.* 1944. Affiche de propagande allemande et vichyste après l'exécution de 23 résistants.

voyés par le général Giraud. Par ailleurs, lors du débarquement, les renseignements fournis par la Résistance aux Alliés, le soutien apporté aux armées régulières par les agents de liaison, les sabotages des infrastructures minutieusement calculés, les guérillas de harcèlement et la destruction des moyens de communication ennemi aideront les armées françaises, anglaises et américaines à progresser rapidement au travers de la France métropolitaine. Sur le long terme, cette rapidité de déplacement permettra aux Alliés d'étendre leur zone d'influence jusqu'à l'Europe centrale, alors que le rouleau compresseur soviétique absorbera le reste de l'Europe, lors de sa contre-attaque massive, dans une course contre la montre qui s'achèvera lorsque la jonction entre les Alliés et les Russes sera faite à Torgau, au sud de Berlin, le 25 avril 1945. Le 25 août 1944, Paris sera libérée à la suite de l'insurrection orchestrée par la Résistance, soutenue par l'intervention de la 2e division blindée du général Leclerc.

§ 174.i L'action de la Résistance permettra également le rétablissement immédiat des institutions républicaines au fur et à mesure que les territoires métropolitains français seront libérés, sans le déclenchement d'une guerre civile, contrairement aux prédictions du Président Roosevelt[27]. En effet, des Comités départementaux de libération constitués par des résistants seront immédiatement mis en place dès que les villes auront été affranchies de l'occupation allemande. Malgré une forte présence communiste, les règles du jeu républicain seront respectées. Des cours de justice seront créées localement pour contenir les exécutions sommaires de collaborateurs. Par ailleurs, le CNR mettra en place une politique visant à réduire l'influence des anciens collaborateurs ou des membres du gouvernement de Vichy dans la gestion du pays. Il imposera la nationalisation des entreprises qui ont collaboré, créera la Sécurité sociale et rétablira le suffrage universel avec, pour la première fois, le vote des femmes (Andrieu).

5. La France libérée

La campagne d'Italie

§ 175.a Suite au déclenchement de l'opération Barbarossa, Staline adresse des demandes répétés au commandement allié pour qu'il ouvre un troisième front à l'ouest : la guerre engagée par Hitler contre son pays au nom du Lebensraum mobilise 80 pour cent des troupes allemandes et l'URSS a essuyé des pertes massives. Dans un premier temps, Churchill impose son idée de débarquer en Italie par le sud, bien que la priorité soit donnée à l'opération de débarquement en Normandie par les Américains. La Sicile et la Calabre sont prises par les armées britanniques, françaises et américaines au cours de l'été 1943, menant au renversement de Mussolini et à la reddition de l'Italie au début du mois de septembre. Toutefois, à l'annonce de la défection de son principal allié, l'Allemagne a envahi la péninsule italienne et stoppé l'avance des libérateurs. Le front s'enlise et Rome ne sera prise qu'en juin 1944, deux jours avant le débarquement en Normandie. Pour autant, il restera encore tout le nord de l'Italie à libérer.

Fig. 17.19 : Anonyme. *Traversant le village escarpé de Prato, en Italie, les hommes du 370e régiment d'infanterie doivent encore franchir la montagne qui se dresse devant eux. 7 avril 1945.*

---

27 Ce dernier voulait placer la France sous administration militaire à la Libération.

Fig. 17.20 : Anonyme. *Vue aérienne du site de débarquement, des ballons de barrage et des troupes alliées débarquant en Normandie, France, au jour J.* Juin 1944.

L'ouverture d'un troisième front

§ 175.b À l'est, les Allemands ont perdu la bataille de Moscou en janvier 1942. La bataille de Stalingrad, s'achevant en février 1943, constitue une défaite allemande aussi significative que celle d'El Alamein, car 22 divisions expérimentées y ont été exterminées. L'impact psychologique qu'elle a sur la Roumanie, la Hongrie, la Finlande et l'Italie, membres de l'Axe, amène ces pays à reconsidérer leur politique de collaboration en réduisant leur envoi de contingent sur le front de l'Est et en entamant des négociations avec les Alliés (Lopez). Pour ces derniers, c'est le moment d'ouvrir un autre front sur la Manche, plus précisément sur les plages situées à l'est de la presqu'île du Cotentin. C'est le commencement de la bataille de Normandie, le plus gros débarquement militaire jamais réalisé dans l'Histoire. Plus de trois millions de soldats seront débarqués sur les plages de Normandie entre juin et août 1944. Le 6 juin 1944, 156 000 hommes posent le pied sur cinq plages de Normandie, qui constituent les portes du front de l'Ouest (Wieviorka).

§ 175.c Le mauvais temps, qui rendait improbable l'éventualité d'un débarquement, ainsi que l'intense propagande de désinformation menée par le contre-espionnage britannique ont permis d'induire les Allemands en erreur et de ménager l'effet de surprise[28]. Après un pilonnage aérien des bases arrières allemandes et le parachutage de divisions aéroportées, les premiers soldats débarquent en Normandie. Le port de Cherbourg est pris au bout de trois semaines, Caen après six semaines de campagne. Toutefois, la progression des troupes anglo-américaines à l'intérieur des terres est rendue difficile par la disposition du paysage agricole, où des haies et des murets de pierre séparent les champs les uns des autres,

---

28 En effet, les Allemands ont cru que le débarquement aurait lieu en face de l'Angleterre, sur les plages de Calais.

Fig. 17.21 : Downey, Jack. *Une foule de patriotes français borde les Champs-Élysées pour regarder les véhicules de la 2e DB du général Leclerc passer sous l'arc de Triomphe, après que Paris a été libérée, le 26 juin 1944. Des banderoles en soutien au général de Gaulle sont exhibées.* 1944.

avantage stratégique dont les Allemands savent tirer parti. Le 30 juillet, après un bombardement intensif sur des zones localisées, l'armée commandée par le général Patton, où opère la 2e division blindée du général Leclerc, perce le front vers l'est, puis effectue un large mouvement enveloppant du sud vers le nord pour encercler l'ennemi. La contre-attaque allemande, largement anticipée avant son exécution et très faiblement soutenue par l'aviation, se solde par un échec cuisant. Au terme de la bataille de Normandie, les troupes germaniques ont perdu 450 000 hommes et beaucoup de matériel. En ce qui concerne les Alliés, les pertes sont de moitié. Quelques 50 000 civils sont morts en Normandie dans les bombardements ou dans les affrontements.

La libération de Paris et de la Provence

§175.d L'annonce du débarquement allié en Normandie pousse les FFI parisiens à l'ac-

tion. Des mouvements de grève apparaissent chez les cheminots à partir du 10 août, suivis par la police, puis d'une grève générale le 18 août. Les jours suivants, la préfecture et l'Hôtel de Ville sont pris par les résistants, alors que des barricades naissent un peu partout dans Paris. Elles ralentissent considérablement les mouvements des troupes allemandes qui, bien qu'elles soient mal équipées, disposent d'un arsenal plus conséquent que celui des résistants. En effet, ces derniers n'ont pas assez de munitions pour tenir les positions qu'ils ont conquises. Ils font savoir au général Leclerc la situation difficile dans laquelle ils se trouvent et leur besoin urgent de renfort. Avec l'accord du général de Gaulle, qui rappelle à Eisenhower sa promesse de laisser la libération de Paris aux Français, Leclerc marche sur Paris sans attendre l'accord de l'état-major américain. Celui-ci, mis devant le fait accompli, est bien obligé de

Fig. 17.22 : Anonyme. *"Puis vint le grand jour où nous entrâmes en territoire allemand, directement par la ligne Siegfried".*1945.

concéder une force d'appui supplémentaire. Du 23 au 25 août, les forces du général Leclerc reprennent l'entièreté de la ville à l'armée allemande et aux quelques miliciens restés en place. Le lendemain, un défilé est organisé sur les Champs-Élysées, dont l'impact auprès de la population et des autres nations n'est pas étranger à la reconnaissance du Gouvernement provisoire de la République Française (GPRF) à l'échelle internationale.

La campagne d'Allemagne

§ 175.e Une dizaine de jours avant cette date, les sept divisions du général de Lattre de Tassigny et les trois divisions de la 7e armée américaine débarquent en Provence et prennent les ports de Toulon et de Marseille, avec l'aide des FFI. Ces objectifs stratégiques confèrent un avantage certain aux Alliés pour l'apport d'hommes, de vivres et d'équipements. Ces troupes remontent ensuite la vallée du Rhône,

qu'ils libèrent jusqu'à Autun, accroissant leur effectif au fur et à mesure qu'elles convergent vers le nord. Le 12 septembre, à Dijon, elles effectuent leur jonction avec la 2e division blindée, venant de Normandie et de Paris, puis entament la campagne du Rhin en direction de l'Allemagne. De leur côté, les FFI de Bretagne, du Limousin et du Sud-Ouest se libèrent elles-mêmes des occupants nazis, malgré une répression féroce, comme dans le maquis du Vercors, où 800 résistants et civils périssent, entre janvier et juillet 1944. Les campagnes de Libye, de Tunisie, de Corse, d'Italie, de Provence et de Normandie menées successivement par la France libre, puis les succès de la France combattante donnent au GPRF l'autorité suffisante pour rétablir les institutions et la reconnaissance légitime des pays alliés. De Gaulle dispose d'une assise suffisante pour faire figurer la France parmi les vainqueurs.

Fig. 17.23 : Lt. Moore (U.S. Army). *Le* Generalfeldmarschall *Wilhelm Keitel signant la capitulation sans condition de la Wehrmacht au quartier général de l'Union Soviétique, à Berlin, le 8 mai 1945.* 1945.

Fin de la guerre

§ 175.f L'armée française du général de Lattre de Tassigny avance rapidement vers la Franche-Comté, puis l'Alsace, prenant Mulhouse et Belfort. Toutefois, la contre-attaque allemande sur les Ardennes, qui débute en décembre 1944 et qui vise à rééditer la campagne de France de 1940, prend par surprise les Américains, qui doivent reculer. Pour renforcer le front et éventuellement organiser un repli, Eisenhower envisage d'abandonner l'Alsace. De Lattre de Tassigny et de Gaulle refusent cette éventualité car Strasbourg, qui a été libérée par Leclerc, représente le symbole de la reconquête et ne doit plus retomber aux mains des Allemands. De Gaulle donne donc l'ordre de défendre la ville coûte que coûte, en dépit des admonestations américaines et malgré les lourdes pertes essuyées. Mais à partir de janvier 1945, la contre-attaque des Alliés permet de rétablir la situation, alors que la supériorité aérienne est désormais de leur côté, que les troupes ennemies sont mal ravitaillées en carburant et que l'hiver installe des conditions difficiles pour une *Blitzkrieg*. En plus de ses propres soldats, le général de Lattre de Tassigny se voit confier le 21e corps d'armée américain pour entrer en Allemagne, devançant le gros des troupes. Il prend Stuttgart, puis Ulm avant d'atteindre la frontière Suisse. Le 8 mai 1945, il est présent lors de la capitulation Allemande à Berlin, en compagnie d'Eisenhower, de Montgomery et de Joukov. Le 15 août 1945, suite aux bombardements atomiques d'Hiroshima et de Nagasaki, ainsi que de l'entrée en guerre de l'URSS contre le Japon, celui-ci capitule. C'est officiellement la fin de la Seconde Guerre mondiale.

Références

Livres, articles et documents vidéo

- AFP. « Seconde guerre mondiale : 75% des Juifs français sauvés, taux record, selon les États-Unis. » RTL.fr. 09 déc. 2014. Web. 23 août 2016. 🌐

- Andrieu, Claire. *Le programme commun de la Résistance, des idées dans la guerre.* Paris: Éditions de l'érudit, 1984. Imprimé.

- Azéma, Jean-Pierre et Olivier Wieviorka. « Le temps des profiteurs. » *Vichy, 1940-1944.* Paris: Perrin, 1997. 71-78. Imprimé.

- Barreau, Jean-Claude. *Toute l'histoire de France.* Paris: Éditions du Toucan, 2011. Imprimé.

- Bédarida, François et Renée Bédarira. « La persécution des Juifs ». *La France des années noires, t. 2.* Paris: Le Seuil, 1993. Imprimé.

- Brilhac-Crémieux, Jean-Louis. *Les Français de l'an 40 , I : La guerre, oui ou non ?* Paris: Gallimard, 1990. Imprimé.

- Bugaj, Nikolaj. *Correspondance Kruglov-Staline 1941-1945.* Moscow: Druzhba narodov, s.d. Imprimé.

- Bukey, Evan Burr. *Hitler's Austria, Popular Sentiment in the Nazi Era, 1938-1945.* Chapell Hill: The University of North Carolina Press, 2000.

- Burrin, Philippe. *La dérive fasciste. Doriot, Déat, Bergery. 1933-1945.* Paris: Le Seuil, 1986. Imprimé.

- Cantier, Jacques. *L'Algérie sous le régime de Vichy.* Paris: Odile Jacob, 2002. Imprimé.

- Chapoutot, Johann. *Le Nazisme et l'Antiquité.* Paris: Presses Universitaires de France, 2008. Imprimé.

- Churchill, Winston. *The Second World War. Volume I, The gathering storm.* London: Cassel, 1948. Imprimé.

- Claudel, Paul. *Journal. II, 1933-1955.* Paris: Gallimard, 1969. Imprimé.

- Cordier, Daniel. *Jean Moulin. La République des catacombes.* Paris: Gallimard, 1999. Imprimé.

- Eisenhower, Dwight. *Report by the supreme commander to the Combined chiefs of staff of the operations in Europe of the Allied expeditionnary force. 6 june 1944 to 8 may 1945.* Washington: Govt. Imprimé. Off., 1946. Imprimé. 🌐

- Faivre, Mario. *Nous avons tué Darlan : Alger, 1942.* Paris: La Table Ronde, 1975. Imprimé.

- Gallo, Max. *1944-1945 : le triomphe de la liberté.* Paris: XO éditions, 2011. Livre digital.

- Grandhomme, Jean-Noël. *La Seconde Guerre mondiale en France.* Rennes: Éditions Ouest-France, 2004. Imprimé.

- Hai, Jack. *Le nazi et le psychiatre.* Paris: Les Arènes, 2013. Imprimé.

- Hitler, Adolf. *Mein Kampf.* München: Zentralverlag der NSDAP, 1925. Imprimé. 🌐

- Lacouture, Jean. *De Gaulle. 1, Le rebelle (1890-1944).* Paris: Le Seuil, 1984. Imprimé.

- —. *Léon Blum.* Paris: Le Seuil, 1977. Imprimé.

- Lacroix-Riz, Annie. « Quand les Américains voulaient gouverner la France. » *Le Monde diplomatique.* Le Monde Diplomatique, mai 2003. Web. 28 sept. 2016. 🌐

- Langer, Walter Charles. *Psychanalyse d'Adolf Hitler.* Paris: Denoël, 1973. Imprimé.

- Lopez, Jean. *Stalingrad : la bataille au bord du gouffre.* Paris: Economica, 2008. Imprimé.

- Lormier, Dominique. *C'est nous les Africains. L'épopée de l'armée française d'Afrique, 1940-1945*. Paris: Calmann-Lévy, 2006. Imprimé.

- —. *La bataille de Bir Hakeim. Une résistance héroïque*. Paris: Calmann-Lévy, 2009. Imprimé.

- Miller, Alice. *C'est pour ton bien : Racines de la violence dans l'éducation de l'enfant*. Paris: Aubier, 1984. Imprimé.

- Prager Tagblatt. « Tschechoslowakische Parlamentswahl ». *Prager Tagblatt* 18 mai 1935. Imprimé.

- Rousso, Henri. « L'économie : pénurie et modernisation. » *La France des années noires*. Paris: Le Seuil, 1993. Imprimé.

- Wieviorka, Olivier. *Histoire du débarquement en Normandie. Des origines à la Libération de Paris, 1941-1944*. Paris: Le Seuil, 2007. Imprimé.

Liens utiles à consulter

- Charles-de-Gaulle.org

  « 1940-1944 La Seconde Guerre mondiale »

  « L'appel du 18 juin »

- Chemins de mémoire

  « La ligne de démarcation »

  « La Résistance en France en 1944 »

  « La rafle du 26 août 1942 »

  « Les grandes rafles de Juifs en France »

  « Le Vercors »

- L'Histoire par l'image

  « Alger, capitale de la France libre »

  « Dans la ligne Maginot »

  « L'affiche rouge »

  « La conférence de Casablanca »

  « L'art pendant la Seconde Guerre mondiale »

- « Le débarquement de Normandie - 6/6/44 »

  « L'entrevue de Montoire »

  « Les "malgré-eux" dans l'armée allemande »

  « L'exposition "le Juif et la France" à Paris »

  « Vichy et la propagande »

- Ina.fr

  « 18 juin : la Résistance en France 1940-1944 »

  « 1939-1956, hier la Pologne »

  « Assouplissement de la ligne de démarcation »

  « Détruisez Paris ! »

  « Discours de de Gaulle sur les Forces française libres »

  « Documents de la 2nde Guerre mondiale »

  « D'une guerre à l'autre 1936-1941 »

  « L'appel du 18 juin 1940 »

  « La Libération de Paris en images amateur »

  « La Libération de Paris (4) : le discours du général de Gaulle à l'Hôtel de Ville »

  « Les troupes allemandes réoccupent la Rhénanie, violant ainsi les traités internationaux »

  « Le temps des doryphores »

  « Premier message aux Français du Maréchal Pétain »

  « Paris à l'heure de la Libération »

  « Stalingrad, un des grands tournants de la Seconde Guerre Mondiale »

  « Traces filmées de la Résistance : Après la nuit »

  « Un caméraman dans la Résistance »

- Henri Guillemin nous parle de...

  « France 1940 » 🌍

  « L'affaire Pétain » 🌍

Médiathèque

- *Apocalypse, la Seconde Guerre mondiale*. Réal. Jean-Louis Guillaud, Henri de Turenne, Isabelle Clarke & Daniel Costelle. Interpr. Mathieu Kassovitz. France Télvisions. 2009. Télévision. 🌍

  [00:27:04 - 00:40:04]

- *Diplomatie*. Réal. Volker Schlöndorff. Interpr. André Dussollier, Niels Arestrup, Burghart Klaußner. Film Oblige / Gaumont / Blueprint Films. 2014. Film. 🌍

  [00:32:35 - 00:42:00]

- *La grande vadrouille*. Réal. Gérard Oury. Interpr. Bourvil, Louis de Funès, Claudio Brook. Les Films Corona / Rank Organization. 1966. Film. 🌍

  [00:20:32 - 00:31:10]

- *L'armée du crime*. Réal. Robert Guédiguian. Interpr. Simon Abkarian, Virginie Ledoyen, Robinson Stévenin. Agat Film & Cie / Studio Canal / France 3 Cinéma. 2009. Film. 🌍

  [01:21:40 - 01:32:20]

- *La Rafle*. Réal. Rose Boch. Interpr. Mélanie Laurent, Jean Reno, Gad Elmaleh. Légende Films / Gaumont / France 3. 2010. Film. 🌍

  [00:19:20 - 00:27:20]

L'après-guerre : la Quatrième République

Recto :

Fig. 18.0.a : Anonyme. *Des civils rasent la tête d'une femme pour la désigner comme collaboratrice.* 1944.

Fig. 18.0.b : US Army's Center of Military History. *Le général George Catlett Marshall, commandant en chef de l'armée américaine.* Circa 1945.

Fig. 18.0.c : Anonyme. *Soldats du FLN au garde-à-vous.* 1958.

Fig. 18.0.d : Kieffer, Charley. *Le garage Rouiba Ruidaverts et le Café des Amis .* Années 50.

Fig. 18.0.e (image de fond) : Anonyme. *Une femme votant pour la première fois au référendum de 1945.* 1945.

O. Le déclin politique de l'Europe

§ 180 La guerre mondiale est terminée, faisant naître un grand espoir de paix et de liberté dans le monde entier. Toutefois, en février 1945, à la conférence de Yalta où la France n'avait pas été conviée, les contours d'un nouvel ordre mondial ont été esquissés. Celui-ci allait bientôt être décidé par les volontés opposées de deux superpuissances politiques et économiques prônant des idéologies contradictoires, deux « blocs » séparés par un « rideau de fer », s'affrontant dans une Guerre Froide, c'est-à-dire par pays interposés vulnérables aux changements politiques.

En 1945, tout est à reconstruire. Avec la compromission du gouvernement de Pétain dans la collaboration, la Troisième République est morte. Une nouvelle constitution doit donc naître et celle-ci doit laisser la parole à tous les partis politiques en présence, contrairement à ce qu'il en fut sous le régime autoritaire de Vichy. Après le temps des règlements de compte et de « l'épuration » sociale et institutionnelle, vient celui des disputes poli-

Fig. 18.1 : Departement of Navy. *Des réfugiés vietnamiens embarquant sur le navire de guerre Montague, à Haiphong.* 1954.

tiques, alimentées par la crainte de tomber sous l'influence de l'un des deux blocs et de donner leur indépendance aux colonies qui entrent en sécession. Au niveau économique et social, la France connaît de profonds bouleversements : les femmes deviennent plus indépendantes et la reconstruction entraîne une croissance économique jamais atteinte. Par ailleurs, comme au lendemain de la Première Guerre mondiale, les Français sont partagés entre une frénésie de divertissements populaires et leur besoin de répondre aux grandes questions philosophiques, notamment celles que pose l'existentialisme, après les horreurs qui ont frappé les populations civiles à l'échelle planétaire, ou scientifiques, avec les avancées de plus en plus rapides de la science. Les Français de la métropole ne sont pas les seuls à se poser des questions : la fin de la guerre correspond au réveil des identités nationales dans les différentes régions de l'empire colonial qui ont combattu le nazisme et qui refusent dorénavant la domination démocraties occidentales. Un mouvement global de décolonisation s'amorce, qui mène inéluctablement à l'indépendance des pays dont les populations sont entrées en insurrection. Cette transition se fait tantôt pacifiquement, tantôt dans la violence et la douleur. C'est ainsi que la question épineuse de l'indépendance algérienne provoque l'écroulement du nouveau régime en France, déjà fragilisé par ses faiblesses institutionnelles et les divisions qui règnent entre les partis. La Quatrième République n'était donc encore qu'une transition avant la stabilisation des institutions républicaines, dans le dernier quart du XXe siècle.

1. Après la guerre

Fig. 18.2 : Anonyme. *La marche de la honte pour les femmes accusées de collusion avec les Allemands, à la Libération*. 1944.

§ 181.a Immédiatement après la guerre, l'épuration du pays commence : ceux qui ont collaboré avec l'ennemi sont pourchassés et châtiés. Quand il est ordonné par le Gouvernement Provisoire de la République Française (GPRF), le nettoyage politique a pour but d'éviter que d'anciens collaborateurs puissent présenter leurs candidatures à des fonctions électives et bénéficier d'une immunité, tout en exerçant un pouvoir perpétuant les travers de l'Occupation. Mais avant que le GRPF ne déploie ses antennes dans toutes les villes de France, le besoin de châtier les complices du régime de Vichy prend la forme d'une justice coutumière, souvent arbitraire et parfois intéressée. Cet « assainissement » extra-judiciaire de la société provoque la mort de 9000 personnes en France par des exécutions sommaires, dont une partie est opérée par des résistants instruisant des procès illégaux, dans la continuité des actions séditieuses menées contre l'occupant et ses auxiliaires français pendant la guerre (Foulon). La collaboration féminine reçoit un traitement particulier, les relations sexuelles avec l'ennemi n'étant pas pénalement répréhensibles, mais faisant l'objet de l'opprobre populaire : elles sont tondues et promenées dans les quartiers, sous les huées de la population.

§ 181.b L'épuration judiciaire comporte trois types de juridiction. La Haute Cour de justice, composée initialement par des sénateurs et des résistants, est chargée de juger les membres du gouvernement. C'est elle qui va statuer sur le cas de Pétain ou de Laval et les condamner à mort. En raison du grand âge du maréchal et des services qu'il a rendus à la patrie pendant la première Guerre Mondiale, sa sentence est commuée en peine de prison puis, quand il tombe malade, est de nouveau assouplie : il finira ses jours en détention surveillée, dans une résidence de Port-Joinville. Une seconde juridiction, les cours de justice, est constituée pour juger les actes de collaboration pénalement condamnables. Elle instruit plus de 300 000 dossiers, dont plus de la moitié sont classés sans suite. De nombreux intellectuels et artistes qui ont contribué à la propagande du régime de Vichy et à celle du nazisme sont inquiétés, dont l'auteur Robert Brasillach. Son procès suscite une vive polémique au sein des milieux intellectuels[1] mais il finira par être fusillé, le 6 février 1945. Plus de 60 000 autres cas de toute nature sont jugés, entraînant au total les condamnations à mort de 6800 personnes, dont 770 ont effectivement lieu[2]. Enfin, des chambres civiques, qui jugent des actes non répréhensibles du point de vue pénal, instruisent les cas de 70 000 personnes. Plus des deux tiers des inculpés sont frappés « d'indignité nationale » et punis par le retrait à vie, ou pour une durée déterminée, de leurs droits civiques[3]. Toutefois, trois amnisties ont lieu en 1947, 1951 et 1953, destinées à assouplir les sanctions, parce que la reconstruction du pays exige l'unité des Français et un surcroît de main-d'œuvre.

Le départ des troupes américaines

§ 181.c Les Américains sont partout accueillis en héros et font l'objet d'une attention particulière de la part de la population. Toutefois, après quelques mois, ces relations harmonieuses entre ressortissants de deux pays alliés se détériorent. Un article paru dans le *Time* de novembre 1945, « The Wrong Ambassadors », jette un pavé dans la mare et lève le voile sur une réalité insoup-

---

1 La question était de savoir si on pouvait condamner à mort un intellectuel pour ses idées, même fascistes.

2 Plus de 2000 exécutions seront commuées, le reste des condamnations ayant été prononcées par contumace (c'est-à-dire sans la présence de l'accusé).

3 Ils ne pouvaient pas non plus occuper de postes à responsabilité.

Fig. 18.3 : Anonyme. *Des soldats américains regardent le drapeau tricolore flottant de nouveau sur la tour Eiffel.* 1944.

çonnée : des exactions sont commises par les G.I. sur les civils français et de véritables batailles de rue opposent ces derniers aux forces de police, au point que la population ressent leur présence comme une nouvelle occupation. Dix mille G.I. vont déserter et répandre la terreur sur le territoire. On recense 3500 viols jusqu'à la fin de 1945, crime puni de pendaison par les tribunaux militaires américains rapidement constitués. Malgré les sentences exemplaires, ces crimes empoisonnent un peu plus les relations déjà tendues entre les états-majors alliés, accélérant le départ des troupes américaines, en février 1946 (1945 : France année zéro).

L'Allemagne et Berlin divisées en quatre

§ 181.d Au cours de la dernière phase du conflit mondial, tous les pays que les forces occidentales ou les troupes soviétiques libéraient chacune de leur côté, alors qu'elles convergeaient vers Berlin, ont basculé sous leur autorité res-

Fig. 18.4 : German Federal Archives. *Soldats soviétiques plantant le drapeau soviétique sur le balcon de l'hôtel Adlon, après la bataille de Berlin.* 1945.

pective. Des négociations ont eu lieu à Londres en septembre 1944 pour partager l'Allemagne en quatre zones d'influence, réparties entre les Américains, les Russes, les Anglais et les Français. Un découpage similaire est adopté pour Berlin, bien que la capitale allemande soit géographiquement localisée dans la portion soviétique. À la conférence de Yalta, ces accords sont entérinés et un couloir aérien est créé au-dessus de l'Allemagne de l'Est, afin de permettre la liaison des territoires alliés à leurs zones d'occupation berlinoises respectives (Berstein, et al. 281). Cependant, dès le commencement de cette tutelle internationale, l'URSS est accusée par les pays alliés de vouloir imposer son modèle politique dans la portion d'Allemagne qu'elle occupe, contrairement aux engagements pris par chacune des nations victorieuses de laisser les pays libérés choisir leur type de gouvernement. À Fulton, le 5 mars 1946, Churchill fustige la menace que constitue l'expansionnisme communiste pour la paix mondiale, dénonçant l'existence d'un « rideau de fer » (Churchill). Le ton monte : les États-Unis et l'URSS s'accusent mutuellement de tisser des liens contraignants avec les pays

tombés dans leur sphère d'influence. Alors que les Soviétiques soutiennent la formation des partis de gauche des pays qu'ils ont libérés et leur adhésion au Kominform, organe succédant au Kominterm, le gouvernement américain souhaite mettre en place un plan d'aide financière destiné à tous les « peuples qui résistent aux tentatives d'asservissement venant de minorités armées ou de pressions extérieures », comme en Grèce ou en Turquie. Il prétend qu'en les aidant à faire redémarrer leur économie, il leur permet d'échapper à l'influence néfaste du totalitarisme stalinien (Truman). Cet engagement politico-financier se nomme le plan Marshall.

Blocus de Berlin : début de la Guerre Froide

§ 181.e Au printemps 1948, les trois zones américaine, anglaise et française sont réunies, alors que l'URSS se retire de l'organe chargé de gérer et de superviser la réorientation politique et économique de l'Allemagne, le Conseil de contrôle allié. L'introduction d'une nouvelle monnaie dans la zone allemande occidentale est interprétée comme un acte d'agression par Moscou. En réponse, le gouvernement soviétique restreint l'accès terrestre à Berlin, jusqu'à instaurer un véritable blocus en juin 1948, qui empêche le ravitaillement de la partie ouest de la ville, condamnant sa population à mourir de faim. La réplique des démocraties consiste à organiser un second pont aérien au-dessus de la zone soviétique, entre Berlin et la trizone, permettant l'approvisionnement des Berlinois tout en tenant tête au régime stalinien[4]. En avril 1949, la création de l'Organisation du Traité de l'Atlantique Nord (OTAN) renforce la position des pays alliés et un accord est finalement trouvé avec l'URSS le mois suivant, mettant fin au blocus. En mai 1949, une nouvelle constitution naît en Allemagne de l'Ouest, qui devient la République fédérale allemande (RFA), tandis que les Soviétiques créent la République démocratique allemande (RDA) en octobre. Dans la nuit du 12 au 13 août 1961, un mur est construit par les soviétiques au centre de Berlin, afin de mettre un terme à l'exode toujours plus important des Berlinois de l'est vers la partie occidentale. Ce mur, symbole de la Guerre Froide qui désormais oppose le bloc de l'Ouest, regroupant les pays signataires de l'OTAN, et celui de l'Est, rassemblant les pays membres du traité de Varsovie, ne sera détruit qu'en 1989.

2. La France schizophrénique

Le désarmement des milices communistes

§ 182.a En octobre 1944, au lendemain de la Libération, les communistes des milices patriotiques françaises constituent une force conséquente susceptible de déclencher une insurrection, afin d'instaurer une dictature sur l'ensemble du pays. L'ordre de désarmement, donné par le gouvernement provisoire de la République française, n'est suivi ni par le Conseil national de la Résistance, ni par le Parti communiste français (P.C.F.). Toutefois, le général de Gaulle ayant accédé à la demande de Moscou d'accorder sa grâce au secrétaire général du P.C.F. en exil[5], Maurice Thorez, les tensions s'apaisent. Rentré en France, le chef populaire des communistes use de son pouvoir pour appuyer le démantèlement des milices, qui sont reconverties en compagnies républicaines de sécurité (C.R.S.), et dont la mission est désormais le maintien de l'ordre public[6] (Kaspi 465). Pour Staline, qui a rencontré de Gaulle à Moscou en novembre, il faut désormais songer à la reconstruction, l'heure de l'insurrection n'étant pas encore venue (1945: France, année zéro).

Fig. 18.5 : Anonyme. *Timbre russe à l'effigie de Maurice Thorez.* 1965.

Les élections du 21 octobre 1945

§ 182.b Comme les institutions de la Troisième République n'ont pas été capables de mener la guerre à bien, engendrant même le gouver-

---

4   Ce pont aérien durera 324 jours.

5   Maurice Thorez avait été condamné pour avoir déserté l'armée en 1939 et s'être exilé en URSS. Il n'en a pas moins été appelé "premier résistant du Parti communiste", la version officielle établissant qu'il serait resté en France jusqu'en 1943.

6   Notamment au cours des manifestations.

nement de Vichy, la question de leur maintien se pose dès la Libération. De Gaulle, chef du gouvernement provisoire, organise un référendum populaire destiné à décider si la prochaine assemblée parlementaire élue devra être constituante ou non : en d'autres termes, il demande aux Français s'ils souhaitent une nouvelle constitution. La seconde question qui leur est posée concerne la limitation des pouvoirs de l'Assemblée, celle du régime précédent n'ayant pas été capable de donner une majorité suffisante au gouvernement exécutif pour agir avant et pendant le conflit mondial. Les Français répondent « oui » aux deux questions. Le même jour, l'élection de la nouvelle Assemblée a lieu, donnant une majorité conséquente au Parti communiste français (PCF), largement représenté dans la Résistance, au Mouvement républicain populaire (MRP), mouvement anticapitaliste qui a lui aussi compté de nombreux défenseurs de la République, et à la Section française de l'Internationale ouvrière (SFIO). Malgré les fortes divergences idéologiques qui séparent ces trois partis majoritaires, ils formeront une coalition entre 1946 et 1947, appelée le « tripartisme ».

§ 182.c De Gaulle est élu chef du gouvernement par la nouvelle Assemblée et choisit ses collaborateurs. Cependant, méfiant envers les communistes qui possèdent la majorité des voix, il ne leur octroie que cinq portefeuilles de ministre et refuse de leur confier les Affaires étrangères et la Défense nationale. Il souhaite également une constitution donnant un pouvoir fort au président de la République, ainsi que deux chambres parlementaires, au contraire des communistes et des socialistes qui veulent un régime monocaméral, essentiellement pour limiter les pouvoirs de l'exécutif et réduire les dépenses militaires. Cherchant à forcer la main de ces partis concurrents, de Gaulle tente un coup de bluff en soumettant sa démission du gouvernement le 20 janvier 1946, dénonçant publiquement la dictature des partis. Cette manœuvre politique n'a pas l'effet escompté : le général n'est pas rappelé et le

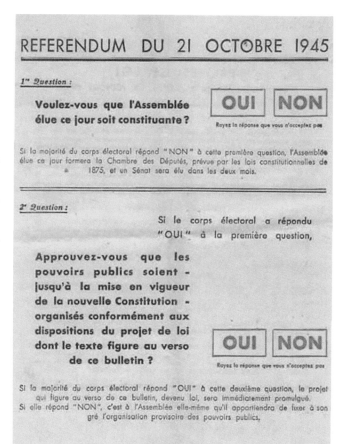

Fig. 18.6 : Anonyme. *Bulletin du référendum de 1945*. 1945.

projet de la gauche, très proche des fondations de la Constitution de la Troisième République, est soumis par référendum à l'approbation des Français. Mais il est rejeté, entraînant la dissolution de l'Assemblée constituante : en effet, la crainte d'un seul parti dominateur à l'Assemblée fait craindre le même type de gouvernement autoritaire qu'en URSS. De nouvelles élections législatives sont donc organisées.

Proclamation de la Quatrième République

§ 182.d Les élections de juin 1946 confirment les résultats de 1945. Le nouveau projet constitutionnel apporte peu de modifications au premier, si ce n'est l'adoption d'un parlement bicaméral et la dévolution de pouvoirs militaires au président de la République. Malgré cela, les pouvoirs du chef de l'État restent honorifiques, car l'essentiel des décisions de l'exécutif sont prises par le président du Conseil. Ce deuxième projet de constitution, fermement condamné par de Gaulle, est soumis à l'approbation des Français par les urnes et adopté par une courte

Fig. 18.7 : National Archives USA. *La gare et la ville de Saint-Lô détruite.* Été 1944.

majorité d'entre eux. La Quatrième République est donc proclamée le 27 octobre 1946. En janvier 1947, le socialiste Vincent Auriol, qui est élu à la présidence de la République, nomme son comparse Paul Ramadier pour former un gouvernement de coalition qui reflète les différentes tendances du tripartisme.

L'éviction des communistes et l'application du plan Marshall

§ 182.e Après la Seconde Guerre mondiale, plus d'une dizaine de grandes villes françaises sont quasiment détruites et de nombreuses autres le sont partiellement. Trois fois plus de départements que pendant la Première Guerre mondiale ont été touchés, les ressources du pays ont été pillées par les nazis, les infrastructures sont dévastées et les productions industrielle et agricole ont chuté. L'après-guerre plonge le pays dans une crise économique plus profonde encore que pendant les années d'occupation, obligeant le gouvernement à maintenir le rationnement alimentaire[7]. Cette situation n'est pas acceptable pour les partis

d'extrême gauche, qui disposent d'un levier considérable pour faire pression sur le gouvernement. En effet, à partir du 25 avril 1947, une série de grèves, initiée par la Confédération générale du travail (CGT), l'Union communiste et des membres du Parti communiste internationaliste (PCI), paralyse le pays. Si les revendications sont essentiellement tournées vers une augmentation des salaires, le conflit entre les grévistes et le gouvernement naît également sur fond de Guerre Froide, alors que les communistes s'opposent à toute tentative de domination impérialiste par le plan Marshall (Kaufer 32).

§ 182.f Si les États-Unis sont disposés à accorder leur soutien financier à la France pour sa reconstruction, ils voient d'un mauvais œil les contestations sociales provoquées par les mouvements de gauche sur le point de déclencher une véritable guerre civile. Craignant que l'aide financière américaine n'échappe à la France, le gouvernement Ramadier cherche un prétexte pour écarter les communistes du pouvoir : ces derniers le lui fournissent en votant contre une

_____
7 Il sera maintenu jusqu'en 1949.

proposition de l'exécutif visant à redresser l'économie[8]. L'exclusion du PCF entraîne la fin du tripartisme et une recrudescence des mouvements insurrectionnels, qui deviennent de plus en plus violents. Dans la nuit du 2 au 3 décembre 1947, des militants de la CGT sabotent les rails d'une liaison Paris-Tourcoing transportant des CRS, venus en renfort pour contrôler les grèves. Le déraillement du convoi entraîne la mort de 16 personnes et une cinquantaine de blessés (Ibid.). L'occasion est trop belle pour le gouvernement de négocier l'étouffement de l'affaire en échange de la reprise de l'activité : la grève est cassée et le travail reprend. À la suite de l'éviction des communistes et du retour de la paix civile, un prêt de 2629 milliards de dollars est octroyé par les Américains à la France, dont le versement est échelonné entre avril 1948 et janvier 1952. D'autres grèves moins conséquentes surviennent, mais elles sont vite étouffées par le gouvernement qui menace, cette fois, de faire appel aux réservistes de l'armée. Parallèlement, le gouvernement américain finance un nouveau syndicat de gauche, Force Ouvrière (FO), dont les membres ont quitté la CGT pour fonder leur propre mouvement de défense des droits des salariés. Cette dissidence syndicale affaiblit considérablement la première fédération prolétarienne française.

L'unification franco-allemande et le « régime des partis »

§ 182.g Si les tendances anti-communistes étaient évidentes chez de Gaulle, l'opposition de ce dernier à la politique américaine n'en était pas moins virulente. Après son éviction du gouvernement, il crée un nouveau parti politique, le Rassemblement du peuple français (RPF), destiné à dépasser le clivage gauche-droite qui divise le paysage politique entre communistes et partisans du libéralisme pro-américain. Dès octobre

---

8 Il s'agissait d'une mesure déflationniste destinée à diminuer la masse de monnaie en circulation pour limiter l'inflation. Le PCF a voté contre cette politique qui avait pour conséquence de diminuer le pouvoir d'achat des plus modestes, déjà très affectés par la situation économique du pays.

Fig. 18.8 : Jlogan. *Pays fondateurs et membres de la Communauté Européenne du Charbon et de l'Acier, fondée en 1951.* 2007.

1947, son parti parvient à remporter 40 pour cent des suffrages. La réplique du gouvernement prend la forme d'une nouvelle coalition, s'étendant de la SFIO à la droite modérée, la Troisième Force. Celle-ci, qui durera jusqu'en 1951, assure une certaine stabilité politique et institutionnelle à la Quatrième République française. En effet, les premiers résultats bénéfiques du plan Marshall et l'adhésion du gouvernement de la Troisième Force à un certain nombre d'accords internationaux financiers et militaires, comme ceux de Bretton Woods et l'OTAN, permettent à la France de se reconstruire et de retrouver une place prépondérante à l'échelle internationale. En mai 1950, Jean Monnet, ministre des Affaires étrangères, propose de mettre en commun les ressources minières de l'Allemagne et de la France pour fonder, en avril 1951, la Communauté Européenne du Charbon et de l'Acier (CECA), une première étape dans la fondation de l'Union Européenne actuelle. Dans la même logique de rapprochement franco-germanique et pour lutter contre l'influence du bloc de l'Est, le président du Conseil, René Pleven, suggère de constituer une armée composée de troupes

Fig. 18.9 : Charles01. *Simca Vedette Chambord*. 1987. L'un des modèles phares du constructeur Simca dans les années 60.

européennes, incluant des soldats allemands. Sa proposition est rejetée[9].

§ 182.h En effet, de telles perspectives réveillent inévitablement le spectre du IIIᵉ Reich, de la Première Guerre mondiale et du conflit franco-prussien, aussi bien chez les communistes que chez les gaullistes. Pour ces derniers, la souveraineté française est dissoute dans le bloc de l'Ouest, ce qui est aussi inacceptable que de tomber sous le joug de l'URSS. Le gaullisme se présente donc aussi comme une troisième voie diplomatique. Les fortes oppositions idéologiques qui partagent la classe politique durant la période de la reconstruction conduisent la France à une nouvelle crise institutionnelle au cours de la deuxième législature (1951-1955) : cette période est marquée par une forte instabilité des gouvernements qui ne restent guère en place plus de six mois. Cette versatilité de l'exécutif, résultat des rivalités politiques, c'est ce que de Gaulle appelle « le régime des partis » et qu'il dénonce, se référant aux errements de la Troisième République. Le gouvernement, qui réunit les représentants de partis politiques en contestation perpétuelle,

est l'otage des parlementaires, ceux-ci pouvant le mettre en minorité. Cette situation ralentit les prises de décision et leur maintien dans la durée.

Les Trente Glorieuses

§ 182.i Malgré tout, la France se reconstruit rapidement. Entre 1947 et 1973, l'économie française fait un bond prodigieux en avant, avec un taux de croissance de 6% et un quintuplement de l'activité industrielle, entre 1946 et 1966 (Fourastié). Différentes causes sont imputables à ce développement spectaculaire, appelé *a posteriori* « les Trente Glorieuses » par l'économiste Jean Fourastié[10]. Si le plan Marshall, dont la France est la seconde bénéficiaire[11], est indéniablement ce qui lui permet de se redresser économiquement, la fin de l'empire colonial pousse également le pays à rechercher de nouveaux marchés en étant moins protectionniste, à s'ouvrir à d'autres secteurs d'activité comme les technologies de pointe et à entrer pleinement dans le libéralisme économique. L'augmentation de la population n'est pas non plus étrangère à cette expansion : les « baby-boom » des années 40 et 50, le retour

---

9 Ce problème sera réglé par Pierre Mendès-France, qui permettra l'intégration de l'Allemagne de l'Ouest dans l'OTAN en 1954.

10 L'expression date de 1979, soit quelques années après le premier choc pétrolier.

11 Elle reçoit un cinquième du total de la somme allouée à l'Europe.

Fig. 18.10 : Anonyme. *L'usine Renault au début du XXᵉ siècle*. Circa 1900. En 1944, cette entreprise, longtemps exemplaire aux yeux des Français, est nationalisée sans compensation, pour motif de collaboration avec l'ennemi.

des colons et l'afflux de la main-d'œuvre en provenance des pays anciennement colonisés font passer la population de 40 à 47 millions d'habitants en moins de 20 ans, augmentant considérablement les sources de financement de l'État grâce à l'impôt. Enfin, le système de planification économique mis en place par Jean Monnet et la modernisation des infrastructures, ainsi que celle des équipements de production, amènent l'État à dépenser dans les secteurs clés qu'il a massivement nationalisés[12]. Par conséquent, il devient le premier investisseur national, recrutant un nombre important de fonctionnaires, à l'exemple de ce que fit le gouvernement américain Roosevelt, quand il lança sa politique du New Deal, après la crise de 1929.

§ 182.j Les premiers résultats de cette politique de planification se font sentir en 1949, alors que la hausse des salaires est supérieure à l'inflation,

bien que celle-ci reste assez élevée. Le gouvernement centre-droit d'Antoine Pinay essaie d'enrayer la hausse des prix en 1951, en limitant les investissements publics, mais celle-ci semble bien être devenue structurelle, avec l'entrée de la France dans l'économie de marché[13]. De nos jours, chaque famille politique a sa propre interprétation de ce que fut cette période exceptionnelle, au cours de laquelle le plein emploi a été atteint, l'industrie et la modernisation du pays étaient en plein essor et la balance des paiements excédentaires, en dépit d'une inflation récurrente : si les libéraux[14] y voit une conséquence plus ou moins mécanique des marchés en expansion, les sociaux-démocrates[15] considèrent qu'elle est le fait du rôle régulateur de l'État, lequel a partiel-

---

12 Notamment : l'entreprise Renault, les quatre plus grandes banques privées, les compagnies d'électricité et de gaz, les compagnies aériennes et les entreprises d'extraction de charbon.

13 L'octroi de crédit aux particuliers entraîne naturellement une hausse de la demande des biens de consommation, et donc de l'inflation (Eyquem).

14 Essentiellement représentés aujourd'hui par le parti "les Républicains".

15 Actuellement présents au sein du Mouvement pour la Démocratie (MoDem) et d'une partie des membres du Parti socialiste.

lement redistribué les richesses pour permettre aux ménages de consommer. Quant aux idéologies d'extrême-gauche, elles considèrent que les Trente Glorieuses sont le fait d'une période au cours de laquelle la paix sociale a fait l'objet d'un consensus entre les travailleurs des pays développés et les classes oligarchiques, ces dernières cédant suffisamment de leur richesse pour calmer les revendications sociales, sans pour autant procéder à un partage équitable. Toutes ces explications alimentent encore le débat politique, la période de croissance d'après-guerre, ainsi que la récession qui a suivi, faisant toujours l'objet de supputations de la part des économistes.

§ 182.k En revanche, les conséquences démographiques et sociales des Trente Glorieuses sont mieux connues. L'agriculture devenant plus moderne, les campagnes se paupérisent. Les villes grossissent soudainement, provoquant une forte demande dans le secteur de la construction immobilière, l'un des moteurs de l'économie, lequel, pour faire face à la demande, doit recruter massivement. La politique française jusque dans les années 70 consistera à faire venir de la main-d'œuvre des pays d'Afrique anciennement colonisés pour suppléer le manque préoccupant de travailleurs. Parallèlement, une nouvelle catégorie socio-professionnelle apparaît, les « cols blancs », qui travaillent dans le secteur tertiaire en plein développement et qui constituent une nouvelle classe moyenne. Les artisans, quant à eux, disparaissent peu à peu, victimes collatérales de la mécanisation.

Une nouvelle place pour les femmes ?

§ 182.l Doublement sollicitées par leur rôle traditionnel de mère de famille et par la nouvelle place qu'elles occupent dans la société, en ayant les mêmes droits civiques que les hommes, les femmes ne sont pas pour autant complètement

Fig. 18.11 : Dong'ao, Liu. *Simone de Beauvoir et Jean-Paul Sartre, à Pékin*. 1955.

libérées des préjugés et des inégalités. Les objectifs démographiques du gouvernement au lendemain de la Seconde Guerre mondiale font qu'elles sont encouragées à rester au foyer, comme pendant la période de Vichy. Dans les faits, elles sont exclues de la vie politique et des postes clés des administrations. Elles constituent d'ailleurs des cibles commerciales de choix pour les distributeurs des nouvelles technologies domestiques, qui glorifient leur rôle de ménagères dans la publicité, tout en normalisant l'idée que la place de la femme est à la maison. Toutefois, au milieu des années 50, sous l'impulsion de Simone de Beauvoir, d'Hélène Cuenat ou de Coco Chanel, de plus en plus de femmes quittent la campagne, font des études ou deviennent indépendantes.

3. Les débuts de la décolonisation

Retour sur l'histoire de la colonisation

§ 183.a Il a existé deux périodes de la colonisation française dans le monde : du XVIe au début du XVIIIe siècle, puis à partir de la seconde moitié du XIXe siècle. Entre ces deux époques, le premier empire colonial français a rétréci, suite à la

L'après-guerre : la IVe République

Fig. 18.12 : Anonyme. *Séjour d'un cartographe militaire français en Indochine. "Un voisin utile, chargé de l'entretien des pavillons des officiers [...]"*. L'un des nombreux visages de la colonisation en Indochine. 1896-1900.

Guerre de Sept Ans opposant la France et l'Angleterre[16], à la vente de la Louisiane par Napoléon et à la révolte d'Haïti, menant à son indépendance en 1804. À partir de 1830, l'expédition punitive d'Alger ordonnée par Charles X, destinée à venger l'affront fait à l'ambassadeur de France par le dey d'Alger (Esquer), constitue le premier acte non planifié d'une nouvelle colonisation. Celle-ci va non seulement s'étendre à l'Algérie toute entière, jusqu'en 1847, mais également concerner de nombreux autres pays d'Afrique et d'Asie, avec une politique de peuplement des pays conquis. Ce sont les gouvernements successifs de la Troisième République qui orchestrent ces invasions, mettant en place différents types de domination, allant du protectorat à l'intégration des pays vaincus à son vaste empire. Cette conquête, voulue essentiellement par les républicains démocrates, est légitimée par la nécessité de « civiliser les peuples inférieurs » (Ferry)[17]. Mais cette idée, vite contredite par George Clémenceau, est surtout

16 À ce sujet, voir § 93.c et suivants.

17 À ce sujet, voir § 143.h.

180

soutenue par les gouvernants pour des motifs économiques, dans un contexte de compétition des puissances européennes l'une contre l'autre (Colonisation et décolonisation : le cas français).

La révolte des « indigènes »

§ 183.b La justification démagogique de l'expansion coloniale trouve un écho favorable chez des Français nationalistes, peu regardant sur ce qui se déroule en dehors du territoire métropolitain. Si le terme d'« indigène » n'a initialement pas de connotation particulière, la déconsidération bien réelle des colons pour les autochtones lui confère bientôt une signification péjorative. Sous la Troisième République, un « code de l'indigénat » voit le jour, qui relègue les habitants originels des colonies à un rang subalterne, car ils ne bénéficient pas des mêmes droits que les citoyens français. Pire, bien que l'esclavagisme ait disparu, les indigènes doivent se soumettre au travail forcé, lequel va devenir une des caractéristiques essentielles de la présence française dans les territoires colonisés, menant à la révolte de ses habitants (M'Bokolo). Mais la défaite de la France en 1940 remplit le monde de stupeur. Elle va également convaincre les colonisés qu'ils peuvent reconquérir leur indépendance. À peine la Seconde Guerre mondiale est-elle terminée que les premiers foyers de révolte s'allument dans les territoires de l'empire colonial français.

L'Union française

§ 183.c Pour de Gaulle, qui a combattu le fascisme et le nazisme avec l'aide des pays rattachés à l'empire colonial, ce dernier constitue une preuve manifeste de la grandeur française. Il n'est pas le seul à penser ainsi : la SFIO s'inscrit dans la tradition des politiciens de la Troisième République en considérant que la France a un devoir de civilisation vis-à-vis d'autres nations jugées inférieures (Manuela). Mais ces deux visions ne tiennent pas compte de la nouvelle donne politique mondiale, notamment de l'influence grandissante des deux superpuissances à l'ouest et à l'est. Seuls les communistes, hostiles à l'impérialisme capitaliste, souhaitent une relation de la France avec les pays colonisés semblable à celle qu'ils croient que l'URSS entretiendra avec les pays qu'elle a libérés. De Gaulle, comprenant que le maintien de l'empire colonial est en contradiction avec les motifs qui ont présidé à la libération de la France, substitue le système de l'Union française aux gouvernements coloniaux qui exerçaient leur emprise sur l'ensemble des départements, territoires d'outre-mer et pays associés (sous mandat[18] ou protectorat[19]). Si les nouveaux statuts constitutionnels de la Quatrième République, qui définissent également l'Union française, garantissent formellement la fin de l'indigénat et l'autodétermination des pays colonisés, il n'existe concrètement ni égalité électorale entre les citoyens français et les autochtones, ni véritable pouvoir législatif (Lampué). L'occasion d'établir des relations mutuellement réciproques entre pays partenaires a de nouveau été manquée.

18 Territoires ou pays sous domination allemande jusqu'à la fin de la Première Guerre mondiale et confiés à la tutelle des puissances européennes victorieuses.

19 En apparence, les pays sous protectorat conservent leurs statuts institutionnels. Seules les gestions de leurs ressources et de leur armée étant sous la sujétion d'un pays dominateur.

Fig. 18.13 : Agence Meurisse. *Congrès communiste de Marseille : Nguyen Aïn Nuä'C* [Hồ Chí Minh]*, délégué indochinois.* 1921.

La guerre d'Indochine

§ 183.d Le 2 septembre 1945, les Japonais signent leur reddition. Le même jour, les activistes communistes menés par Hồ Chí Minh déclarent l'indépendance du Viêtnam, qui fait partie de l'Indochine française, avec le Laos et le Cambodge. En mars 1946, alors que les troupes françaises sont retournées dans la partie ouest de l'Indochine, des accords sont signés entre Hồ Chí Minh et l'amiral d'Argenlieu, émissaire du gouvernement français. Celui-ci reconnaît l'indépendance du Viêtnam pourvu que ce pays soit intégré à l'Union française. Les troupes coloniales peuvent donc débarquer pacifiquement dans le nord du Viêtnam, à Haiphong, pendant qu'Hồ Chí Minh entame des négociations à Paris avec le GPRF, jusqu'au 14 septembre. Toutefois, le 10 septembre 1946, les Français reprennent

Fig. 18.14 : AP-Photo. *Vue générale de la session plénière au palais des Nations, à Genève, le 21 juillet 1954, après la signature des accords d'armistice.* 1954.

le service des douanes à Haiphong, sans consultation du nouveau gouvernement vietnamien, lequel s'oppose vigoureusement aux contrôles qui y sont effectués. Voulant saisir cette opportunité pour reprendre l'avantage au Viêtnam, l'armée française ordonne le bombardement d'Haiphong depuis la mer, entraînant la mort de 6000 civils (Devilliers 179).

§ 183.e Dès lors, la voie diplomatique n'est plus possible : la guerre d'Indochine débute et elle va durer huit ans, décrite par Hồ Chí Minh comme « le combat du tigre et de l'éléphant », c'est-à-dire comme une guerre de harcèlement au cours de laquelle les troupes françaises, situées principalement dans les villes, subissent la guérilla de troupes vietnamiennes déjà bien aguerries (Viêtnam, la première guerre : le tigre et l'éléphant). La France, d'abord motivée par le désir de conserver intacts les bénéfices de son empire colonial, s'obstine ensuite dans ce conflit illégitime, car elle reçoit le soutien financier des États-Unis : ces derniers, farouchement anticoloniaux, privilégient néanmoins la lutte contre le commu-

nisme. La sanglante bataille de Diên Biên Phu, en 1954, met un terme à la présence française : le conflit désintéresse la population métropolitaine, l'instabilité politique de la France rend le gouvernement incapable de gérer cette situation et des voix s'élèvent déjà contre la colonisation, comme celle de Jean-Paul Sartre ou de Pierre Mendès-France. Une fois chef du gouvernement, ce dernier met fin au conflit franco-vietnamien avec la signature d'un armistice qui coupe le Viêtnam en deux, à la hauteur du 17e parallèle, prévoyant la réunification de la République démocratique du Viêtnam, au nord, et de l'État du Viêtnam, au sud, en 1956, après l'organisation d'un référendum. Toutefois, n'ayant pas signé cet accord et cherchant à placer un gouvernement fantoche à la tête du pays, les États-Unis relancent les hostilités. La seconde guerre du Viêtnam, qui durera jusqu'en 1975, a pour objectif d'arrêter la progression du communisme, c'est-à-dire de supprimer la menace qu'il représente pour la mise en place d'une économie de marché dans la région (Chomsky, « The meaning of Vietnam »).

Le temps du renoncement

§ 183.f D'autres foyers de révolte contre la colonisation française s'allument un peu partout dans le monde : c'est bientôt le cas de Madagascar (1947), de la Tunisie (1952), du Maroc (1953) et de l'Algérie (1954). Le passage de ces pays à l'autonomie ne se déroule pas dans les mêmes conditions : alors que l'indépendance est rapidement concédée aux Marocains et aux Tunisiens, il n'en sera pas de même pour les Malgaches qui devront attendre jusqu'en 1960, ou des Algériens, forcés à mener une guerre aussi longue et aussi meurtrière que celle du Viêtnam. Paradoxalement, ce peuple, le premier à être colonisé durant l'expansion colonialiste du XIXe siècle, sera aussi le dernier à accéder à l'indépendance. Cette lente transition conduira d'ailleurs les Français à mettre un terme à la Quatrième République.

4. La fin de la Quatrième République

Fig. 18.15 : Detroit Publishing Co. *Alger. Scène à l'arrivée d'un steamer.* 1899.

L'Algérie, terre française « inaliénable »

§ 184.a Le territoire algérien, rattaché à la France avant la Savoie, est géographiquement proche de la métropole et est administré comme les autres départements français. Pour la classe politique française, il s'agit donc d'une simple extension de l'Hexagone, au même titre que la Corse. Toutefois, en 1944, conscient du rôle que les colonies ont joué dans la Libération et de la montée des nationalismes, le Comité français de libération nationale (CFLN) organise la conférence de Brazzaville pour dé-

Fig. 18.16 : Anonyme. *La manifestation nationaliste du 8 mai 1945 à Sétif*. 1945.

battre de l'avenir de l'empire colonial. Mais même pour les membres du CFLN qui ont activement pris part à la libération de la France, la question de l'indépendance des colonies n'est pas à l'ordre du jour (Yacono 91). On y parle plutôt d'« assimilation », d'« accès progressif à la citoyenneté », d'« égalité politique et sociale » et surtout de la fin de l'indigénat et du travail forcé.

Le massacre du 8 mai 1945

§ 184.b Le 8 mai 1945, en célébration de la fin de la Seconde Guerre mondiale, des défilés sont organisés dans plusieurs villes d'Algérie. Voulant bénéficier d'une audience pour faire entendre leurs revendications, des membres des partis nationalistes algériens défilent dans les cortèges. À Sétif, l'un d'entre eux, un jeune homme, brandit le drapeau indépendantiste malgré son interdiction : il est tué par un policier. Les représailles de la population indigène, puis de l'armée française, entraînent la mort d'une centaine d'européens et de plusieurs milliers de musulmans. Cet événement est souvent rapporté par les historiens pour marquer le commencement des troubles en Algérie, bien

que la guerre d'indépendance n'ait réellement débuté qu'en 1954. Quoi qu'il en soit, il reflète bien le climat de ségrégations et de tension qui règne en Algérie à cette époque, lequel a mené à huit ans d'un conflit se soldant par un demi-million de morts, essentiellement des civils (Pervillé, *La guerre d'Algérie* : 115).

Citoyens français et non-citoyens

§ 184.c À l'après-guerre, la société algérienne compte 10 millions et demi d'habitants, dont un million de citoyens français, descendants des colons, appelés « pieds-noirs ». Le reste de la population est composé d'indigènes, qui ne bénéficient pas des mêmes droits électoraux que leurs compatriotes[20] et qui sont surtout plus pauvres : seuls cinq pour cent d'entre eux appartiennent aux classes les plus aisées (Lefeuvre 45). En 1947, suite à la conférence de Brazzaville, un nouveau statut juridique est donné à l'Algérie, qui semble prendre les nouvelles orientations de 1944 en considération, notamment en instituant une

---

20 En effet, le vote d'un électeur qui bénéficiait pleinement de la citoyenneté française valait neuf fois celui d'un musulman.

Assemblée algérienne. Mais celle-ci déçoit à la fois les citoyens français Algériens et les musulmans non-citoyens, les uns parce qu'ils refusent d'y voir siéger les autres, et ces derniers parce que le vote y est truqué. L'Algérie n'est pourtant pas le premier pays à réclamer un changement de statut et elle n'apporte aucune richesse à la métropole (Marseille), du moins jusqu'à ce que les premiers puits de pétrole n'y soient découverts, en juin 1956 (Taousson 251-256). La guerre d'indépendance naît donc essentiellement d'un conflit civil entre citoyens français nés en Algérie et musulmans non-citoyens, les uns refusant l'égalité civique aux autres.

Déclenchement de la guerre d'indépendance algérienne

§ 184.d Au cours de la période 1945-1954, plusieurs formations politiques indépendantistes algériennes apparaissent. Entre juillet et octobre 1954, les chefs de ces partis fondent le Front de libération nationale (FLN) et se résolvent à déclencher la révolution algérienne jusqu'à l'obtention de l'indépendance du pays. Ils se répartissent entre eux les cinq zones du territoire national à organiser politiquement et militairement, puis se préparent à lancer une offensive le 1er novembre, dont ils revendiqueront les destructions pour rendre publiques leurs velléités autonomistes. Une trentaine d'attentats ont lieu dans la nuit du 31 octobre au 1er novembre mais l'impact qu'ils ont sur l'opinion publique est mineur : les Français en ignorent encore la signification politique. Quelques jours plus tard, le ministre de l'Intérieur, François Mitterrand, est en visite à Alger : tout en rappelant l'appartenance définitive de l'Algérie à la France, il met le feu aux poudres en déclenchant une série d'arrestations contre des milliers de nationalistes innocents. En février 1955, la tentative ultime du président du Conseil Pierre Mendès France pour sauver la paix civile, en améliorant le sort des musulmans, se solde par la chute de son gouvernement : avec le député pied-noir René Mayeur, la France choisit la voie répressive de la proscription.

Fig. 18.17 : Ministère Algérien des Moudjahidine. *Les six chefs du FLN avant le déclenchement de la révolution du 1er nov. 1954.* 1954.

Le massacre des Constantinois (août 1955)

§ 184.e Lors de leurs premières concertations, les dirigeants du FLN s'étaient engagés à ne pas s'attaquer à la population civile. Toutefois, le mouvement indépendantiste s'essoufflant et ses chefs craignant que le découragement ne gagne le peuple, ils décident de déclencher une vague de répressions aveugles à l'encontre des civils européens et musulmans loyalistes. Cette résolution extrême a pour objectif de pousser le clan français à des représailles massives, interdisant toute réconciliation possible entre les deux camps (Courrière 176-182). L'insurrection, déclenchée à Philippeville par une centaine de soldats du FLN et des milliers de paysans en août 1955, fait un peu plus d'une centaine de morts du côté français. La répression de l'armée, mais aussi celle de milices constituées pour l'occasion par le préfet et le maire, est encore plus sauvage : les bombardements de hameaux, l'exécution des suspects, le

Fig. 18.18 : Anonyme. *Soldats français du commando de chasse du 4e régiment des Zouaves.* Circa 1960.

massacre de milliers de prisonniers à la mitrailleuse dans le stade municipal de la ville, dont les corps seront enterrés au bulldozer dans une fosse commune (Kaddache 53-54), fait entre 3000 et 5000 morts (Vétillard 22-24). Le but du FLN est atteint : désormais la peur, la haine et la méfiance règnent entre tous les Algériens, rendant impossible tout compromis pacifique. Parallèlement, des soldats du contingent, venus de métropole et d'Algérie, vont être appelés à grossir le rang de l'armée française déjà en opération : en 1959, les effectifs atteindront 750 000 hommes, s'opposant aux quelques dizaines de milliers de soldats révolutionnaires que comprennent le FLN et le Mouvement national algérien (MNA), au plus fort du conflit[21].

La « journée des tomates » (février 1956)

§ 184.f De nouvelles élections à la présidence du Conseil amènent le gauchiste Guy Mollet au pouvoir en 1956. Celui-ci souhaite mettre fin à une

guerre « imbécile et sans issue ». Son premier geste politique en direction de l'Algérie consiste à renvoyer son gouverneur général, l'ethnologue Jacques Soustelle, gaulliste pourtant en faveur de l'égalité des Français d'Algérie et des non-citoyens musulmans. Mais arrivé à Alger en février, pour se rendre compte de la situation par lui-même, il y est très mal accueilli par les citoyens qui le huent, lui lancent des projectiles et foulent au pied la gerbe de fleurs qu'il est venu déposer au monument aux Morts d'Alger. Les Français d'Algérie ne veulent pas du général Catroux, que Mollet vient de nommer gouverneur, le croyant aussi « libéral » que Soustelle. Bien vite, le président du Conseil le remplace par Robert Lacoste qui, dès sa nomination, initie une véritable politique belliqueuse, camouflée sous l'apparent désir de réconciliation du chef du gouvernement : « Cessez-le-feu, élections et négociations ». Mais Guy Mollet sait bien que la perspective d'élections truquées découragera le FLN de toute tentative de paix (Winock 20-22). Il annonce la venue d'un contingent d'un demi-million d'hommes,

---

21 Le journaliste Achour Cheurfi avance le chiffre maximal de 90 000 (1984 : 41).

donnant finalement raison à la population pied-noir. Peut-être anticipe-t-il aussi l'indépendance du Maroc et de la Tunisie un mois plus tard, deux pays qui vont devenir les bases d'approvisionnement et d'entraînement du FLN.

Automne 1956 : la crise de Suez et la capture des leaders du FLN

§ 184.g Le FLN, qui était isolé jusqu'alors, reçoit maintenant le soutien logistique et militaire du Maroc, de la Tunisie, de la Libye et de l'Égypte (Stora 272-274). Au fait de ces agissements, le gouvernement français décide de se joindre à l'initiative des Britanniques dans la guerre contre le colonel égyptien Nasser, qui a nationalisé le canal de Suez. Mais les deux armées doivent bientôt se retirer sous la pression des grandes puissances : d'abord, l'U.R.S.S. menace Paris et Londres de faire usage de l'arme nucléaire, puis les États-Unis exigent des Britanniques qu'ils retirent leurs troupes, sous peine de voir leur monnaie dévaluée. L'armée franco-britannique fait donc retraite, en novembre 1956. Peu auparavant, le détournement vers Alger d'un avion immatriculé en France, transportant les dirigeants du FLN, puis l'arrestation de ceux-ci, a permis de confirmer les soupçons d'accointance entre le gouvernement égyptien et la rébellion algérienne. À la suite de cet incident, les négociations secrètes entamées entre le gouvernement français et les indépendantistes sont rompues, entraînant l'intensification des hostilités.

La bataille d'Alger (1956-1957)

§ 184.h Avec l'aide matérielle fournie par les autres pays du Maghreb, le FLN décide de faire une démonstration spectaculaire de sa force militaire à Alger, la ville algérienne qui incarne le modèle colonial par excellence, avec son million d'habitants, dont une majorité est française. Dès juin 1956, une vague d'attentats déferle sur la ville, auxquels répondent parfois les actions contre-terroristes du même type, signées par des mouvements loyalistes, ce qui entraîne de sanglantes surenchères (Pervillé, « Terrorisme et répression s'affrontent dans Alger » : 50-53). Jusqu'à octobre 1957, 751 attentats du FLN contre les ci-

Fig. 18.19 : Ministère Algérien des Moudjahidine. *Le colonel Godard présente à la presse 33 explosifs récupérés lors d'une fouille dans la Casbah d'Alger, lors de l'opération de démantèlement du réseau bombes.* 1957.

vils plongeront la capitale dans la terreur (Pervillé, *La bataille d'Alger* : 98), obligeant le gouvernement français à une réaction d'envergure : le colonel Massu est envoyé à Alger où il décrète la loi martiale. Ses 10 000 hommes quadrillent la ville quartier par quartier, procèdent à des fouilles minutieuses et des interrogatoires et obligent la population à l'informer des actions du FLN. La redoutable efficacité de ce dispositif mène au démantèlement du « réseau bombes », responsable des attentats et d'une partie de l'organisation indépendantiste d'Alger. Toutefois, des crimes de guerre[22] ont été commis par les troupes françaises lors des interventions, provoquant la remise en question des méthodes utilisées. Des soldats, des fonctionnaires et des intellectuels demandent à être relevés de leurs fonctions et le conflit, appelé initialement une « opération de pacification », affecte durablement le crédit des gouvernements

---

22 Tortures, viols ou exécutions sommaires.

Fig. 18.20 : Anonyme. *Combattant du FLN tombé près d'une clôture électrifiée de l'une des lignes défensives de l'Est algérien.* Circa 1960.

successifs de la Quatrième République aux yeux des citoyens de la métropole et de l'opinion internationale.

L'encagement de l'Algérie et la bataille des frontières (1957-1958)

§ 184.i En 1957, l'approvisionnement en armes des troupes indépendantistes par la Tunisie et le Maroc constitue l'une des principales préoccupations de l'armée française présente en Algérie. La décision est prise de créer deux barrages infranchissables le long des frontières tunisienne et marocaine, la ligne Morice et la ligne Challe. Constituées d'une double rangée de clôtures électrifiées, d'un champ de mines cimentées et de piquets, ces défenses ralentissent considérablement le trafic des armes et occasionnent de nombreuses pertes chez les combattants du FLN. Menacés d'asphyxie, ces derniers ont recours au sabotage des installations et au creusement de tunnels, mais ils sont vite contrés par l'armée française qui, entre janvier et mai 1958, se positionne aux frontières pour défendre le dispositif et surtout pour stopper les *katibas*, c'est-à-dire les bataillons qui essaient de s'infiltrer. Des incidents frontaliers finissent bientôt par éclater entre la Tunisie et la France, notamment à Sakieh Sidi Youssef. En février, ce village est la cible des représailles de l'aviation française contre les attaques du FLN : 75 civils y meurent, dont une douzaine d'enfants d'une école primaire et des réfugiés de la Croix Rouge (Belkhodja). Si le bilan humain et matériel de la guerre des frontières met le FLN en mauvaise posture, le bombardement de Sakieh Sidi Youssef discrédite une nouvelle fois le gouvernement français et, surtout, en internationalisant le conflit, met le régime républicain en danger.

Le putsch d'Alger et la fin de la Quatrième République

§ 184.j En février 1958, l'opinion française est gravement choquée par les événements de Sakieh Sidi Youssef. Non seulement ce massacre rappelle les heures les plus sombres de la Seconde Guerre mondiale, mais il témoigne en plus d'un manque flagrant de communication et de coordination entre le gouvernement et l'armée française. En effet, celle-ci a apparemment très librement interprété les ordres de riposte qu'elle avait reçus à l'encontre des indépendantistes franchissant la frontière tunisienne (Cazenave 187-188). Le président tunisien Bourguiba, après avoir déposé une plainte auprès des Nations Unies, se décide à la retirer en échange d'une médiation portant sur la surveillance des frontières et le retrait des troupes françaises encore postées en Tunisie. Le président français, Félix Gaillard, soucieux de préserver l'image de la France à l'échelle internationale, accepte. Mais les négociations s'enlisent et il doit en appeler à un vote de confiance de la part des parlementaires. Le souvenir de Diên Biên Phu et de la crise de Suez étant encore dans les mémoires, les députés la lui refusent. Le gouvernement est renversé, laissant le poste de président du Conseil vacant (Ibid. 197-201).

§ **184.k** Le 13 mai 1958, profitant de cette crise ministérielle, Pierre Lagaillarde, futur leader de l'Organisation de l'armée secrète (OAS)[23] et officier parachutiste, s'empare de l'immeuble du gouvernement d'Alger. En soutien, l'armée française passe du côté de l'insurrection, notamment la 10ᵉ division parachutiste du général Massu. Celui-ci, se déclarant « Montagnard » comme le reste des putschistes, prend la tête d'un comité de salut public et fait savoir au président de la République René Coty qu'il souhaite la formation d'un « gouvernement de salut public » à Paris. À Alger, la place du Forum est pleine de citoyens Français et musulmans, fraternisant ensemble au nom de l'Algérie française. À Paris, une nouvelle formation ministérielle est rapidement constituée par Pierre Pflimlin (MRP) pour faire face à la crise du régime. Le nouveau président du Conseil entend instituer l'état d'urgence, d'autres voix se faisant même entendre en faveur de la répression des militaires insurgés[24].

---

23 L'OAS était une organisation paramilitaire et politique clandestine en faveur de l'Algérie française.

24 Ce sera le cas, par exemple, de François Mitterrand (Fargier).

Fig. 18.21 : Agence Meurisse. *René Coty, député*. 1929. En 1958, alors président de la République, il en appelle au général de Gaulle pour former un nouveau gouvernement.

Un coup d'État gaulliste ?

§ **184.l** Le 17 mai, le député Jacques Soustelle arrive à Alger où il est accueilli en héros par une population en délire. Ayant gaugé la situation, il prend contact avec le général de Gaulle, pourtant retraité dans sa ville de Colombey-les-Deux-Églises, pour lui signifier que « la voie est libre » (Le dernier bal de la Quatrième). Dans un discours diffusé à la télévision, René Coty essaie d'en appeler à l'unité nationale et au respect des lois républicaines, dénonçant à demi-mot les arrangements secrets entre de Gaulle et les putschistes. Mais même la police parisienne est favorable aux insurgés d'Alger. Le 19 mai, dans une conférence de presse télédiffusée, le général de Gaulle se déclare prêt à assumer « des pouvoirs exceptionnels » pour résoudre la crise. Quant aux putschistes, ils décident de synchroniser leur action avec le discours du général, dont la candidature reçoit un accueil très favorable auprès de la population d'Alger : ils prennent non seulement contact avec les gaullistes, mais aussi avec toutes les bases militaires de la métropole, pour s'assurer leur pleine coopération.

§ 184.m Face au danger d'une insurrection imminente, le gouvernement Pflimlin propose une réforme constitutionnelle en conformité avec les lois républicaines. Cette décision ne plaît toujours pas aux insurgés d'Alger : avec la complicité de la gendarmerie de Corse, de ses régiments et des comités de salut public qui ont nouvellement été créés dans toutes ses villes, l'île se soulève contre le gouvernement parisien. Pour autant, craignant le déclenchement de la guerre civile, Pflimlin refuse la proposition du ministre de l'Intérieur d'y envoyer un contingent pour rétablir l'ordre. La réforme constitutionnelle ayant été votée, il est même obligé de présenter sa démission, car il n'a pas obtenu la majorité politique de son parti. Devant la menace du putsch militaire qui, désormais, menace Paris, René Coty en appelle solennellement au général de Gaulle. Il lui cède la présidence d'un gouvernement provisoire, assortie des pleins pouvoirs, pour rétablir l'ordre et voter une nouvelle constitution, qui sera soumise à l'approbation populaire. Le 1er juin 1958, lors de la passation de pouvoir au général de Gaulle, c'en est fini de la Quatrième République.

5. Sciences, idéologies et expressions artistiques

Guerre, science et technologie

§ 185.a La course aux armements pour gagner la Seconde Guerre mondiale a obligé les nations en compétition à se surpasser dans le domaine des sciences et des technologies. L'après-guerre bénéficie de ces découvertes, désormais applicables à des domaines civils. À plus ou moins long terme, leur développement ou leur vulgarisation améliorent le quotidien des populations, favorisent la croissance économique et contribuent aux avancées scientifiques. Par exemple, c'est en récupérant les plans des missiles allemands V2 et en recrutant les scientifiques qui les ont conçus que les Américains, puis les Européens, peuvent développer leur programme spatial. Celui-ci permettra notamment le lancement de satellites de transmission et l'évolution des moyens de communication vers ce que nous connaissons aujourd'hui (Sparrow). En France, la fusée Véronique, développée à partir de 1948, servira de point de départ à l'aéronautique française et européenne (Huwart). Un autre exemple est la découverte de la fission nucléaire. Initialement appliquée à l'élaboration d'armes de destruction massive, elle comporte aussi une facette civilisatrice[25] : le

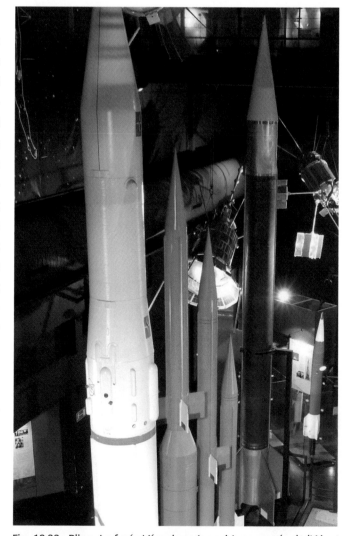

Fig. 18.22 : Pline. *La fusée Véronique (en gris), au musée de l'Air et de l'Espace.* 2009.

---

25 Cet aspect est de nos jours contesté par la mouvance écologiste.

Fig. 18.23 : Rowe, Abbie. *Le président John F. Kennedy attribuant la médaille d'or de la Société Nationale de Géographie à Jacques-Yves Cousteau.* 1961.

programme nucléaire civil est mis en place en France à partir de 1958 par la compagnie électrique nationalisée EDF. En 2012, l'électricité générée par les 22 centrales thermonucléaires se trouvant sur le sol de la métropole représente 75.8 pour cent de la production totale (M.E.D.E). D'autres domaines d'activité, comme celui des transports, bénéficient grandement de la spécialisation des équipements militaires. Dans les années 40-50, on transfère les capacités des avions de troupe ou de matériel dans l'aviation civile, qui peut désormais transporter plus de passagers ou accroître son réseau commercial. Enfin, la demande exponentielle de soins au cours de la Seconde Guerre mondiale a eu un impact important sur le développement de la médecine : la découverte de la pénicilline et de la transfusion sanguine, la généralisation de l'anesthésie et l'amélioration des transports d'urgence sont des innovations qui seront conservées par la suite. En France, après la guerre, l'évolution des soins médicaux se traduit aussi par une meilleure prévention, grâce aux vaccins devenus obligatoires, au commen-

cement des transplantations d'organes et à la recherche en génétique (Rey 385-386).

La découverte de la Terre

§ 185.b C'est peut-être par lassitude des conflits entre les hommes, pour oublier les destructions qu'ils ont occasionnées ou parce que certaines terres sont encore inconnues, que les expéditions scientifiques françaises parcourent le monde pour faire partager leurs études de la géologie, de la flore et de la faune. Au cours de la Seconde Guerre mondiale, le jeune océanographe Jacques-Yves Cousteau a gagné le prix du film documentaire pour son court-métrage *Par dix-huit mètres de fond*, dans lequel une chasse sous-marine sert de prétexte à la description des espèces aquatiques de la côte varoise (1943). C'est à partir de là qu'il démarre une carrière d'océanographe, permettant à des millions de Français de découvrir le monde sous-marin et de se sensibiliser au problème de l'environnement. D'autres aventuriers moins connus de nos jours du public international, tels Paul-Émile Victor, explorateur des régions polaires et ethnologue, Haroun Tazieff, vulcanologue, ou encore Maurice Herzog, aventurier qui gravit l'Annapurna, apportent leur contribution dans la vulgarisation des connaissances sur l'écosystème planétaire. Par la conjugaison de leur expérience et des médias télévisés nouvellement apparus, ils permettent aux populations françaises de faire un premier pas vers une pensée écologiste.

Entre littérature et culture populaire

§ 185.c Dans les années 40-50, comme au cours des « années folles », les Français sont en recherche de divertissements, alors même que la machine économique peine à repartir et que la majorité d'entre eux vivent dans le dénuement. Les traumatismes de la Seconde Guerre mondiale, qui a fait plus de 500 000 morts en France, parmi lesquels de nombreux civils, provoquent deux types de réaction. Tandis que certains cherchent l'oubli en se distrayant, d'autres tentent d'exorciser le passé ou d'anticiper les terribles perspectives de la Guerre Froide par un engagement total dans la création artistique, la réflexion littéraire ou la vie politique. Des approches telles que le courant existentialiste en philosophie, ou structuraliste dans les sciences humaines, sont des réponses apportées aux questions fondamentales que les intellectuels se posent au sujet de la place de l'être humain dans l'univers et de la nature de ce dernier.

La culture populaire

§ 185.d Rendre compte de l'ensemble des manifestations de la culture populaire de l'après-guerre constituerait un travail de longue haleine et on s'en tiendra ici à quelques exemples représentatifs. La télévision n'étant pas vulgarisée avant les années 50, la radio occupe une place de premier plan en tant que média de masse, avec une nouvelle station, Paris Inter, et la reconversion des émissions des anciennes stations radiophoniques étrangères : Radio Luxembourg, Radio Monte Carlo ou Radio Andorre. La chanson française est alors représentée par une nuée d'artistes qui ont en commun leur bonne humeur, abordant des thèmes légers ou frivoles, comme la plupart

Fig. 18.24 : Mieremet, Rob. *Jacques Brel à Baarn, aux Pays-Bas.* 1971. Bien qu'il soit belge, Brel a profondément marqué la chanson française par ses textes travaillés et son interprétation.

des chanteurs d'avant-guerre. Ce sont Luis Mariano, Tino Rossi, Maurice Chevalier, les Frères Jacques ou Charles Trenet. Toutefois, au début des années 50, la chanson à texte, dont les paroles font l'objet d'une attention particulière, naît avec des artistes comme Charles Aznavour, Gilbert Bécaud, Léo Ferré, Georges Brassens, Jacques Brel ou Jean Ferrat, influencés par les écrivains et les penseurs d'après-guerre. Dans un premier temps, le cinéma puise également son inspiration dans la littérature : le poète Jacques Prévert est le scénariste des *Enfants du paradis* (1945), Jean Cocteau s'inspire d'un conte pour réaliser *La Belle et la Bête* (1946) et des œuvres littéraires sont adaptées au cinéma, telles *La Symphonie pastorale* (1946), d'après le roman d'André Gide (1919), ou *Le Diable au corps*, écrit par Radiguet en 1923 et réalisé par Claude Autant-Lara, en 1947. Pour autant, ces œuvres sérieuses, lesquelles débattent de relations humaines complexes dans des contextes difficiles, font plus ou moins explicitement référence aux drames passés. Plus qu'un simple divertissement, elles sont donc aussi une façon d'exorciser les démons de la guerre ou de réfléchir aux problèmes présents, pour les réalisateurs comme pour le public.

« L'existence précède l'essence »

§ 185.e L'existentialisme est généralement cité comme le courant philosophique et littéraire prédominant au lendemain de la Seconde Guerre mondiale en France. Les questions qui concernent l'existence de l'homme, c'est-à-dire, pour résumer, celles qui ont rapport à sa nature et à la place qu'il occupe dans l'univers, ont pourtant été débattues bien avant cette période. Si l'existentialisme français est principalement représenté par Sartre, Merleau-Ponty, Malraux et Camus et, indirectement, par les dramaturges de l'absurde, sa genèse remonte à Pascal, en passant par Kierkegaard, Nietzsche et Heidegger, ce dernier étant considéré comme le véritable père de l'existentialisme. Toutefois, le sociologue français Lucien Goldmann estime que ce courant de pensée a été récurrent au XXᵉ siècle, resurgissant à chaque fois que la société capitaliste européenne s'est trouvée confrontée à une crise qui remettait en cause ses fondations mêmes : Première Guerre mondiale, crise économique des années 30, apparition des totalitarismes et Seconde Guerre mondiale (107-108).

§ 185.f La philosophie existentialiste est introduite en France par l'écrivain et philosophe Jean-Paul Sartre au lendemain de la guerre, dans sa revue *Les temps modernes*. Remettant en question l'existence d'un être transcendant dont tout procèderait a priori et qui, par conséquent, expliquerait l'origine de toute chose sur Terre, cette philosophie affirme au contraire que l'individu est incapable de trouver un sens à sa vie autrement qu'en se référant à sa propre expérience. Comme la subjectivité, c.-à-d. l'expérience intime, est la seule réponse qu'il est possible d'apporter aux questions qu'il se pose, il ne peut donc pas non plus se tourner vers le rationalisme cartésien ou la science, qui prônent

Fig. 18.25 : Munch, Edvard. *Le cri.* 1893. Une expression de l'existentialisme avant la lettre.

tous les deux l'objectivité. Toutefois, au contraire des objets inanimés créés par l'être humain, lesquels poursuivent un but prédéterminé, ou des animaux, programmés par leur instinct, l'individu doué de raison dispose d'une liberté de choix infinie. Celle-ci lui permet d'agir dans l'espace et dans le temps, donc d'évoluer, par le seul fait de sa volonté : « l'existence précède l'essence », dit alors Sartre, au contraire de ce qu'affirment les dogmes religieux, dont l'explication ontologique repose sur les cosmogonies, les légendes et le postulat selon lequel l'âme (l'essence) existe en l'être humain de toute éternité, transcendant son existence humaine. Dans la philosophie existentialiste, l'individu est condamné à être libre, devient pleinement responsable de lui-même et aussi de l'Histoire. Pour cette raison, il est de son devoir de choisir une forme d'engagement, par exemple politique, afin de modifier le cours des événements.

§ 185.g L'existentialisme ne s'est pas limité à une expression philosophique. Sartre en donne

193

lui-même plusieurs illustrations, d'abord dans son roman *La Nausée*, datant de 1938, puis au théâtre, comme par exemple dans *Huis Clos*, jouée pour la première fois en 1944. Un autre genre d'existentialisme est né avec l'écrivain Camus, bien que ce dernier s'en soit vivement défendu. Son roman *L'Étranger*, dans lequel le personnage agit avec indifférence sans vraiment se soucier des uns et des autres, exemplifie le sentiment de l'absurde existant chez l'individu, qui se sent étranger au reste du monde. Dans *Le mythe de Sisyphe*, Camus donne une explication à son roman et évoque, comme Sartre, la liberté d'action totale dévolue à l'homme confronté à l'absurdité du monde et menant à sa révolte. Dans la continuité de la réflexion existentialiste, le théâtre de l'absurde, essentiellement représenté par Eugène Ionesco et Samuel Beckett, renouvèle le genre tragique tout en plongeant le spectateur dans la perplexité : alors que *La cantatrice chauve* s'efforce de démontrer à la fois le caractère absurdement irréfléchi des relations humaines et de caricaturer les mécanismes artificiels de la représentation dramatique, *En attendant Godot* évoque la nature tragiquement ridicule de l'être humain, accroché à des désirs qu'il ne maîtrise pas et meublant le temps qui passe avec une parole dénuée de sens. Cette problématique récurrente de l'interprétation à donner aux choses et aux événements trouvera un écho dans une génération d'écrivains ultérieure, qui amorceront la déconstruction des éléments fondamentaux du roman[26].

Le structuralisme

§ 185.h Sans être le fruit d'une opposition délibérée aux positions adoptées par des personnalités comme Sartre ou Camus, ce qu'on a appelé le structuralisme n'en est pas moins un courant scientifique théorique qui s'oppose fondamentalement à la théorie existentialiste bien que, de la même façon, il s'interroge sur la place de l'être humain dans l'univers et sur la nature de ce dernier. Hérité du courant positiviste du XIXe

Fig. 18.26 : Jullien, F. *Le linguiste suisse Ferdinand de Saussure. Avant 1913.* Le père du structuralisme.

siècle, il a concerné un ensemble hétéroclite de sciences humaines : l'anthropologie[27], la sociologie[28], l'histoire[29], l'analyse littéraire[30], la psychanalyse[31] et même l'architecture[32], et a connu plusieurs cycles évolutifs entre 1920 et 1970. C'est toutefois la linguistique de Ferdinand de Saussure (1857-1913), puis celle des linguistes de l'école de Prague (Jakobson, Troubetskoï, Hjelmslev, etc.) qui constituent le coup d'envoi du mouvement, avec le *Cours de linguistique générale* et un manifeste du structuralisme, appelé *Travaux du cercle linguistique de Prague* (Cercle linguistique de Prague). Les principes généraux qui régissent l'étude de cette linguistique seront ensuite applicables à l'ensemble des autres sciences.

---

26 C'est ce qu'on a appelé le Nouveau roman. À ce sujet, voir chapitre suivant.

27 Claude Lévi-Strauss

28 Pierre Bourdieu

29 Jean-Pierre Vernant, Georges Dumézil

30 Roland Barthes, Gérard Genette, Michel Serres

31 Jacques Lacan

32 Herman Hertzberger

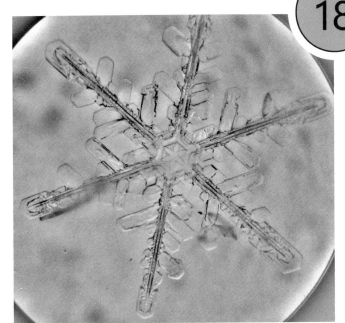

§ 185.i C'est la notion de système qui est au cœur de la théorie structuraliste, celle-ci arguant que toute entité, qu'elle soit discrète ou non, appartient à une structure où elle n'existe que par la relation d'interdépendance qui l'unit avec d'autres entités, de même nature ou non[33]. Ainsi peut-on élucider les raisons de la récurrence des événements en histoire ou celles de la hiérarchie sociale en anthropologie, de la même façon qu'on peut expliquer la nature de l'univers en faisant appel à la connaissance de la nature et de la relation des atomes entre eux. Toutefois, même si elle semble reposer sur des principes solides, l'approche structuraliste a souvent été critiquée pour son manque de scientificité : au lieu d'établir une hypothèse de départ sans a priori, à partir de phénomènes observés, elle présuppose que son modèle est universel et ne peut être remis en doute. Par ailleurs, comme l'a avancé Piaget, il n'existe pas de « structure sans construction ou abstraite ou génétique » (121), ce qui signifie qu'une théorie qui essaie de rendre compte du réel, aussi complète soit-elle, ne constitue qu'une élaboration de l'esprit, nécessairement lacunaire étant donné les carences scientifiques – tout

Fig. 18.27 : Michael. *Cliché d'un flocon de neige prise au microscope.* La structure inhérente aux flocons de neige prêche pour une explication structuraliste de l'univers. 2009.

n'ayant pas été découvert – et les limitations de la pensée. Quoi qu'il en soit, le structuralisme a joué un rôle prépondérant en France en modelant la recherche dans les sciences humaines. Il sera remis en cause par certains travaux du courant philosophique postmoderniste des années 60.

---

33 Ainsi en est-il des phonèmes d'une langue ou des éléments de son lexique.

Références

Livres, articles et documents vidéo

- *1945 : France, année zéro*. Réal. Patrick Cabouat. Program 33. 2005. Télévision.

- Belkhodja, Tahar. *Les trois décennies Bourguiba. Témoignage*. Paris: Publisud, 1998. Imprimé.

- Berstein, Serge et Pierre Milza. *Histoire du XXᵉ siècle. 2, La guerre et la reconstruction, 1939-1953*. Paris: Hatier, 1985. Imprimé.

- Camus, Albert. *L'Étranger*. Paris: Gallimard, 1942. Imprimé.

- —. *Le Mythe de Sisyphe*. Paris: Gallimard. 1942. Imprimé.

- Cazenave, Samuel. *Félix Gaillard, le Président*. Paris: Ginkgo Éditeur, 2011. Imprimé.

- Cercle linguistique de Prague. *Travaux du Cercle linguistique de Prague*. Prague: Union des mathématiciens et physiciens tchèques, 1929-1939. Imprimé.

- Cheurfi, Achour. *La révolution algérienne, 1954-1962 : dictionnaire biographique*. Alger: Casbah, 2004. Imprimé.

- Chomsky, Noam. « The Meaning of Vietnam. » *The New York Reviews of Book* 12 may 1975. Web. 23 aug. 2016. 🌐

- Churchill, Winston. « The Sinews of Peace. » 07 aug. 2003. *North Atlantic Treaty Organization (NATO)*. Web. 23 aug. 2016. 🌐

- *Colonisation et décolonisation : le cas français*. Réal. Marc Walter. Scénario de François Lanzenberg. Interpr. Jean Lacouture, et al. Multimédia France Productions. France 5, 2006. Télévision.

- Courrière, Yves. *Les fils de la Toussaint*. Paris: Fayard, 1988. Imprimé.

- De Saussure, Ferdinand, Charles Bally et Albert Sechehaye. *Cours de linguistique générale*. Paris: Payot, 1916. Imprimé. 🌐

- *Dessine-moi l'éco : la création monétaire, un taux d'inflation à contrôler*. Réal. Aurélien Eyquem. Sydo. 2012. Web. 23 08 16. 🌐

- Devilliers, Philippe. *Paris-Saigon-Hanoi : les archives de la guerre, 1944-1947*. Paris: Gallimard, 1988. Imprimé.

- *En attendant Godot*. Samuel Beckett, ms. Roger Blin, 4 jan. 1953, théâtre de Babylone, Paris. Pièce de théâtre.

- Esquer, Gabriel. *Les commencements d'un empire : la prise d'Alger (1830) avec deux cartes*. Alger: L'Afrique Latine, 1923. Imprimé.

- Ferry, Jules. *Jules Ferry (1885) : Les fondements de la politique coloniale (28 juillet 1885)*. s.d. Assemblée nationale. Web. 23 août 2016. 🌐

- Foulon, Charles-Louis. « La Résistance et le pouvoir de l'État dans la France libérée. » *Le rétablissement de la légalité républicaine. 1944, acte du colloque de 1996*. Bruxelles: Éditions Complexe, 1996. 189-215. Imprimé.

- Fourastié, Jean. *Les Trente Glorieuses ou la révolution invisible de 1946 à 1975*. Paris: Fayard, 1979. Imprimé.

- Gide, André. *La symphonie pastorale*. Paris: Gallimard, 1919. Imprimé.

- Goldmann, Lucien. « Structuralisme, marxisme, existentialisme : un entretien avec Lucien Goldmann. » *L'Homme et la société*. Paris: L'Harmattan, 1966. 105-124. Imprimé.

- *Huis clos*. Jean-Paul Sartre, ms. Raymond Rouleau, 27 mai 1944, théâtre du Vieux-Colombier, Paris. Pièce de théâtre.

- Huwart, Olivier. *Du V2 à Véronique : la naissance des fusées françaises*. Nantes: Marines éditions, 2005. Imprimé.

- Kaddache, Mahfoud. « Les tournants de la guerre de libération au niveau des masses populaires. » Ageron, Charles Robert. *La guerre d'Algérie et les Algériens, 1954-1962*. Paris: Armand Colin, 1997. 53-54. Imprimé.

- Kaspi, André. *La Deuxième Guerre mondiale : chronologie commentée*. Bruxelles: Éditions Complexe, 1995. Imprimé.

- Kaufer, Rémy. « Cheminots, mineurs, métallos… : Les grèves insurrectionnelles de 1947 ». *Historia*. 733 (2008): 32. Imprimé.

- *La Belle et la Bête*. Réal. Jean Cocteau. Interpr. Josette Day, Jean Marais, Marcel André. SND, 1946. Film. 🌐

- *La symphonie pastorale*. André Gide, réal. Jean Delannoy. Interpr. Michèle Morgan, Pierre Blanchar, Jean Desailly. Les Films Gibé, 1946. Film. 🌐

- *La cantatrice chauve*. Eugène Ionesco, ms. Nicolas Bataille, 11 mai 1950, théâtre des Noctambules, Paris. Pièce de théâtre.

- Lampué, Pierre. « L'Union française d'après la Constitution. » *Revue juridique et politique de l'Union française*. 1 (1947). Imprimé.

- *Le dernier bal de la Quatrième*. Réal. Jean Paul Fargier. France 3, Planète, 2008. Télévision.

- *Le Diable au corps*. Réal. Raymond Radiguet, réal. Claude Autant-Lara. Gérard Philippe, Micheline Presle, Jean Debucourt. Transcontinental Films, 1947. Film. 🌐

- Lefeuvre, Daniel. « Algérie 1954-62 : la dernière guerre des Français ». *Sciences & Vie, Guerres & Histoire*. Hors série mars (2012): 45. Imprimé.

- *Les enfants du paradis*. Jacques Prévert, réal. Marcel Carné. Interpr. Arletty, Jean-Louis Barrault, Pierre Brasseur. Pathé Cinéma, 1945. Film. 🌐

- M.E.D.E. *Bilan énergétique de la France pour l'année 2012*. Paris: Services de l'observation et des statistiques, 2013. Imprimé.

- Manuela, Semidei. « Les socialistes français et le problème colonial entre les deux guerres (1919-1939) ». *Revue française de science politique*. 18. 6 (1968): 1115-1154. Imprimé.

- Marseille, Jacques. *Empire colonial et capitalisme français. Histoire d'un divorce*. Paris: Albin Michel, 1984. Imprimé.

- M'bokolo, Elikia. « Le travail forcé, c'est de l'esclavage ». *L'Histoire*. 302 (2005). Imprimé. 🌐

- *Par dix-huit mètres de fond*. Réal. Jean-Jacques Cousteau. Interpr. Frédéric Dumas, Léon Vèche et Philippe Tailliez. 1942. Documentaire.

- Pervillé, Guy. « La bataille d'Alger. » Verdès-Leroux, Jeannine. *L'Algérie et la France*. Paris: Robert Laffont, 2009. Imprimé.

- —. *La Guerre d'Algérie (1954-1962)*. Paris: Presse Universitaire de France, 2007. Imprimé.

- —. « Terrorisme et répression s'affrontent dans Alger. » *Histoire du christianisme Magazine*. 6 (2001) : 50-53. Imprimé. 🌐

- Piaget, Jean. *Le structuralisme*. Paris: Presse Universitaire de France, 1968. Imprimé.

- Rey, Cotentin. *Les grandes étapes de la civilisation française*. Paris: Bordas, 1991. Imprimé.

- Sartre, Jean-Paul. *La Nausée*. Paris: Gallimard, 1938. Imprimé.

- Sparrow, Giles. *La conquête de l'espace*. Paris: Flammarion, 2008. Imprimé.

- Stora, Benjamin. « Le Maroc et les débuts de la Guerre d'Algérie (1953-1956). » *Militaires et guérilla dans la guerre d'Algérie*. Éd. Centre d'études d'histoire de la Défense. Montpellier: Éditions Complexe, 2001. Imprimé.

- Taousson, Jean. « Pétrole : année zéro ». *Historia Magazine.* 201 (1971): 251-256. Imprimé.

- « The Wrong Ambassadors ». *Time* (1945). Imprimé.

- Truman, Harry S. « President Harry S. Truman's address before a joint session of Congress, March 12, 1947. » *The Avalon Project.* 2008. Web. 23 08 2016. 🌐

- Vétillard, Roger. « 20 août 1955 : le jour où l'Algérie a basculé. » *La nouvelle revue d'histoire.* 9H (2014) : 22-24. Imprimé.

- *Viêtnam, la première guerre : le tigre et l'éléphant.* Réal. Danièle Rousselier. A2, 1991. Documentaire.

- Winock, Michel. « La France et l'Algérie : cent trente ans d'aveuglement ». Michaud, Yves. *La Guerre d'Algérie (1954-1962).* Paris: Odile Jacob, 2004. Imprimé.

- Yacono, Xavier. *Les étapes de la décolonisation française.* Paris: Presse Universitaire de France, 1991. Imprimé.

Liens utiles à consulter

- Centre régional Résistance et Liberté

  « L'épuration : les lendemains sombres » 🌐

- Cvce.eu

  « La décolonisation a rmée : Le cas de l'Indochine française » 🌐

  « La décolonisation en Afrique » 🌐

- Ina.fr

  « Après la tuerie de Philippeville » 🌐

  « Benjamin Stora sur les exactions et les opérations spéciales » 🌐

  « Déclaration du Général de Gaulle du 26 septembre 1958 » 🌐

  « Diên Biên Phû à l'heure de l'assaut » 🌐

  « Immigration : les Trente Glorieuses » 🌐

  « L'arrivée de monsieur Guy Mollet à Alger » 🌐

  « La société des 30 Glorieuses » 🌐

  « Le général de Gaulle à Moscou » 🌐

  « Les évènements d'Alger et de Paris» 🌐

  « Les femmes et la politique » 🌐

- Reporterre

  « Les Trente Glorieuses étaient désastreuses » 🌐

- Rts.ch

  « La douloureuse indépendance de l'Algérie » 🌐

Médiathèque

- *La bataille d'Alger.* Réal. Gillo Pontecorvo. Interpr. Jean Martin, Yacef Saadi, Brahim Hadjadj. Casbah film. 1966. Film. 🌐

  [00:51:20 - 01:03:00]

- *Monsieur Ibrahim et les fleurs du Coran.* Réal. François Dupeyron. Interpr. Omar Sharif, Pierre Boulanger, Gilbert Melki. ARP Sélection / France 3 Cinéma / Canal Plus. 2003. Film. 🌐

  [00:10:20 - 00:22:20]

Entrée dans la modernité : la Cinquième République

Recto :

Fig. 19.0.a : Poussin, Jean. *Un jeune harki en Algérie.* 1961.

Fig. 19.0.b : Perussaux, Charles. *Les Affiches de mai 68 ou l'Imagination graphique : "Sois jeune et tais-toi".* 1968.

Fig. 19.0.c : Arpingstone. *Le concorde 216 passe au-dessus de la route A38 pour son dernier atterrissage à Bristol, en Angleterre.* 2005.

Fig. 19.0.d : De Nijs, Jac. *François Truffaut, lors d'un festival pour la sortie de son film "Le beau Serge".* 1965.

Fig. 19.0.e (image de fond) : Vanleene, François. *Tour Totem, immeuble résidentiel de style brutaliste, construit en 1979.* 2013.

O. La fin d'un consensus

Fig. 19.1 : Diliff. *L'hémicycle du bâtiment Louise-Weiss du Parlement européen à Strasbourg, lors d'une séance plénière en 2014.* 2014.

§ 190 La fin du processus de décolonisation, les nouveaux enjeux économiques mondiaux et la crise sociale majeure qui secoue la France à la fin des années 60 amènent les Français à remettre en cause les références archaïques du vieux monde de l'avant-guerre qui, incarnées par de Gaulle, prévalaient jusque-là. La dernière génération d'hommes à avoir directement connu la Seconde Guerre mondiale va progressivement s'effacer de la scène politique. Parmi ceux qui ont fait partie de la Résistance, comme de Gaulle, Pompidou ou Giscard d'Estaing, seul François Mitterrand semble incarner une modernité et une justice sociale longtemps souhaitée par le peuple. Mais cela ne dure pas : la crise et le glissement inéluctable de l'économie française dans le néo-libéralisme va obliger le Parti socialiste (PS) à repenser l'orientation de son projet politique.

À cet égard, le traité de Maastricht est non seulement symptomatique de ce changement de cap, mais également de l'éveil de la conscience politique française à la mondialisation. En effet, l'enjeu en est encore le pacte républicain, forgé aux dernières lueurs du XVIIIe siècle, malmené au cours des restaurations et des guerres, mais triomphant après deux siècles de lutte. Éprouvés par la guerre d'Algérie, par les divisions sociales liées à l'immigration et par la détresse réelle d'une jeunesse des banlieues en éternelle rupture avec les institutions, les Français se demandent à présent si ce pacte est toujours d'actualité, bien qu'il semble à présent définir leur identité.

Comme on le voit, la dernière moitié du XXe siècle est, pour les Français, une période marquée par le doute. La vie intellectuelle et artistique n'échappe pas à cette remise en question des acquis de l'Histoire : que ce soit en peinture, en musique, en sculpture, au cinéma ou en littérature, on démolit les schèmes anciens et les modèles réputés universaux pour leur substituer d'autres formes, plus créatives et échappant aux règles.

1. La révolution gaulliste

Une nouvelle constitution

§ 191.a En juin 1958, répondant à l'appel du président René Coty, de Gaulle accepte de former un gouvernement et devient le dernier président de la Quatrième République, afin de fonder la nouvelle constitution du pays. Celle-ci donne beaucoup plus de pouvoir à l'exécutif : le président de la République peut choisir le Premier ministre, dissoudre l'Assemblée nationale, faire appel au peuple par référendum pour prendre les grandes décisions et exercer le pouvoir suprême en temps de crise. Surtout, c'est lui qui préside le conseil des ministres pour déterminer une politique cohérente, non tributaire des fluctuations ou des hésitations du Parlement. Ce dernier est, quant à lui, plus limité dans l'exercice de sa censure du gouvernement et dans l'amendement de la législation. Le 28 septembre 1958, les Français approuvent la nouvelle constitution à 79 pour cent.

Puis, les élections de novembre confirment le retour du général de Gaulle au pouvoir.

Le plan Challe en Algérie : une victoire militaire, une défaite politique

§ 191.b Le 4 juin 1958, peu après son investiture, de Gaulle se rend à Alger pour s'adresser à l'ensemble des Français d'Algérie et leur lancer sa célèbre allocution : « Français, je vous ai compris ». Pour autant, il ne fait aucune promesse : sa position vis-à-vis du problème algérien évolue même rapidement en faveur de l'autonomie sous protectorat français, une solution préférable à l'indépendance, pour éviter une dictature communiste, ou à l'intégration à la citoyenneté pleine et entière, laquelle mènerait à des conflits culturels insolubles entre Français et Algériens (Peyrefitte). À partir de 1959, l'armée française reprend l'offensive contre le FLN avec la mise en application du plan Challe, engageant la majori-

Fig. 19.2 : Anonyme. *Combattants du FLN tués par des parachutistes français durant la guerre d'Algérie.* Date inconnue.

Fig. 19.3 : Marcheux, Christophe. *Barricades dans la rue Michelet d'Alger, lors du remplacement de Massu.* 1960.

té des troupes sur des zones localisées du nord de l'Algérie, pour démanteler les groupes indépendantistes les uns après les autres. Puis des commandos de chasse permettent d'éliminer les poches de résistance et les réseaux complices. En un an, ce dispositif écrase les forces militaires du FLN qui perd plus de 25 000 combattants. Mais cette victoire par les armes est loin d'avoir pacifié le pays : la recrudescence des attentats commis contre les civils montre que les terroristes sont toujours très actifs. De plus, la population musulmane, dont une partie coopère souvent avec les combattants du FLN, soutient massivement la solution de l'indépendance, lors des manifestations de décembre 1960, dans les villes principales d'Algérie. Celles-ci sont violemment arrêtées par l'armée. Cette politique répressive suscite de nombreuses protestations, non seulement en Algérie et dans le monde arabe, mais également de la part des États-Unis. En novembre 1959, le général de Gaulle appelle le FLN à négocier, plongeant les pieds-noirs et les musulmans loyalistes dans la consternation : le chef de l'exécutif, qui parlait déjà d'autodétermination, semble à présent vouloir abandonner l'Algérie (De Gaulle, Conférence de presse du 10 novembre 1959).

Une guerre civile franco-française

§ 191.c Cette annonce et le remplacement du général Massu[1], partisan de l'Algérie française, provoque l'ire de la population pied-noir. Celle-ci manifeste violemment au cours de la semaine des barricades en janvier 1960, sous la houlette du groupement politique de Pierre Lagaillarde, le Front National Français (FNF). Cet événement meurtrier[2] fait brusquement basculer le conflit dans une guerre civile franco-française, initiant un cycle de violence ininterrompu jusqu'à la fin de la guerre, notamment en raison des agissements de l'Organisation de l'armée secrète (OAS), un groupe nationaliste clandestin pour l'Algérie française. Puis, à la suite du référendum national de janvier 1961 en faveur de l'autodétermination des Algériens, les généraux de l'armée française Challe, Jouhaud, Salan et Seller tentent un nouveau putsch, cette fois mis en échec par l'intervention télévisée du général de Gaulle en uniforme, enjoignant les soldats de ne pas se rallier à ce « quarteron de généraux à

---

1 Le général Massu avait critiqué la politique du général de Gaulle dans une interview donnée à un journaliste allemand (*Der Spiegel*).

2 Il fait six morts parmi les manifestants et quatorze chez les gendarmes (Démaret 240).

la retraite » (Message radiodiffusé et télévisé du général de Gaulle du 23 avril 1961). L'échec du putsch et les nombreuses arrestations que celui-ci a entraînées déclenchent une série d'actions orchestrées par l'OAS, avec Salan et Jouhaud à leur tête.

Répression contre des manifestants du FLN et contre l'OAS

§ 191.d Pour s'opposer aux agissements du FLN dans Paris, le gouvernement français instaure un couvre-feu interdisant aux Algériens résidant dans la capitale de circuler entre 20h30 et 5h30 (Brunet 163). Protestant contre cette mesure, la branche française du FLN appelle à une manifestation pacifique le 17 octobre 1961, immédiatement interdite, puis réprimée avec une violence inouïe par les hommes du préfet de police, Maurice Papon[3]. Plus de 11 000 Algériens sont transportés par bus et répartis dans différents parcs ou stades avant d'être identifiés et relâchés. Mais la police s'est livrée à de nombreuses exactions en jetant des prévenus dans la Seine ou en les tabassant : on compte des dizaines de morts parmi les manifestants, un constat qui n'est pas sans rappeler la rafle du Vel d'Hiv au cours des heures les plus noires de la collaboration. Dans la même logique d'une répression impitoyable, les membres terroristes de l'OAS sont également pourchassés et jugés, quand ils ne sont pas exécutés sommairement ou torturés (Susini 258).

Vers une sortie de crise

§ 191.e Le 18 mars 1962, une déclaration engageant le gouvernement français d'une part, et les représentants du Gouvernement provisoire de la République d'Algérie (GPRA) d'autre part, est signée à Évian pour mettre un terme aux affrontements et établir les dispositions générales d'une éventuelle transition vers l'autodétermination. Celle-ci est soumise à l'approbation des

Fig. 19.4 : Musée national de la Révolution algérienne. *Explosion d'une bombe de l'OAS dans le quartier Bab-el-Oued, le 1ᵉʳ janvier 1962.* 1962.

Français de métropole et des habitants d'Algérie, sans distinction d'allégeance politique ou de religion. Par ailleurs, il est décidé que les prisonniers politiques seront relâchés et que, dans l'éventualité où le peuple opterait pour l'indépendance, une amnistie générale serait décrétée pour les crimes commis durant la guerre civile, en même temps que la protection de tous les citoyens. Ces dispositions ne seront respectées ni par l'OAS, qui déclenche une insurrection à Bab El-Oued, ni par le FLN qui effectuera des massacres d'Européens et de musulmans loyalistes après la signature des accords d'Évian.

L'indépendance de l'Algérie et l'exode des pieds-noirs

§ 191.f Les résultats du référendum du 8 avril 1962 penchent massivement en faveur de l'autodétermination, déclenchant une vague d'attentats de la part de l'OAS en mai 1962. Celle-ci décide de pratiquer la politique de la terre brûlée au cours de l'« opération 1830 »,

---

3 Dans les années 80, Maurice Papon a été reconnu coupable de crimes contre l'humanité, perpétrés entre 1942 et 1944. Jugé en 1997, écroué pendant trois années, il a ensuite été mis en résidence surveillée en raison de son état de santé.

prétendant redonner à l'Algérie son aspect précolonial : elle vise donc les infrastructures, comme la bibliothèque ou l'université d'Alger. Entre avril et juillet 1962, par peur de représailles, 1 000 000 de pieds-noirs s'embarquent pour l'Europe, laissant tous leurs biens derrière eux. Le 5 juillet, jour de l'indépendance, l'épuration commence : à Oran, 700 pieds-noirs sont lynchés sans que l'armée provisoire algérienne, constituée de 10 pour cent de Français et 90 pour cent d'Algériens, n'intervienne. Par la suite, des dizaines de milliers de harkis sont massacrés à leur tour, de Gaulle leur refusant l'exil en métropole. Les dernières familles de colons quittent l'Algérie en 1963, refermant le chapitre le plus douloureux et le plus sanglant de l'histoire des relations franco-algériennes.

L'opération Charlotte Corday

§ 191.g Le 22 août 1962, Charles de Gaulle et son épouse, en route pour Colombey-les-Deux-Églises, font l'objet d'un attentat par des membres présumés de l'OAS. Les motifs des commanditaires sont incertains : veulent-ils se faire les instruments d'une justice divine au service de la cause des pieds-noirs ou tentent-ils d'influer sur le sort des Harkis, toujours interdits sur le territoire de France, en éliminant le principal opposant à leur intégration (Lacouture) ? Toujours est-il que la diligence et l'efficacité de l'escorte présidentielle permet à de Gaulle et à son épouse de sortir sains et saufs de cette tentative d'assassinat. Les coupables sont arrêtés et jugés.

La révision de la Constitution

§ 191.h Voulant tirer parti de la médiatisation de cet événement, le président français annonce publiquement son souhait de modifier l'organisation politique du régime. Appliquant l'article 11 de la Constitution de 1958, qui l'autorise à consulter le peuple sur des questions courantes, et non l'article 89 qui l'oblige à s'en référer au Parlement concernant les révisions constitutionnelles, il invite les Français à se prononcer sur l'adoption du suffrage universel comme mode de scrutin des élections pré-

Fig. 19.5 : Poussin, Jean. *Un Harki, vétéran de 39-45*. 1961.

sidentielles[4]. Selon de Gaulle, une telle décision est motivée par le souci de protéger le régime contre les coups d'États en cas de décès du président, garant de la bonne santé des institutions républicaines, dont le remplacement éventuel doit se faire avec « la confiance explicite de la nation » (Le général de Gaulle vous parle). Ce projet de révision est jugé inconstitutionnel par la majorité des députés qui déposent une motion de censure. Comme la Constitution le lui autorise, de Gaulle dissout l'Assemblée et annonce de nouvelles élections législatives, lesquelles lui donnent une majorité confortable. Le référendum sur l'adoption du suffrage universel se tient le 28 octobre 1962, confirmant nettement les ambitions des gaullistes. Désormais, le président de la République française est élu pour sept ans au suffrage universel.

---

4   Dans le texte initial de la Constitution, le président de la République était élu par les grands électeurs.

Vers la grandeur de la France

§ 191.i Une fois le problème de l'Algérie résolu, la France regagne une pleine légitimité pour agir sur la scène internationale, comme une grande puissance. Pour autant, le Président ne souhaite ni un ralliement à l'un des deux blocs, ni un isolement diplomatique qui conduirait le pays aux mêmes errements qu'au cours des siècles précédents. Il marque cette volonté par une critique systématique des agressions territoriales visant à établir toute hégémonie politique ou économique, laquelle contredirait le principe sacro-saint de la volonté des peuples à disposer d'eux-mêmes : ainsi condamne-t-il la politique américaine menée contre le Viêt-Cong ou l'intervention israélienne en Égypte, au cours de la Guerre des Six Jours (Conférence de presse du 27 novembre 1967). Il interdit également l'entrée de la Grande Bretagne dans la Communauté économique européenne, considérée comme un « cheval de Troie » pour ses rapports trop impliqués avec le gouvernement des États-Unis. Certes, ces anciens alliés ont largement contribué à la victoire française, mais la France y ayant pris une part active avec la France libre et la Résistance, il n'est pas question qu'elle s'en sente redevable. Soucieux de marquer l'indépendance idéologique de la France par rapport au bloc de l'Ouest et de « reconnaître le monde tel qu'il est » (Conférence de presse du 31 janvier 1964), de Gaulle est le premier chef d'État à renouer des relations diplomatiques avec la Chine en 1964[5]. En 1967, lors de son voyage au Canada, il crée même un incident diplomatique en proclamant : « Vive Montréal, vive le Québec… Vive le Québec libre ! ». C'est dire qu'au-delà des différences politiques et des alliances du passé, de Gaulle est disposé à reconnaître l'existence des peuples dans leur dimension historique et civilisatrice à la condition qu'elles abondent dans le sens de la nouvelle orientation française en matière de politique extérieure.

§ 191.j Dans le même esprit de préservation de l'autonomie politique des nations, de Gaulle

Fig. 19.6 : Wegmann, Ludwig. *Charles de Gaulle et le chancelier allemand Konrad Adenauer.* 1958.

préconise de fonder une Europe pour la paix qui n'efface ni les particularités nationales, ni la capacité des pays à décider de leurs propres politiques. Une telle Europe ne saurait donc souffrir l'existence d'un gouvernement fédéral, lequel reléguerait les gouvernements nationaux à un rôle de second plan (Peyrefitte 63), comme certains le pensent aujourd'hui. Par ailleurs, dès 1960, il dote la France de l'arme nucléaire, sans pour autant la devoir aux Américains, dans le but de préserver l'autonomie militaire du pays. Il va même jusqu'à retirer la France de l'OTAN en 1966, signifiant par ce geste fort aux pays en voie de développement que la France constitue une alternative aux blocs communiste et capitaliste. Son ambition n'est ni plus ni moins que de faire de la France le chef de file du Tiers-Monde.

---

5   "Même communiste, dira-t-il, c'est un État plus ancien que l'Histoire" (Ibid.).

Politique économique

§ 191.k Prévoyant l'envol des dépenses américaines en raison de la Guerre Froide et de la conquête spatiale, de Gaulle réclame aux États-Unis l'équivalent en or des réserves de dollars dont la France dispose dans ses coffres, comme elle y est autorisée par les règlements internationaux, à une époque où le métal précieux servait de référence monétaire[6]. Les chocs pétroliers de 1973 et de 1979 lui donneront raison a posteriori, le cours des monnaies s'effondrant alors et consumant la richesse nationale. Lors de son mandat, de Gaulle modifie également la référence monétaire – 100 francs « anciens » deviennent un franc « nouveau » – et il dévalue la monnaie de 17 pour cent pour accroître les exportations. Une politique de réduction des déficits et de relance de la consommation est également menée, alors que l'innovation est encouragée dans les secteurs de pointe. C'est l'époque du Concorde, du développement des sciences informatiques et de la conquête de l'espace, avec la création du Centre national d'étude spatiale (CNES) en 1962. Le programme européen de mise en orbite de satellites géostationnaires, lequel aboutira au premier lancement d'Ariane en 1979, est le résultat de deux décennies de recherche dont le coût est financé à 60 pour cent par la France (Durand-de-Jongh 196). L'élan économique des Trente Glorieuses est donc accompagné par la politique audacieuse du gouvernement gaulliste, qui cherche à moderniser les structures déjà existantes. Toutefois, si le niveau de vie augmente en France, cette création de richesse ne profite pas à tous. Ce déséquilibre va être l'une des causes de la crise qui s'annonce, la dernière à laquelle de Gaulle devra faire face.

2. Mai 68

Une illusion de révolution

§ 192.a Les troubles sociaux survenus en mai 1968 sont la résultante d'un mouvement contestataire populaire qui a souvent été assimilé à une révolution, car il en avait apparemment tous les symptômes : grèves, insurrections, barricades, combats de rue entre le peuple et les forces de l'ordre et débats sur le bien-fondé des institutions et des valeurs de la France. Il n'a pourtant jamais été une tentative de renversement du gouvernement par la force, se contentant d'être l'expression publique du mécontentement et du désir de changement collectifs. À la différence de nombreux autres mouvements insurrectionnels, les événements de mai 68 ne sont pas le fait d'une classe sociale particulière cherchant à faire valoir ses revendications[7]. Au contraire, ce sont un ensemble de voix qui s'élèvent à l'unisson pour s'opposer

---

6 Ce système de parité entre l'or et le dollar se termine en 1971, avec la fin des accords de Bretton Woods.

7 En effet, il existe encore très peu d'étudiants à l'époque et ils sont, en général, issus de la classe bourgeoise car les études coûtent chers.

Fig. 19.7 : L'Enragé. *"Camarades enragés, découpez ces étiquettes et collez-les partout !..."* 1968.

207

à un ordre ancien, où domine une hiérarchie de valeurs désuètes. Sans avoir un impact direct et immédiat sur la société, mai 68 a pourtant contribué à l'évolution des mentalités et à la naissance d'une France plus moderne dans ses idées, au cours des années qui suivent. À cette période, c'est donc un ordre éthique et moral ancien qui se voit ébranlé, rejeté puis progressivement balayé, pour laisser la place à la société française, telle que nous la connaissons aujourd'hui. Ces changements concernent des aspects aussi divers que l'égalité des hommes et des femmes, la liberté sexuelle, les revendications salariales, le fonctionnement de l'éducation, l'écologie et, d'une manière plus générale, la remise en cause des hiérarchies.

Une réaction de la jeunesse à l'ordre ancien

§ 192.b En 1958, le général de Gaulle a su tirer profit d'une crise politique sans précédent – un coup d'État militaire – pour s'imposer au pouvoir, au point qu'on le soupçonne d'avoir orchestré ce passage forcé à une Cinquième République taillée à sa mesure, c'est-à-dire privilégiant le culte du chef. Si cette transition paraissait nécessaire à l'époque, les pratiques autoritaires du Président, au pouvoir depuis dix ans, lassent une génération de jeunes issues du baby-boom de l'après-guerre. Les partis politiques concurrents, le Parti communiste à la rhétorique poussiéreuse et à l'ambition limitée, ou la gauche modérée, ne convainquent pas une jeunesse turbulente, révoltée contre l'impérialisme américain de la guerre du Vietnam ou refusant le contexte oppressant de la Guerre Froide. Un univers qui lui est propre, celui des idoles musicales, de la culture pop et des radios libres, achève de consommer sa rupture avec les générations précédentes. En particulier, la jeunesse radicale, contemporaine des événements révolutionnaires de Cuba, de Chine et plus récemment du mouvement américain d'émancipation des Noirs ou celui des hippies contre la guerre du Viêtnam, se politise, réclame le droit à la parole et aux décisions. Surtout, le mouvement part de la faculté de Nanterre, à Paris, nouvellement construite,

Fig. 19.8 : Action. *Demain, la parole est à nous.* 1968.

mais à proximité d'un bidonville : elle rappelle aux étudiants les inégalités sociales, la précarité, la pénurie de moyens dans l'éducation. L'autoritarisme institutionnel et la violence policière est maintenant une provocation pour eux, s'opposant à leur volonté de changer la société.

Début du mouvement

§ 192.c À la suite de la fermeture de l'université de Nanterre par le doyen, une manifestation pacifique anti-impérialiste des étudiants est organisée à la Sorbonne le 3 mai. Il s'agit au départ de protester contre des arrestations d'étudiants qui ont défilé contre la guerre du Viêtnam et qui ont été appréhendés par la police. À l'université de la Sorbonne, le doyen craint des débordements, notamment parce que les étudiants d'extrême-droite menacent d'envahir l'établissement et d'en venir aux mains. Il en appelle à la police, qui évacue vigoureusement les lieux, déclenchant la fureur des étudiants dans la soirée : les premières échauffourées entre la police et les manifestants éclatent, provoquant de nombreuses arrestations. Le 6 mai, alors que les leaders du mouvement passent en conseil de discipline, les affrontements continuent avec une violence extrême : 300 policiers sont blessés et on dénombre plus de 400 arrestations (Chabrun, et al.). Les syndicats enseignants, puis le PC et les syndicats d'extrême-gauche commencent à prendre parti pour la jeunesse. Mais certains, comme Georges Séguy de la Confédération Générale du Travail (CGT), s'y refusent, prétextant l'attitude juvénile des étudiants qui entraînerait la classe ouvrière dans « des aventures » sans lendemain (L'Obs).

§ 192.d Le 10 mai, une première manifestation de soutien rassemble quelques 12 000 personnes et, dans la nuit, de nouvelles altercations entre les forces de l'ordre et les jeunes éclatent, donnant à la rue l'aspect d'une ville sinistrée. Petit à petit, la population entière éprouve de la sympathie pour la jeunesse. Le Premier ministre Pompidou, qui souhaite que le mouvement s'essouffle de lui-même, ordonne la réouverture de toutes les universités. Mais le 13 mai, une autre manifestation regroupe entre 200 000 et 1 000 000 de participants (Tartakowsky 759). Cette fois, les groupements syndicaux, qui ne veulent pas demeurer en reste, y prennent part. La crise devient maintenant politique et sociale, avec les premiers mouvements de grève spontanée dans les usines : en effet, les ouvriers estiment ne pas avoir bénéficié du miracle économique ayant eu lieu les 20 dernières années et veulent changer la donne en profondeur. Le 22 mai, plus de 10 000 000 de salariés ont cessé de travailler et le pays est paralysé. Toutefois, les syndicats ont peur des étudiants, dont les revendications, portant sur le fonctionnement même de la société, pourraient leur faire perdre l'emprise qu'ils ont sur les travailleurs : ils essaient de convertir leurs exigences révo-

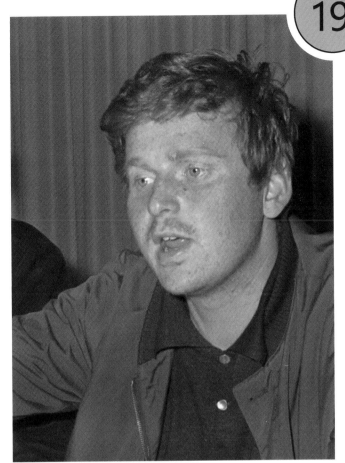

Fig. 19.9 : De Nijs, Jac. *Daniel Cohn-Bendit, leader du mouvement étudiant en 1968.* 1968.

lutionnaires sur la redistribution des responsabilités et du profit[8], en revendications ponctuelles, au sujet des salaires et des conditions de travail.

Fin du mouvement

§ 192.e Sous l'impulsion du gouvernement Pompidou, des négociations sont entamées entre le patronat et les ouvriers, menant aux accords de Grenelle : ceux-ci permettent l'amélioration de la représentation syndicale en entreprise, l'augmentation du salaire minimum de 35 pour cent, une révision des conventions collectives et l'abaissement de la durée de travail hebdomadaire et de l'âge du départ à la retraite. Mais ces accords, jugés insuffisants, sont rejetés par les ouvriers de l'usine Renault de Boulogne-Billancourt, devenus les porte-paroles de la révolte ouvrière. Des rumeurs d'insurrection contre l'hôtel de ville et l'Élysée circulent dans

---

8 Travail en autonomie, cogestion des entreprises, intéressement au chiffre d'affaire, etc.

Paris, amenant le président de Gaulle à considérer qu'un autre « Coup de Prague » pourrait se préparer (Frèrejean). En effet, le 29 mai, le parti communiste a appelé à la constitution d'un gouvernement populaire. Ce même jour, de Gaulle quitte Paris pour l'Allemagne : il y rencontre le général Massu, peut-être afin de s'assurer du soutien de l'armée en cas de coup d'État. Le lendemain, revenu à Paris, il annonce à la radio sa décision de dissoudre l'Assemblée nationale, dénonçant le putsch que s'apprêterait à perpétrer le Parti communiste (1968). La dissolution du Parlement entraîne automatiquement la tenue de nouvelles élections législatives. Sensibles au discours alarmiste du président de l'exécutif, les Français votent massivement pour les gaullistes, incitant les grévistes à reprendre le travail et les étudiants à arrêter leur action.

Conséquences immédiates des événements de mai 68

§ 192.f Le mouvement initié par les étudiants, largement récupéré par la gauche, a dépassé les clivages politiques, sociaux ou générationnels. Cette remise en question globale des principes et du fonctionnement de la société a été une opportunité saisie par de nombreux Français de débattre et d'apporter son point de vue, tout en obligeant les dirigeants à jouer cartes sur table. La prise de conscience qu'elle a générée ne s'est pas arrêtée avec les dernières évacuations de locaux occupés par les étudiants : concrètement, les accords de Grenelle sont progressivement entérinés et l'éducation est réformée en profondeur. Par ailleurs, même si de Gaulle a été soutenu par le peuple au moment des élections législatives anticipées, le référendum d'avril 1969 sur la réduction des pouvoirs du Sénat et le rôle des régions est rejeté à 53 pour cent. N'ayant plus la confiance populaire, probablement désireux de se retirer après une existence entière dévouée au service de la France, Charles de Gaulle démissionne de ses fonctions. Il mourra à Colombey-Les-Deux-Églises le 9 novembre 1970.

Fig. 19.10 : Atelier populaire de l'ex-École des beaux-arts. *Je participe, tu participes [...] ils profitent.*. 1968.

Conséquences sur le long terme

§ 192.g Mais les répercussions de mai 68 sur la culture sociale et politique du pays ont été encore plus significatives au cours des décennies qui suivent. Tout d'abord, le modèle de la société consumériste tend à être remis en cause par les Français, bien qu'ils ne puissent pas le rejeter complètement. Le « socialisme à la française », c'est-à-dire l'aspiration générale des individus et des institutions à un idéal de répartition des richesses et de solidarité collective, est un courant d'idées né au cours des crises républicaines successives, mais dont mai 68 fut l'un des vecteurs les plus puissants : les présidents de l'exécutif Valéry Giscard d'Estaing et François Mitterrand sauront se rappeler les revendications des révoltés de 68 dans l'élaboration de leurs politiques socio-libérales. Pour certains, la France pourrait même être aujourd'hui le seul pays vraiment communiste qui fonctionnerait à peu près bien (La France est-elle plus égalitaire que ses voisins ?).

§ 192.h En outre, sous l'influence du refus collectif de l'autoritarisme traditionnel dans la société française, plus de licence est donnée à l'individu pour s'exprimer. On s'oriente peu à peu vers une valorisation de la personne et une normalisation des rapports entre individus, s'opposant aux hiérarchies patrons-employés ou vieux-jeunes. Cela est particulièrement évident dans le domaine de l'éducation, où des psychologues comme Françoise Dolto vont vulgariser l'idée selon laquelle l'enfant est une personne à part entière, afin de contrebalancer les effets d'un despotisme parental ou institutionnel destructeur. Cette conception fera un long chemin. De plus, les mouvements féministes, qui se sont abondamment exprimés au cours des événements de 68, non seulement sur la sexualité mais aussi sur la parité homme-femme, ont permis d'établir de nouvelles règles du jeu, notamment dans le couple où les tâches domestiques sont redistribuées. En 1975, après un débat qui repose sur le combat du militantisme féministe soixante-huitard, l'avortement devient légal : la femme peut désormais disposer de son propre corps, comme elle l'entend.

§ 192.i Enfin, les Français se démarquent de l'action militante et politique des organisations traditionnelles : leur confiance en leurs représentants élus, déjà fortement entamée au cours des deux guerres mondiales, laisse place à une profonde

Fig. 19.11 : Croes, Rob C. *Simone Veil, en 1984*. Ministre de la santé, elle plaide en faveur de la loi sur l'interruption volontaire de grossesse (IVG), qui est adoptée en 1975. 1984.

désillusion. Ce désengagement semble très progressif, mais il est irréversible : si la moyenne du taux d'abstention des électeurs inscrits aux deux tours des élections législatives étaient de 19,6 pour cent en 1967, il devient de 43,68 pour cent en 2012 (Ministère de l'Intérieur), entérinant un processus qui, à l'heure actuelle, semble mener à une crise majeure d'un autre type : la remise en cause des institutions républicaines.

3. L'après de Gaulle : Pompidou et Giscard d'Estaing

Le successeur direct de Charles de Gaulle

§ 193.a Entré au service du général de Gaulle en 1944 et Premier ministre pendant six ans, Georges Pompidou apparaît comme le successeur légitime de l'ancien président. Aux élections anticipées de 1969, il est le grand favori, bénéficiant encore de la faveur populaire pour le gaullisme au moment des élections législatives précédentes, bien que celle-ci soit déclinante. Sa notoriété repose aussi sur les qualités de dirigeant et de négociateur dont il a su faire preuve au moment des événements de 68 : semblant prêter une oreille attentive aux revendications de la rue, il n'en a pas moins su faire preuve de clairvoyance en suggérant à de Gaulle la dissolution de l'Assemblée nationale. Il sort grandi de cette épreuve. La candidature de ses opposants à la présidentielle ne représente pas de réel danger en l'absence de concertation entre la gauche et les socio-démocrates, au deuxième tour[9]. Il remporte donc une éclatante victoire.

§ 193.b Georges Pompidou continue la politique entreprise précédemment, sous la présidence de Charles de Gaulle : favorable à l'Europe, fervent défenseur du modernisme et de l'industrialisation, il initie le projet de création du consortium européen Airbus, dote la France et l'Allemagne d'un lanceur de satellites[10] et entame la réalisation du Train Grande Vitesse (TGV). Amoureux des grosses cylindrées, il développe également le réseau routier à outrance, pour permettre au parc automobile de se développer et de soutenir la consommation des ménages. Entre 1969 et 1980, le nombre de véhicules motorisés en France double, atteignant quelques 21 millions (Barré), ce qui assure la solidité de l'économie.

La « Nouvelle société »

§ 193.c Jacques Chaban-Delmas est le Premier ministre de Georges Pompidou au début de son mandat. Favorable au dialogue entre les différents acteurs sociaux et au renouvellement des structures sociales et de l'éducation, il adoucit le visage du gaullisme, en relâchant l'emprise de l'État sur les entreprises du secteur public, sur la politique d'industrialisation et surtout sur la télévision, qui est l'organe de propagande du régime : c'est la « Nouvelle société » qui, dans le même esprit que celui de mai 68, vise à la refonte d'une société nouvelle, plus tolérante, plus juste et plus adaptée au monde moderne. Si l'idée n'est pas contraire aux souhaits de Georges Pompidou, son large champ d'application et son modernisme mettent ce

Fig. 19.12 : Ignis. *Le lanceur Ariane 1 au musée de l'Air et de l'Espace, au Bourget.* 2006.

dernier en concurrence avec l'initiateur du projet, son Premier ministre. Influencé par ses conseillers Marie-France Garaud et Pierre Juillet, qui sont opposés à cet assouplissement moral, Pompidou reproche à Chaban-Delmas sa sympathie pour les socio-démocrates et sa complaisance sociale. Il est donc vite remplacé par Pierre Mesmer en 1972, dont le mandat est marqué par le premier choc pétrolier. Cette crise majeure, dont les causes directes sont la guerre du Kippour[11] et la fin des accords de Bretton Woods, mettent un terme à la période dite des Trente Glorieuses, marquant

---

9   Le candidat communiste refuse en effet de céder ses voix à Alain Poher, du MRP.

10 Ce sera Ariane I, lancée pour la première fois en 1979.

---

11 Afin de sanctionner les États-Unis pour leur soutien à Israël, alors en conflit avec la coalition syro-égyptienne, les pays arabes cessèrent leur exportation de pétrole, provoquant une crise économique grave dans tous les pays occidentaux.

Fig. 19.13 : Atkins, Oliver F. *Les présidents Nixon et Pompidou à Reykjavik, en Islande.* 1973.

le début d'une longue crise sociale, politique et identitaire en France et en Europe. En 1974, le président Pompidou tombe gravement malade et meurt avant le terme de son mandat. De nouvelles élections anticipées sont organisées, amenant le centre-droit au pouvoir.

L'émergence de la droite socio-démocrate avec Valéry Giscard d'Estaing

§ 193.d Bien qu'il vienne d'une famille politique différente de celle de Pompidou[12], Valéry Giscard d'Estaing reçoit le soutien de Jacques Chirac, alors ministre de l'Intérieur, et d'autres gaullistes. En effet, ceux-ci souhaitent désavouer la candidature de Chaban-Delmas, jugé trop traditionnel mais pas assez gaulliste, afin de saper son influence au sein du parti et d'en prendre les rênes (Pozzi). Pourtant, la bataille menée par Giscard d'Estaing pour les présidentielles est difficile face à un tel adversaire, car il bénéficie de nombreux appuis, et face à François Mitterrand, le représentant de la gauche. Mais sa campagne électorale à l'américaine, misant sur ses habitudes sportives et des clichés

de sa vie familiale, mène à son élection en tant que troisième président de la Cinquième République, le 27 mai 1974. Une fois élu, le Président Giscard invite Jacques Chirac, qui l'a soutenu lors de sa campagne, à occuper le poste de Premier ministre. Dans son discours d'investiture, il fait référence aux événements de mai 68, annonçant un changement qu'il souhaite voir se réaliser pour les jeunes générations (1974).

Une politique sociale du dialogue...

§ 193.e L'un des principes directeurs de Valéry Giscard d'Estaing est d'encourager le dialogue et la coopération entre les différents acteurs sociaux. Même si son gouvernement est composé de centristes et de gaullistes, certains des projets qu'il dépose au Parlement s'inspirent des idées de la gauche, comme la loi Veil (1975), qui dépénalise l'avortement, l'instauration du divorce par consentement mutuel[13] ou la dissolution de l'Office de radiodiffusion-télévision française (ORTF), dont le monopole d'État se termine, ouvrant à plus de liberté journalistique. Giscard d'Estaing élargit également le

---

12 Les Républicains indépendants, qui devinrent l'Union démocratique française (UDF), puis le MoDem, l'actuel parti du centre-droit.

13 Auparavant, le divorce n'était possible que si l'un des deux conjoints était en situation de faute par rapport à l'autre.

213

Fig. 19.14 : National Archives and Records Administration. *Jimmy Carter et Giscard d'Estaing en 1978.* 1978.

pouvoir des députés, en leur donnant la possibilité de saisir le Conseil constitutionnel, ce qui favorise l'opposition. Souhaitant donner plus de place à la jeunesse dans la société, il abaisse l'âge de la majorité civile à 18 ans, non sans oublier la vieillesse : les pensions minimales de retraite augmentent. Enfin, peu favorable à la peine de mort, il envisage sa suppression, mais c'est la gauche qui concrétisera cette initiative après l'élection de François Mitterrand.

§ 193.f Cette politique de dialogue se reflète également dans les actions menées par le Président à l'extérieur de la France. Fervent défenseur de la coopération internationale, il encourage la France et d'autres pays européens à faire un pas en direction de la mondialisation, notamment en réunissant les cinq pays les plus industrialisés de la planète au château de Rambouillet, en 1975[14]. Parallèlement, il mène une politique de rapprochement avec les pays arabes et avec l'Iran. Sans être totalement pour une Europe supranationale, il donne son accord pour l'élection du Parlement européen

au suffrage universel, projet de loi entériné en juin 1977, lui concédant par ce biais plus de pouvoir. Il est aussi l'instigateur du Conseil européen, organe institutionnel regroupant les chefs d'État, chargé de définir les grandes orientations de la politique internationale, comme l'aurait voulu de Gaulle[15].

... mais une orientation marquée à droite

§ 193.g Toutefois, cet esprit d'ouverture aux idées sociales-démocrates est tempéré par les difficultés économiques que connaît la France à ce moment-là. Le premier choc pétrolier a provoqué un phénomène économique inédit : une augmentation du chômage, associée à de l'inflation. La politique de Giscard d'Estaing va donc consister à suspendre l'immigration de travailleurs en provenance du Maghreb et même à interdire le regroupement familial, tout au moins jusqu'à ce que le Conseil d'État annule cette mesure, entraînant de fait une immigration de peuplement en France à

14 Ce groupe informel de discussion sur l'avenir économique du monde deviendra bientôt le "G7", puis le "G8", avant le retrait de la Russie en 2014.

15 Charles de Gaulle était partisan d'une Europe des nations, afin de conserver son indépendance à la France. Ainsi, la création du Conseil européen permet-elle, en théorie, de contrebalancer l'influence des parlementaires, en définissant les grandes orientations de la politique européenne.

la place des séjours provisoires voulus initialement par les travailleurs. Même l'initiative d'offrir aux immigrés une compensation financière en échange de leur retour au pays a un impact limité et, à partir de 1977, des procédures de renvoi commencent à apparaître. Des manifestations contre ces mesures, qui s'appliquent parfois à des travailleurs ayant passé plus de 15 ans en France, suscitent des troubles sociaux. C'est le début d'une crise identitaire française sans précédent dans l'histoire de France.

§ 193.h La fin des Trente Glorieuses ne signifie pas pour autant la faillite du pays : à la fin du septennat de Giscard d'Estaing, la croissance du pays est encore de plus de trois pour cent, avec un endettement qui n'excède pas le cinquième du Produit Intérieur Brut (PIB). En plus des mesures coercitives contre l'immigration, la lutte contre l'inflation va être privilégiée : plans d'austérité et plans de relance se succèdent, notamment avec l'intensification du programme nucléaire, le développement des transports[16] et celui des télécommunications, sans avoir l'effet escompté. En 1978, le ministre Raymond Barre adopte une politique libérale contrastant avec le dirigisme gaulliste, longtemps appliqué, ou le programme de la gauche. Mais le second choc pétrolier[17], la délocalisation des industries et l'augmentation de la population active provoque une hausse spectaculaire du chômage. La politique d'austérité menée par Raymond Barre et les critiques persistantes des gaullistes finissent par rendre Valéry Giscard d'Estaing impopulaire. Les élections de 1981 le placent devant Jacques Chirac, mais c'est Mitterrand, avec son slogan « Changer la vie », qui remporte la victoire.

4. La nouvelle gauche mitterrandienne

Fig. 19.15 : Cavalier, James. *Les présidents François Mitterrand et Ronald Reagan*. 1984.

Premier mandat

§ 194.a Lorsqu'il arrive au pouvoir, François Mitterrand a déjà une longue carrière politique derrière lui : chef d'un réseau de résistance pendant la Seconde Guerre mondiale, 11 fois ministre sous la Quatrième République, plusieurs fois député et sénateur, c'est un homme qui a été impliqué toute sa vie dans la reconstruction de la France et qui, depuis 1945, où il est véritablement entré en politique, a une vision historique du pays. Ennemi politique du général de Gaulle, dont il dénonce « le coup d'État permanent » (1964), il se prononce pour l'indépendance des colonies tout en se montrant en faveur de l'Algérie française, pourvu qu'elle soit remodelée

---

16 C'est sous le septennat de Giscard d'Estaing qu'est lancé le premier TGV.

17 Le second choc pétrolier est provoqué par le changement politique ayant lieu en Iran, l'un des plus importants pays exportateurs de pétrole et de la guerre Irak-Iran qui a suivi. On observe alors une augmentation du prix du baril de pétrole et la baisse générale des investissements.

Fig. 19.16 : Paillette, Jacques. *Discours de François Mitterrand à Caen, lors de la campagne présidentielle.* 1981.

au niveau institutionnel, en accordant une égalité de droit à tous ses habitants. Une telle position lui vaut d'autant plus l'animosité des gaullistes qu'il est élu au premier tour des élections présidentielles de 1965, en situation de ballottage contre le général de Gaulle[18]. En 1971, il participe à la refonte de la SFIO, qui devient le Parti socialiste (PS). De nouveau candidat à la présidentielle de 1974, à la mort de Pompidou, il est encore mis en ballotage au premier tour contre Valéry Giscard d'Estaing et ne perd qu'avec une différence de 0,81 pour cent des suffrages exprimés. Il prend sa revanche sept ans plus tard contre le même candidat : en 1981, il obtient un peu moins de deux pour cent de plus que son adversaire politique, permettant à un parti de gauche d'accéder à l'exécutif de la Cinquième République pour la première fois. Il se maintiendra au pouvoir pendant deux septennats.

18 La vieille opposition du PS et du parti actuel Les Républicains s'est un moment cristallisée sur le conflit qui a toujours existé entre Mitterrand et de Gaulle. Les membres de chaque parti revendiquent volontiers l'héritage du mitterrandisme ou du gaullisme.

Le libéralisme social

§ 194.b François Mitterrand est un homme très attaché au patrimoine culturel et historique de la France. On peut supposer que cette vaste connaissance du phénomène civilisationnel français a nourri sa volonté constante d'adoucir le sort des plus modestes et de créer l'unité nationale, en renforçant le pacte républicain[19]. Il est fameux pour sa rhétorique implacable : Erik Orsenna[20] dira de lui que c'est un écrivain « oral » (François Mitterrand, à bout portant), dont la force des mots, mise au service de la politique publique et de la diplomatie, subjugue. Sa conviction dans les idées de gauche

19 Le pacte républicain est le principe selon lequel les hommes naissent libres et égaux en droit, ce qui implique que tous les hommes ont les mêmes privilèges, qui leur sont acquis dès la naissance. Cet idéal est fondamental dans la compréhension du fonctionnement des institutions françaises. Par exemple, la redistribution des richesses, qui se fait notamment par des allocations, dérive du bénéfice inné de la solidarité nationale : en principe, aucun Français ne peut être livré à soi-même sans moyen de subsistance, l'État (c'est-à-dire la collectivité) devant subvenir de manière temporaire ou permanente aux moyens de survie des individus. À ce sujet, voir chapitre suivant.

20 Ancien conseiller culturel à l'Élysée.

se concrétise dans la mise en application de son programme politique, véritable pied-de-nez aux prérogatives du néo-libéralisme émergeant : comprenant 110 propositions, c'est un mélange d'interventionnisme étatique keynésien et de mesures sociales, visant à une meilleure répartition de la richesse nationale et à la relance de la consommation. Dès son élection, alors qu'il crée un impôt sur les grandes fortunes, il augmente le SMIC de 10 pour cent et les allocations familiales de 25 pour cent. Des lois sont votées pour rendre la société plus libérale et plus humaine : il fait abolir la peine de mort, autorise les radios locales privées, dépénalise l'homosexualité et régularise la situation de tous les étrangers ayant un emploi en France. En 1982, il concède la semaine de 39 heures, la retraite à 60 ans et une cinquième semaine de congés payés. Il ouvre l'audiovisuel à la concurrence privée en 1984, crée un revenu minimum d'insertion (RMI)[21] en 1988 et concède un statut particulier à la Corse en 1991. Toutes ces mesures progressistes ne visent pas uniquement à la reconduite du Parti socialiste au gouvernement : elles s'inscrivent dans une logique d'émancipation du peuple, dont la genèse remonte à la Révolution et que le Programme commun[22] des partis de gauche poursuivait depuis 1972.

Échec du Programme commun

§ 194.c Au niveau économique, la régularisation des marchés, la nationalisation des banques et celle des grands groupes industriels en 1982 provoquent un raz-de-marée de contestations de la part de l'opposition. Surtout, cette politique économique et sociale vigoureuse

Fig. 19.17 : Tournade, Frédéric. *Larme à gauche*. 1980. Caricature de Robert Fabre, Georges Marchais et François Mitterrand devant le projet d'union de la gauche française.

omet de prendre en considération la nouvelle donne mondiale et n'a pas l'effet escompté : la consommation des ménages se tourne essentiellement vers des produits d'importation et la relance de la production industrielle ne se réalise pas. Par ailleurs, l'inflation et la hausse des salaires provoquent une perte de confiance des marchés, lesquels craignent une baisse de la compétitivité des entreprises françaises : les capitaux fuient à l'étranger. À partir de 1983, il faut donc faire machine arrière, car la situation économique a déjà obligé le gouvernement à dévaluer le franc trois fois, remettant en question l'implication de la France dans le système monétaire européen (Assemblée nationale) : pour pouvoir y rester, François Mitterrand consent à un premier plan d'austérité et aux premières privatisations, ce qui déçoit son électorat. C'est l'orientation définitive de la France vers le système néo-libéral actuel.

La première cohabitation (1986-1988)

§ 194.d La montée du Front National (FN) qui, de façon démagogique, attribue le chômage à la présence des étrangers en France, donne à

---

21 Revenu Minimum d'Insertion : allocation destinée aux plus démunis sans travail. Lorsque les allocations chômage s'interrompent, le RMI les remplace pour une durée indéterminée.

22 Ce programme commun, né d'une coalition du Parti socialiste et du Parti communiste en 1972, comprenait les mesures suivantes : réduction du temps de travail, augmentation des salaires, généralisation de la sécurité sociale et de l'aide au logement, nationalisation, régulation des marchés, démocratie en entreprise, décentralisation, promotion des libertés individuelles, politique de paix, refonte du système de l'Éducation nationale.

Mitterrand une opportunité de se débarrasser de ses rivaux politiques. En avril 1985, il introduit la loi électorale sur la représentation proportionnelle, permettant à tous les partis en lice d'occuper un ou plusieurs sièges au Parlement. Il espère ainsi que le parti majoritaire de la droite, le Rassemblement pour la République (RPR), se verra dépouiller d'un certain nombre de postes de députés par le FN. Cependant, aux élections législatives, le parti de l'opposition remporte la majorité et le Président doit désormais compter avec un Premier ministre de droite, Jacques Chirac. À l'inverse de la politique initiée par la gauche à son arrivée au pouvoir, la dérégulation et la privatisation deviennent les objectifs du nouveau gouvernement. Mais, comme le veut la Constitution, Jacques Chirac ne se voit confier que les affaires concernant la politique intérieure, Mitterrand ayant la gestion des affaires internationales. Cela ne l'empêche pas de blâmer la politique de son Premier ministre et d'y opposer son veto, par exemple en refusant la signature des ordonnances sur la privatisation[23]. De la même façon, faisant écho aux manifestations populaires en faveur des beurs[24], il dénonce la politique d'immigration plus stricte du gouvernement Chirac, dont son nouveau code de la nationalité, rejeté par le Conseil d'État en 1986[25].

§ 194.e À l'approche des élections présidentielles de 1988, François Mitterrand ne rend pas immédiatement public son souhait d'être de nouveau chef de l'État, afin de faire monter la pression médiatique. Puis, à peine un mois avant le premier tour, il annonce sa candidature face à un Jacques Chirac donné perdant dans les sondages (Wieder), peut-être en raison de sa politique plus autoritariste. Par opposition à la propagande électorale

Fig. 19.18 : Alfcatraz. *Jacques Chirac à Hyères*. 1995.

du candidat de la droite[26], uniquement axée sur sa personnalité, François Mitterrand prend la cohésion sociale et la solidarité comme thèmes de sa campagne, avec le slogan « la France unie ». Il propose d'amender la Constitution au sujet de la durée du mandat présidentiel[27], de l'extension du référendum aux problèmes de société et de l'institution d'un organisme garant des libertés de la presse audiovisuelle[28] ; il préconise également de continuer la politique de décentralisation entamée au cours du premier mandat, de moderniser l'économie par la recherche et la formation professionnelle, de réformer les structures de l'administration ainsi que de donner la priorité budgétaire à l'Éducation nationale. Enfin, une attention

---

23 Elles devront donc passer par le Parlement.

24 Beur : terme générique du registre familier pour désigner les descendants des immigrés installés en France, originaires d'Afrique du Nord.

25 Celui-ci impose à un individu dont les parents sont étrangers de demander la nationalité française à sa majorité (Vie Publique, "La nationalité française : 30 ans de débat").

26 Quelques slogans politiques de la campagne de Chirac : *"Le président qu'il nous faut"*, *"Il écoute, il rassemble : oui, c'est Chirac !"*

---

27 Ramené à cinq ans et renouvelable une seule fois.

28 Cet organisme est aujourd'hui le Conseil Supérieur de l'Audiovisuel (CSA), qui veille au respect des libertés constitutionnelles. Par exemple, il exerce un arbitrage sur les temps de parole des candidats au moment des élections ou règlemente strictement la diffusion des messages à but promotionnel, comme la publicité commerciale.

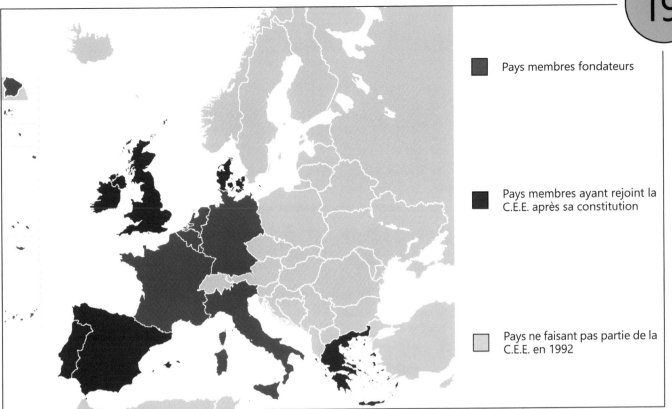

Pays membres fondateurs

Pays membres ayant rejoint la C.E.E. après sa constitution

Pays ne faisant pas partie de la C.E.E. en 1992

Fig. 19.19 : Jlogan. *La Communauté économique européenne (C.E.E.) en 1992, lors du traité de Maastricht.* 2007.

particulière est donnée à la construction de l'Europe et au développement de la culture dans le programme socialiste (Mitterrand, « Lettre à tous les Français »). Mitterrand est de nouveau élu, un net écart du nombre de voix le séparant de son adversaire politique.

Le second mandat : vers la recherche d'un consensus (1988-1995)

§ 194.f Dès la fin de son premier mandat, le président de la République sait qu'il est atteint d'un cancer mais il conservera le silence sur son état de santé jusqu'à la fin de son deuxième septennat, ce qui surprendra la France entière. Son expérience de la cohabitation l'amène à rechercher le consensus, non pas avec la majorité sortante, mais avec les partis politiques du centre-droit, tentative qui échoue. Pourtant, son ministre, Michel Rocard, parvient à créer le RMI et à rétablir l'impôt sur les grandes fortunes, supprimé par la droite au cours des deux années où elle était au gouvernement. Il crée aussi un impôt additionnel, la Cotisation Sociale Généralisée (CSG), afin de soutenir la sécurité sociale en déficit, prémisse des politiques d'austérité bientôt à l'ordre du jour.

§ 194.g Conséquence des grands bouleversements internationaux comme la guerre du Golfe, à laquelle la France participe, ou la chute du mur de Berlin, qui mènera à l'éclatement du bloc soviétique, François Mitterrand accélère la construction de l'Europe, ainsi que son tournant politique vers le néo-libéralisme. En effet, la nouvelle donne géopolitique ne permet plus à la France de se revendiquer comme tête de file d'un modèle de société qui ne serait ni capitaliste, ni marxiste. Pour ne pas être isolée sur la scène internationale et conserver son influence, la France doit faire partie des décideurs de l'Europe et s'engager pleinement dans le processus de sa construction, même si elle doit y sacrifier une partie de sa souveraineté, comme le reconnaît Mitterrand lui-même dans son programme (Ibid.). En 1992, le traité sur l'Union européenne, dit traité de Maastricht, est approuvé par référendum en France avec une très courte majorité et un fort taux d'abstention, ce qui semble indiquer que les Français entrent dans l'Europe à reculons. En effet, ils craignent que la mondialisation remette durablement en cause le système de répartition des richesses, certains doutant même qu'une politique sociale commune puisse être développée[29].

La seconde cohabitation

§ 194.h La victoire de la droite aux législatives de 1993 amène le Premier ministre Édouard Balladur au pouvoir. En effet, depuis la première cohabitation, Chirac a compris qu'il ne doit pas se compromettre dans les affaires de l'exécutif s'il souhaite conserver ses chances de remporter la présidentielle de 1995. La politique sociale de Balladur augmente les ressources des plus démunis tout en sévissant sur la question de l'immigration et de la sécurité. Il finance la politique sociale en lançant un emprunt public, alimenté par les économies des ménages, lequel a beaucoup de succès, puis il privatise des compagnies publiques, permettant aux Français d'en détenir les actions. En 1995, les bons résultats que Balladur a obtenus l'ont rendu assez populaire pour briguer la présidence de la République (Pierre-Brossolette et Valance). Mais lors de la campagne électorale, malgré une connivence de 30 ans avec Jacques Chirac, celui-ci le critique vivement, lui reprochant la mise en application d'une politique néolibérale qui accentue la « fracture sociale »[30]. Avec son slogan « Croire en la France », faisant écho aux grandes réalisations de l'ère gaulliste, Balladur lui oppose

Fig. 19.20 : Gyrostat. *Un cadenas utilisé pour bloquer la fac lors d'une grève, avec un autocollant en faveur des 35 heures.* 2014.

sa volonté de rendre au pays sa grandeur. Il ne convainc pas : c'est Jacques Chirac qui remporte les élections face à un candidat de la gauche improvisé, Lionel Jospin, en rupture avec le mitterrandisme.

5. Le retour de la droite

§ 195.a À son arrivée à l'Élysée, Chirac poursuit la politique de construction de l'Europe amorcée par François Mitterrand, avec son ministre Alain Juppé. La priorité est donnée à la réduction du déficit budgétaire, pour remplir les conditions de stabilité économique nécessaires à l'arrivée de l'Euro : le gouvernement augmente les impôts et mène des réformes sur le budget de la sécurité sociale et sur les retraites.

Cette atteinte à ce qui constitue l'essence même du pacte républicain mécontente gravement les Français : une série de grèves contre le plan Juppé est déclenchée au cours de l'hiver 1995-1996. Face à la grogne et craignant une mise en minorité des parlementaires de la droite, laquelle entraînerait de nouvelles élections législatives, Chirac prend l'initiative politique de dissoudre l'Assemblée nationale. Mais les élections qui suivent ne lui donnent pas la majorité des sièges escomptée. Cette défaite l'oblige à prendre un Premier ministre de gauche au pouvoir, Lionel Jospin, initiant un nouveau cycle de

---

29 Ce sera le cas de Charles Pasqua et de Philippe Seguin, gaullistes de la dernière heure.

30 Les inégalités économiques des Français favorisent la discrimination et les troubles de l'ordre public.

Fig. 19.21 : Pouhier, Éric. *Le président Chirac entouré par la presse*. 2007.

cohabitation entre les partis majoritaires de la République. Contre toute attente, le nouvel élu privatise plus de compagnies qu'aucun gouvernement ne l'a fait auparavant et, en ce sens, s'éloigne de la ligne politique mitterrandiste. Toutefois, sa politique sociale basée sur l'abaissement du travail hebdomadaire à 35 heures et la création d'emplois pour les jeunes permet de ramener le chômage en-dessous de la barre des 10 pour cent. Jospin crée également le Pacte Civil de Solidarité (PACS), qui permet aux couples homosexuels de bénéficier de certains droits appartenant jusqu'alors aux couples hétérosexuels mariés, ainsi que la Couverture Médicale Universelle (CMU), une sécurité sociale prenant en charge ceux qui, n'étant ni salariés, ni chômeurs, ne peuvent bénéficier d'aucune couverture médicale. Largement critiquées par la droite, ces mesures font néanmoins la popularité de Lionel Jospin. C'est également lui qui convainc Jacques Chirac de ramener la durée du mandat présidentiel à cinq ans au lieu de sept.

§ 195.b Au niveau international, Chirac compte bien réaffirmer la présence de la France dans le monde, notamment avec la reprise des essais nucléaires. Selon le président de l'Assemblée nationale, Philippe Seguin, membre du parti de la droite, la reprise des essais nucléaires obéit à la logique de la construction européenne, en témoignant de la capacité des pays membres à se défendre seuls en cas d'agression, sans l'aide des États-Unis (« La France garante de l'indépendance stratégique de la l'Europe »). Ce discours gaulliste est renforcé par l'intervention de la France dans le conflit de la Bosnie-Herzégovine au côté de l'OTAN : suite au massacre de Srebrenica et à la prise en otage de 174 casques bleus français, Jacques Chirac mobilise toutes les ressources diplomatiques pour créer une force internationale de réaction rapide. Celle-ci désenclave la ville de Sarajevo. Malgré le succès des opérations militaires, il faudra tout de même faire appel à l'administration américaine pour mettre fin au conflit. Un autre événement accroît la renommée internationale du nouveau président français en Israël. Le 22 octobre 1996, Jacques Chirac est en visite officielle à Jérusalem, où il souhaite se rendre dans la vieille ville pour rendre hommage aux trois religions monothéistes. Devant le comportement violent de la police israélienne, laquelle interdit aux commerçants palestiniens de venir le saluer, il se met

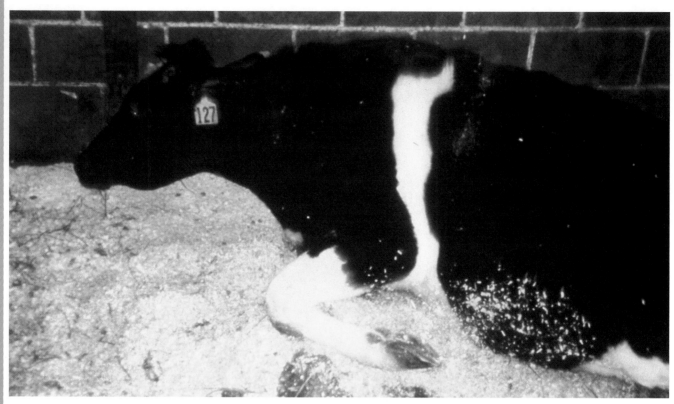

Fig. 19.22 : Art, Davis. *Vache atteinte d'encéphalie spongiforme bovine creusant convulsivement le sol avec ses pattes.* 2006.

en colère et menace de quitter le pays sur le champ, compromettant les relations diplomatiques entre la France et Israël. Le lendemain, au cours de sa visite dans la bande de Gaza, Jacques Chirac est accueilli en défenseur de la cause palestinienne et son « coup de gueule » devient international.

Le deuxième mandat de Jacques Chirac

§ 195.c Depuis 1995, l'Europe est devenue l'espace Schengen, abolissant les frontières physiques pour les citoyens européens. En 2002, une monnaie unique, l'Euro, est créée et l'Union Européenne compte désormais 25 pays membres, ce qui y accélère la libre circulation des biens et des personnes. Face à cette avancée vers la mondialisation, les Français sont plus conscients de leur ouverture au reste du monde et vivent mal différents événements qui semblent en découler : la contamination alimentaire[31], les catastrophes

écologiques[32], les attentats[33], la montée du radicalisme religieux[34], la marginalisation et la paupérisation des banlieues seraient tous les conséquences directes ou indirectes d'un système républicain ayant trouvé sa limite et ne pouvant plus protéger les citoyens contre la crise mondiale qui sévit. La mondialisation, que François Mitterrand a présentée aux Français comme une solution aux problèmes conjoncturels de la nation (« Lettre à tous les Français »), leur semble à présent mener à la remise en cause de l'idéal républicain, pour lequel leurs aïeux ont lutté et souffert tout au long de l'Histoire. Ils se sentent impuissants, interprétant tout événement de l'actualité comme un signe de déliquescence sociale. Au moment des élections de 2002, la gauche, représentée par Jospin, manque l'occasion de rassurer les Français, alors que Chirac tire habilement

31 L'affaire de la "vache folle" a fait grand bruit en France lorsqu'on s'est rendu compte que l'encéphalopathie spongiforme bovine, une maladie dégénérative du système nerveux des vaches, était transmissible aux humains par la consommation de viande et qu'elle avait pour origine l'utilisation de farines à base de cadavres d'animaux, destinées à nourrir les cheptels.

32 Il s'agit du naufrage de l'Erika, un pétrolier, sur les côtes bretonnes en 1999.

33 Par exemple, l'attentat contre le préfet Claude Érignac en Corse, qui remet à l'ordre du jour la question de l'indépendance de la Corse.

34 L'attentat du World Trade Center à New York a rempli la population française d'effroi, lui rappelant les moments les plus sombres de son histoire.

profit de l'inquiétude collective entretenue par le sensationnalisme sordide des médias audiovisuels (Mercier). Il concentre sa campagne sur les sujets de l'insécurité et de l'immigration, considérant que la « France est [...] sur la mauvaise pente », qu'elle est « moins sûre » et « moins forte » (La Dépêche du Midi). Cette exacerbation démagogique de l'actualité mène pourtant, au premier tour, à une pâle victoire de la droite : c'est l'extrême-droite du candidat Jean-Marie Le Pen qui semble en recueillir tout le bénéfice, car il parvient au second tour des élections, en ballotage contre Chirac. Ce revirement politique de la patrie des Droits de l'homme stupéfie et inquiète l'Europe toute entière. Mais pour Jacques Chirac, la bataille est déjà gagnée : bénéficiant du soutien des médias et de toutes les tendances politiques, il remporte les élections présidentielles haut-la-main, avec plus de 82 pour cent des suffrages exprimés.

Une baisse de popularité (2002-2005)

§ 195.d Avec Jean-Pierre Raffarin comme Premier ministre et avec une nouvelle majorité parlementaire, Chirac continue de mener ses réformes pour alléger les charges de l'État, notamment celle des retraites, laquelle suscite de nombreuses contestations, car elle remet en question des avantages acquis de haute lutte. De surcroît, la mort de milliers de personnes âgées, durant la canicule de 2003, pointe du doigt un gouvernement qui se soucie plus de renflouer ses caisses que du pacte de solidarité républicain. Toutefois, pour montrer son implication dans la mise en œuvre des promesses de campagne, le gouvernement médiatise les actions de son nouveau ministre de l'Intérieur, Nicolas Sarkozy, contre la délinquance et les infractions routières. Malgré des propositions de loi à la limite de l'inconstitutionnalité[35], il devient très populaire.

Fig. 19.23 : Justinc. *Affiche de propagande pour le référendum sur la Constitution européenne.* 2005.

Politique extérieure

§ 195.e La politique extérieure adoptée par Chirac, notamment la guerre en Afghanistan, menée conjointement avec les États-Unis pour renverser les talibans, redore le blason français. Surtout, le refus de Chirac d'intervenir dans la seconde guerre du Golfe et de privilégier la solution diplomatique en obligeant les États-Unis à passer par l'ONU avant toute intervention militaire (Villepin) affirme l'indépendance politique de la France, bien qu'il nuise aux relations franco-américaines pendant plusieurs mois. Dans un climat d'anti-américanisme, où la politique du président Bush est incessamment critiquée, Chirac en ressort grandi aux yeux des Français comme aux yeux de l'Allemagne, de la Chine, de la Russie et du Tiers-Monde. Ce regain de popularité est toutefois atténué par le « non » des Français au référendum sur la Constitution européenne, le 29 mai 2005. Ces derniers craignent en effet d'abandonner ce qui reste de la mise en application des principes républicains, en renonçant à une partie de la souveraineté française, la nouvelle

---

35 Par exemple, il souhaitait mettre en place des peines planchers pour les détenus, contraire au principe selon lequel la durée à passer en prison doit être fixée selon les cas. Un autre exemple est l'extension du fichage génétique à tous les délits, ce qui permit le fichage des agitateurs politiques opposés aux décisions gouvernementales (Rap).

constitution étant soupçonnée de ne bénéficier qu'aux multinationales.

Gouvernement Villepin (2005-2007)

§ 195.f Face à ce refus, le Premier ministre doit démissionner, immédiatement remplacé par Dominique de Villepin, assisté de Nicolas Sarkozy, qui cumule les postes de ministre d'État et de ministre de l'Intérieur. Parallèlement, suite à la mort de deux banlieusards poursuivis par la police, des émeutes sanglantes déclenchées par des jeunes, ne se reconnaissant plus dans les valeurs, l'ordre social et les institutions républicaines, éclatent dans toutes les villes importantes. Elles dureront trois semaines. Des milliers de voitures sont incendiées et des quartiers sont saccagés par les jeunes des cités. Nicolas Sarkozy, à qui certains journalistes imputent la responsabilité des faits pour ses invectives à l'encontre des banlieusards (Gracieux)[36], réprime énergiquement l'insurrection, après que l'État d'urgence a été décrété par le Premier ministre. Si beaucoup de Français ont salué l'intervention musclée du gouvernement sur le moment, cet événement a aussi contribué à accentuer le malaise social, rendant impossible toute réconciliation entre une jeunesse désabusée et le monde politique. Le Contrat première embauche (CPE), mis en place quelques mois plus tard par Dominique de Villepin et qui donne plus de flexibilité à l'employeur au détriment des jeunes employés, provoque une nouvelle vague

Fig. 19.24 : A.J. L'un des 9193 véhicules incendiés lors des émeutes de 2005 (Ministère de l'Intérieur). 2005.

de protestations, accompagnées de violences urbaines, obligeant Chirac à annoncer le retrait du projet de loi. C'est dans ce contexte maussade que les élections présidentielles de 2007 sont inaugurées.

6. Progrès et cultures

Déconstruction et reconstruction

§ 196.a Essayer de donner une vision cohérente, homogène et organisée des manifestations culturelles et intellectuelles en France, dans la seconde moitié du XXᵉ siècle, en quelques paragraphes, paraît une tentative vouée à l'échec, tant celles-ci sont nombreuses, diverses et versatiles. Toutefois, à cette étape de la civilisation française, où les guerres se passent en dehors du territoire national, où la parole politique contestataire a toute licence de s'exprimer et où la remise en question des systèmes de pensée a été amorcée, il semble qu'il existe un besoin de déconstruction et de reconstruction des formes de la réflexion dans tous les domaines de l'art et de la culture : dans les arts plastiques, on parle de « Nouveau réalisme », en littérature, de « Nouveau roman », dans le domaine du cinéma, de « Nouvelle vague » et les tentatives pour réinventer la culture avec

---

36 Le 20 juin 2005, le ministre de l'Intérieur a déclaré vouloir "nettoyer les cités au Karcher". Le 25 octobre, il déclare à une habitante qu'il va la débarrasser des "bandes de racailles", en faisant allusion aux jeunes des banlieues.

des tendances neuves se succèdent jusque dans les années 80. Au-delà, les Français entrent pleinement dans la société de consommation et des loisirs, telle que nous la connaissons aujourd'hui : les problèmes de société et les enjeux mondiaux occupent le devant de l'actualité et on a l'impression que la culture n'est plus traversée que par des modes plus ou moins éphémères éclipsant le domaine de la recherche artistique.

Les années « yé-yé » et l'explosion de la pop-musique (1959-1970)

§ 196.b Événement socio-culturel sans précédent, le yé-yé[37] peut être défini comme un mouvement d'émancipation de la jeunesse grâce à une musique importée des États-Unis. Cette tendance se nourrit de la vulgarisation de la radio transportable et de celle du disque Vinyle « 33 tours », alors qu'une nouvelle émission radiophonique très en vogue vient d'apparaître sur les ondes, « Salut les copains ! », au succès fulgurant. Il s'agit du premier phénomène de masse d'identification des adolescents à leurs idoles, musiciens ou chanteurs du twist ou du rock'n'roll qui, s'il semble symptomatique de la fracture de mai 68 et des crises qui vont suivre, provoque également un rajeunissement de la société (Lemieux, « Il a été le premier des yéyés »). La jeunesse de cette époque n'étant pas encore anglophone, ce sont surtout des groupes français[38] ou des chanteurs francophones comme Johnny Hallyday, Sylvie Vartan, Dalida, Claude François, Françoise Hardy, Eddy Mitchell ou Richard Anthony qui font la une des magazines de la jeunesse ou l'actualité des émissions radios. Pour autant, la chanson à texte de la décennie précédente n'est pas encore morte et fera encore un long chemin : Édith Piaf, Charles Trenet, Tino Rossi ou Yves Montand continuent de chanter. Parallèlement, une nouvelle génération de paroliers au style très innovant, tels

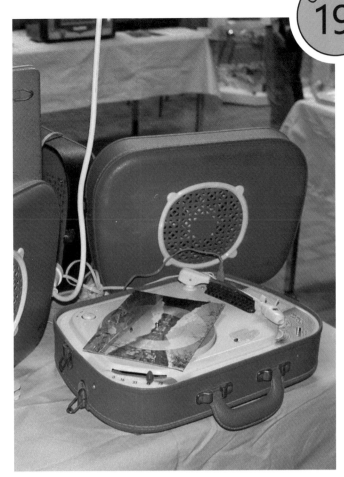

Fig. 19.25 : Finot, Christophe. *Le gramophone ou tourne-disque portatif, objet incontournable de la génération yé-yé.* 2010.

Serge Gainsbourg ou Jacques Dutronc, est en train de monter. Les progrès technologiques appliqués au domaine musical[39] et le développement de la société de consommation ne font qu'exacerber ce phénomène sociologique de la « pop-musique », obéissant aux contraintes de la radiodiffusion ou de la télévision : d'une durée limitée, la structure mélodique et les paroles des chansons sont accessibles au grand public et obéissent à une logique commerciale, au contraire du jazz, de la musique classique ou de la musique folklorique.

La recherche musicale

§ 196.c En marge de ce phénomène culturel de masse qui est supposé émanciper les jeunes des normes culturelles, d'autres tentatives pour libérer la musique voient le jour en Europe dans les années 50. L'ambition du projet

---

37 Initialement, cette expression vient de l'anglais américain "yeah", un raccourci sémantique qui caricature la façon dont les Américains, qui avaient exporté cette culture, s'expriment.

38 "Les Chats Sauvages" ou "Les Chaussettes Noires" pour ne citer que les plus connus.

39 Par exemple, avec la vulgarisation du synthétiseur dans les années 70.

dodécaphonique lancé par Schönberg est de créer une musique qui ne se fonde plus sur la tonalité, le système occidental d'organisation des harmoniques en vigueur depuis la Renaissance, mais sur une succession de douze sons de même importance[40]. Par ailleurs, le rythme n'est plus scandé de façon redondante : le marquage du temps consiste en pulsations irrégulières. Cette nouvelle organisation des notes, qui trompe l'attente de l'auditeur, habitué à un certain type de redondance des harmoniques, ouvre la voie à une nouvelle expression des sentiments, peut-être plus intime et plus vraie, car celle-ci n'est pas contrainte par la dictature d'un système (Attali). Le dodécaphonisme mènera à la musique sérielle, dont les représentants en France sont Olivier Messiaen, André Jolivet ou Pierre Boulez.

Les chorégraphies de Béjart

§ 196.d Un effort similaire pour renouveler les normes de l'expression artistique est fourni dans le domaine de la danse par le chorégraphe Maurice Béjart, voulant donner à ses spectacles la dimension d'une œuvre totale intégrant le chant, l'audiovisuel et la danse. Surtout, la grande originalité de Béjart est dans l'expression des corps libérés des conventions du ballet classique et dans son inspiration qui puise à des sources multiples : Tchaïkovski, Ionesco, Jacques Brel, le groupe de rock Queen et même le Coran. Par son originalité, Béjart est de ceux qui ont contribué à l'apparition de la danse moderne.

Les arts informels

§ 196.e Dans la seconde moitié du XXᵉ siècle, une profusion d'expressions artistiques s'appuyant sur une remise en question des fondements traditionnels des arts plastiques voit le jour. Ces courants ont toutefois leur origine dans les pre-

Fig. 19.26 : Anonyme. *Maurice Béjart*. 1984.

miers balbutiements de l'art moderne, rompant avec la figuration traditionnelle des formes sur des supports conventionnels, comme le cubisme, le dadaïsme, le surréalisme ou l'art abstrait[41]. À partir des années 50, les artistes de l'école européenne d'abstraction lyrique souhaitent créer une forme d'expression des sentiments qui s'opposerait à la froideur et à l'impersonnalité des œuvres issues de l'abstraction géométrique ou du constructivisme. Il s'agit pour eux de réhabiliter la place de l'artiste dans son œuvre, afin qu'elle y soit le reflet de ses émotions. Pour y parvenir, les créateurs s'accordent une plus grande liberté de mouvement que Kandinsky, pourtant considéré comme le père de l'abstraction, mais qui limite les formes qu'il peint à des espaces géométriques : ainsi, à l'exemple de Pierre Soulages, Jean-Paul Riopelle, Georges Matthieu ou Olivier Debré, le pinceau de l'artiste parcourt à grands gestes l'espace de la toile. Un peu plus tard, l'abstraction lyrique donnera naissance au

---

40 Traditionnellement, la gamme tonale comporte le même type d'organisation : sept notes dont l'intervalle peut valoir un ou deux degrés chromatiques (un ou deux demi-tons). Ainsi, entre do et ré, il y a deux demi-tons (l'intervalle do - do dièse et l'intervalle do dièse - ré) mais il y en a seulement un entre mi et fa ("mi dièse" étant, techniquement, un fa). Le système dodécaphonique remet en question cette division et attribue la même valeur à tous les intervalles.

---

41 À ce sujet, se référer aux chapitres 14 et 16.

tachisme, à l'initiative de Riopelle et de Soulages, qui s'apparente au courant américain de l'expressionnisme abstrait, où la toile n'est plus un support mais le lieu d'un événement (Rosenberg).

§ 196.f À la même période et puisant aux mêmes sources du dadaïsme, du surréalisme et de l'art abstrait, le matiérisme fait son apparition. Pour ses adeptes, la toile devient un espace en trois dimensions, suite à l'adjonction de textures élaborées à partir de matériaux vulgaires comme la colle, le sable, la terre ou des chiffons[42]. Ceux-ci donnent aux œuvres une profondeur unique grâce aux jeux de lumière créés par le relief et donnent au spectateur la possibilité de revivre les différentes phases de l'élaboration du projet. Jean Fautrier et Jean Dubuffet représentent bien la tendance matiériste en France, par leurs compositions picturales texturées, mais cette esthétique a également vu le jour dans d'autres pays européens.

Le Nouveau réalisme

§ 196.g À partir des années 60, un mouvement artistique tente de rompre avec l'art informel[43] de la période précédente, en prônant un retour au réel. Semblable dans son formalisme à la tendance *Pop Art* américaine, cette esthétique cherche toutefois à éviter la mimesis de l'art figuratif en composant des œuvres, notamment à partir d'objets prélevés d'un contexte particulier, pour en faire des symboles. Par exemple, les compressions d'automobile de l'artiste César font référence à l'un des objets cultes de la société de consommation, tout en le transformant en une représentation symbolique, parlant à l'inconscient de chacun. Dans un genre plus innovant, la série des Nanas, composée par l'artiste féministe Niki de Saint-Phalle, symbolise différents aspects de la femme en même temps que son importance : sa joie, sa force physique et son émancipation (Morineau, Quelle féministe était Niki de Saint Phalle ?). Surtout, la sculpture

Fig. 19.27 : De Saint Phalle, Niki. *L'ange protecteur*. 1997. Oeuvre localisée dans le hall de la gare de Zurich. Crédit photo : Gorodivola, 1982.

monumentale *Hon*, représentant une « nana » allongée sur le dos, constitue un édifice renfermant un labyrinthe où les visiteurs accèdent par l'emplacement du vagin. À l'intérieur, ils trouvent des jeux et des œuvres d'art dans une ambiance décalée. Symbolisant la fécondité de la femme, mais aussi son rapport à un monde qui lui refuse sa place, cette œuvre est détruite trois mois après sa construction, lors d'une performance évoquant la misogynie violente de la société masculine et sa dissimulation[44].

Expressions littéraires

§ 196.h Comme dans la première moitié du XXe siècle, la profusion et la variété des œuvres rendent difficile la présentation d'une vue

---

42 Par opposition aux matériaux nobles des écoles figuratives, comme le plâtre, le bronze, la gouache ou l'aquarelle.

43 C'est-à-dire l'abstraction lyrique et le matiérisme. Voir paragraphe précédent.

44 Des équipes composées exclusivement d'hommes lui arrachent les seins puis Niki de Saint-Phalle ajoute une couche de peinture sur le corps mutilé (Morineau et al., *Niki de Saint Phalle : exposition, Grand Palais, 17 septembre 2014-2 février 2015* : 60).

d'ensemble de la littérature, de la fin des années 50 jusqu'à aujourd'hui. Beaucoup de travaux littéraires s'inscrivent dans la continuité d'une tradition d'écriture et c'est pourquoi il n'en sera pas fait mention ici. En revanche, à l'instar de domaines d'expression artistique évoqués précédemment, certains auteurs n'ont pas échappé à la tentation de déconstruire le matériel conventionnel des genres ou d'en renouveler les canevas.

Le Nouveau roman

§ 196.i Le roman *Tropisme*, de Nathalie Sarraute, est le premier d'un ensemble de travaux regroupés sous une commune étiquette, dont il est difficile de dire si elle désigne un courant littéraire bien circonscrit à l'impact significatif. L'expression « Nouveau roman » est attribuée à Émile Henriot, journaliste du *Monde* qui, le 22 mai 1957, consacre un article au roman de Sarraute et à celui d'Alain Robbe-Grillet, *La Jalousie*. À cette époque, les « nouveaux romanciers » sont, en général, des auteurs marginaux, peu appréciés du public, à l'exception de Michel Butor, acclamé par toute la presse (Wolf 27-28). En 1958, lors d'une table ronde organisée par *Le Figaro littéraire*, la question de l'existence d'une nouvelle école est posée à certains d'entre eux, à laquelle Robbe-Grillet répond évasivement, en parlant de « tendances nouvelles dans le roman » (Ibid.). Par cette réplique, il révèle son souhait de se démarquer de l'école romanesque traditionnelle, laquelle n'a que trop longtemps imposé son dictat à l'écrivain.

§ 196.j En effet, les expériences menées par les nouveaux romanciers cherchent à détruire les conventions établies par les auteurs du XIXe siècle. Ces derniers exaltaient le concept d'individu au travers du personnage, par opposition aux œuvres classiques qui célébraient les héros de l'Antiquité[45]. Dans le Nouveau roman, les procédés narratifs visant à camper les traits physiques et la psychologie des protagonistes, ce qui suppose une banalisation progressive des stéréotypes reposant sur une tentative d'imitation du

Fig. 19.28 : Motzkau, Holger. *Jean-Marie Gustave Le Clézio, à une presse de conférence à Stockolm*. 2008. Un moment associé au Nouveau roman, il est devenu l'un des auteurs français les plus acclamés de sa génération.

réel, sont remis en cause par leur destruction. Ainsi, les personnages sont parfois sans identité, sans nom ou alors leurs voix sont diluées dans la narration, sans qu'on puisse les identifier. Le héros romanesque n'est plus que le support d'une expérience d'écriture où l'écrivain explore des « flux de conscience », c'est-à-dire les impulsions naturelles de la pensée à la limite de l'inconscient qui, comme le dit Sarraute, constituent « la source secrète de notre existence » (« Le langage dans l'art du roman »). Quant à l'histoire, elle peut ne plus suivre la linéarité implacable du canevas traditionnel, puisqu'elle s'attache à une pensée : les scènes ne sont plus organisées chronologiquement, elles peuvent se succéder dans le désordre, se répéter tout en modifiant des détails[46] ou plusieurs narrations peuvent fusion-

---

45 À ce sujet, voir §136b.

46 Comme c'est le cas dans *La Jalousie*, d'Alain Robbe-Grillet.

ner[47]. La supercherie que constitue le réalisme du roman traditionnel en voulant imiter l'existence par l'illusion référentielle est bousculée par une écriture qui ne cherche pas à épuiser le réel : au contraire elle revendique le caractère authentique de l'interprétation subjective.

D'autres évolutions dans la littérature

§ 196.k La remise en question des modèles de société traditionnels et l'avènement du consumérisme de masse donnent naissance à un florilège de genres littéraires : l'autobiographie, dont le succès jamais démenti reflète l'intérêt nouveau des Français pour les grands hommes, la littérature féminine, qui marque l'après-68 par une entrée importante des femmes dans le monde de la littérature (Rey 482-483), mais aussi les genres regroupés sous l'étiquette marginalisante de « paralittérature », c'est-à-dire la science-fiction, la bande dessinée, la littérature enfantine, le roman policier, sentimental ou érotique. Ces types d'ouvrages connaissent un engouement croissant jusqu'à aujourd'hui, représentant plus de 20 pour cent du marché total du livre en 2011[48], les grands genres comme le théâtre ou la poésie étant finalement moins plébiscités (Ministère de la Culture et de la Communication). La libéralisation des mœurs, l'ouverture des Français à la culture des loisirs, le développement incessant des moyens de communication sont autant de raisons qui peuvent expliquer la place secondaire des lettres modernes dans la vie culturelle des Français. Mais cette diversification de l'intérêt ne traduit pas forcément une méconnaissance de la littérature française plus ancienne ou la mort des intellectuels, comme certains le prétendent (Conan). En effet, les programmes de l'Éducation nationale mettent encore beaucoup l'accent sur les œuvres écrites de toutes les époques et cette connaissance apparaît naturellement en filigrane à tous les niveaux de la culture actuelle.

---

47 Comme dans *La route des Flandres*, de Claude Simon.

48 Le marché du livre comprend aussi bien les genres canoniques de la littérature que les ouvrages scolaires, parascolaires, scientifiques, les livres pour les loisirs ou les ouvrages spécialisés en tout genre.

Fig. 19.29 : Stevens, Gary. *Jean-Luc Godard à Berkeley*. 1968.

La Nouvelle vague

§ 196.l De même que le Nouveau roman constitue une réaction contre l'esthétique romanesque conventionnelle, la Nouvelle vague naît à la fin des années 50 d'un besoin de renouveler les principes directeurs du septième art. À l'origine, les jeunes cinéastes qui constituent ce mouvement sont critiques de film dans la revue des *Cahiers du cinéma*, fondé en 1951 par André Bazin : ce sont Jean-Luc Godard, François Truffaut, Claude Chabrol, Éric Rohmer et Jacques Rivette, pour ne citer que les plus connus. Ces cinéphiles reprochent au cinéma français sa rigidité académique et ses nombreuses adaptations d'œuvres issues de la culture littéraire. Ils aspirent à changer les thèmes abordés, mais aussi la façon de tourner et de monter les films. En 1959, Jean-Luc Godard tourne *À bout de souffle* avec un budget minimum : caméra au poing ou utilisant un fauteuil roulant pour les plans suivis, il filme en un mois les péripéties d'un jeune délinquant et d'une étudiante américaine à Paris, interprétés par Jean-Paul Belmondo et Jean Seberg. Les deux acteurs improvisent leur texte la plupart du temps, Godard se contentant de leur donner des indications sur le lieu du tournage, c'est-à-dire en pleine rue. Au montage, le réalisateur compose un film avec des scènes sans transition, donnant un aspect cruellement réaliste aux événements, lesquels contrastent avec l'enthousiasme et la fraîcheur des protagonistes, symboles d'une jeunesse en quête d'elle-même et vivant à côté du monde. À sa sortie dans les salles, le film est un succès retentissant et sera le point de départ de la Nouvelle vague qui suscitera un engouement certain jusqu'au milieu des années 60. L'impact de ce mouvement cinématographique perdure jusqu'à aujourd'hui, source d'inspiration pour ce qu'on appelle maintenant le « cinéma d'auteur » et qui s'oppose aux canevas traditionnels des gros succès commerciaux.

Références

Livres, articles et documents vidéo

- *À bout de souffle*. Réal. Jean-Luc Godard. Interpr. Jean Seberg, Jean-Paul Belmondo, Daniel Boulanger. Société Nouvelle de Cinématographie / Imperia Films. 1960. Film.

- Assemblée nationale. « Les deux mandats de François Mitterrand ». *Assemblée Nationale*, s.d. Web. 29 sept. 2015. 🌍

- Attali, Jacques. « Répéter ». *Bruits*. Paris: PUF, 1977. Imprimé.

- Barré, Alain. « Quelques données statistiques et spatiales sur la genèse du réseau autoroutier français ». *Annales de géographie* 106. 593 (1997): 229-240. Imprimé.

- Brunet, Jean-Paul. *Police contre FLN : le drame d'octobre 1961*. Paris: Flammarion, 1999. Imprimé.

- Chabrun, Laurent, Jérôme Dupuis et Jean-Marie Pontaut. « Mai 68. Les archives secrètes de la police. » *L'express*, 19 mars 1998. Web. 06 sept. 16. 🌍

- Conan, Éric. « La fin des intellectuels français ». *L'Express*, 30 nov. 2000. Web. 06 sept. 2016. 🌍

- De Gaulle, Charles. Allocution radiodiffusée du 30 mai 1968. ORTF. 30 mai 1968. Allocution radiodiffusée. 🌍

- —. Conférence de presse du 10 novembre 1959. ORTF. 10 nov. 1959. Conférence de presse. 🌍

- —. Conférence de presse du 27 novembre 1967. ORTF. 27 nov. 1967. Conférence de presse. 🌍

- —. Conférence de presse du 31 janvier 1964. ORTF. 31 jan. 1964. Conférence de presse. 🌍

- —. « Le général de Gaulle vous parle ». ORTF. 20 sept. 1962. Allocution télévisée. 🌍

- —. Message radiotélévisé du général de Gaulle du 23 avril 1961. ORTF. 23 avr. 1961. Allocution radiotélévisée. 🌍

- Démaret, Pierre. « Alger : les dernières heures d'une insurrection ». *Historia magazine*. 301 (1973): 240-246. Imprimé.

- *Der Spiegel*. « Massu-interview : die Letze Kugel ». *Der Spiegel* 03 fev. 1960. Imprimé. 🌍

- « Dissolution de l'Assemblée Nationale ». Danièle Breem. *Journal télévisé du 30 mai 1968*. ORTF. 30 mai 1968. Télévision. 🌍

- De Villepin, Dominique. « Discours à l'ONU contre la guerre en Irak. » Siège new-yorkais de l'Organisation des Nations Unies. 14 fév. 2003. Discours. 🌍

- Durand-de-Jongh, France. *De la fusée Véronique au lanceur Ariane : une histoire d'hommes, 1945-1979*. Paris: Stock, 1998. Imprimé.

- *François Mitterrand, à bout portant, 1993-1996*. Réal. Jean-Michel Djian. France 2. 2011. Télévision. 🌍

- Frèrejean, Alain. *C'était Georges Pompidou*. Paris: Fayard, 2007. Imprimé.

- Giscard d'Estaing, Valery. Discours d'investiture. Paris. 27 mai 1974. Discours. 🌍

- Gracieux, Christophe. « Les émeutes dans les banlieues françaises en 2005 ». *Jalons*. s.d. Web. 1 oct. 2015. 🌍

- La Dépêche du Midi. « Chirac présente son programme ». *La Dépêche du Midi*. 15 mars 2002. Web. 06 sept. 2016. 🌍

- Lacouture, Jean. *De Gaulle. 3, Le Souverain : 1959-1970*. Paris: Seuil, 1986. Imprimé.

- « La France est-elle plus égalitaire que ses voisins ? » Réal. Bernard Maris. *L'éco du jour*. France Inter. 2011. Radio. 🌐

- Lemieux, Emmanuel. « Il a été le premier des yéyés. » *Les influences : l'agence de presse des idées.* 20 oct. 2009. Web. 02 oct. 15. 🌐

- L'Obs. « Les acteurs de mai 68. » *L'Obs*. Le Nouvel Observateur, 27 mars 2008. Web. 25 sept. 2015. 🌐

- Mercier, Arnaud. « Les médias en campagne ». Perrineau, Pascal et Colette Ysmal. *Le vote de tous les refus : les élections présidentielles et législatives de 2002.* Paris: Presses de la Fondation nationale des sciences politiques, 2003. 53-77. Imprimé.

- Ministère de la Culture et de la Communication. *Le secteur du livre : chiffres-clés 2011-2012.* Paris: Direction générale des médias et des industries culturelles, 2013. Web. 06 sept. 2015. 🌐

- Ministère de l'Intérieur. « Résultats des élections législatives 2012 ». *Interieur.gouv.fr.* Web. 06 09 16. 🌐

- Mitterrand, François. *Le coup d'État permanent.* Paris: Plon, 1964. Imprimé.

- —. « Lettre à tous les Français ». 1988. Imprimé.

- Morineau, Camille, Lucia Pesapane, Masciej Fiszer et Thimothée Ma Mung. *Niki de Saint Phalle : exposition, Grand Palais, 17 septembre 2014-2 février 2015.* Paris: RMN-Grand Palais, 2014. Imprimé.

- —. « Quelle féministe était Niki de Saint Phalle ? La réponse de Camille Morineau. » France 24. 17 sept. 2014. Télévision. 🌐

- Peyrefitte, Alain. *C'était de Gaulle.* Paris: Gallimard, 2000. Imprimé.

- Pierre-Brossolette, Sylvie et Valance Georges. « Chirac-Balladur : le choc. » *L'Express.fr.* L'Express. 20 jan. 1994. Web. 06 sept. 2016. 🌐

- Pozzi, Jérôme. « L'Appel des 43 et le mouvement gaulliste : manœuvre politique, relève générationnelle et fronde des "godillots" ». *Parlements* (2007) : 178. Imprimé.

- Rap, Carole. « Grève de la salive chez les réfractaires au fichage ADN ». *Libération.fr.* Libération. 13 nov. 2006. Web. 06 sept. 2016. 🌐

- Rey, Cotentin. *Les grandes étapes de la civilisation française.* Paris: Bordas, 1991. Imprimé.

- Rosenberg, Harold. « The American Action Painters ». *Art News.* December 1952. Imprimé.

- Sarraute, Nathalie. « Le langage dans l'art du roman ». *Oeuvres complètes.* Paris: Gallimard, 1996. 1679-1694. Imprimé.

- Séguin, Philippe. « La France, garante de l'indépendance stratégique de l'Europe ». *Le Figaro.* 03 août 1995. Imprimé.

- Susini, Jean Jacques. *Histoire de l'OAS.* Paris: La Table Ronde, 1964. Imprimé.

- Tartakowsky, Danielle. *Les manifestations de rue en France, 1918-1968.* Paris: Publications de la Sorbonne, 1997. Imprimé.

- Vie Publique. « La nationalité française : 30 ans de débat ». *Vie Publique, au coeur du débat publique.* 6 jan. 2016. Web. 14 nov. 2016. 🌐

- Wieder, Thomas. « Quand se joue l'élection présidentielle ? » *LeMonde.fr.* Le Monde, 12 jan. 2012. Web. 14 nov. 2016. 🌐

- Wolf, Nelly. *Une littérature sans histoire : essai sur le Nouveau Roman.* Genève: Droz, 1995. Imprimé.

Liens utiles à consulter

- Ina.fr

  « 1ᵉʳ mai 1968 : chronologie des événements » 🌐

  « Alain Robbe Grillet Le nouveau lecteur » 🌐

  « Chirac et l'immigration : "le bruit et l'odeur" » 🌐

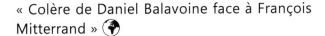

« Colère de Daniel Balavoine face à François Mitterrand » 🌐

« Daniel Cohn Bendit revient sur les évènements de mai 68 » 🌐

« Françoise Dolto à propos de la fessée » 🌐

« Jean-Luc Godard à Cannes sur "A bout de souffle" » 🌐

« La rupture du Programme Commun : déclaration à la presse de Marchais et Fabre » 🌐

« Les 4 vérités : Daniel Cohn Bendit » 🌐

« Massacres pieds noirs et harki en 1962 » 🌐

« Maurice Béjart danseur en 1960 » 🌐

« Maurice Béjart sur le rôle du danseur » 🌐

« Michel Butor et *La modification* » 🌐

« Niki de Saint Phalle » 🌐

« Témoignage Frank Ténot sur le concert yéyé à la Nation » 🌐

« Vingtième anniversaire de la manifestation FLN contre le couvre-feu à Paris » 🌐

- YouTube

  « Le témoignage de Germaine Ripoll, l'Arzewienne » 🌐

Médiathèque

- *À bout de souffle*. Réal. Jean-Luc Godard. Interpr. Jean Seberg, Jean-Paul Belmondo, Daniel Boulanger. Société Nouvelle de Cinématographie / Imperia Films. 1960. Film. 🌐

  [00:27:04 - 00:36:50]

- *Deux ou trois choses que je sais d'elle*. Réal. Jean-Luc Godard. Interpr. Marina Vlady, Anny Duperey, Joseph Gehrard. Anouchka Films / Les Films du Carosse / La Société des Films Sirius. 1967. Film. 🌐

  [00:11:47 - 00:21:04]

- *Gainsbourg (vie héroïque)*. Réal. Joann Sfar. Interpr. Eric Elmosnino, Lucy Gordon, Laetitia Casta. Xilam / Orange Studio. 2010. Film. 🌐

  [01:54:25 - 02:03:40]

- *La Cinquième République et ses monarques*. Réal. Michèle Dominici. Interpr. Paul Alliès, Malek Boutih, Guy Carcassonne. Arte. 2013. Documentary. 🌐

  [00:02:25 - 00:11:20]

- *Le péril jeune*. Réal. Cédric Klapisch. Interpr. Romain Duris, Vincent Elbaz, Nicolas Koretzky. Vertigo Production / La Sept-Arte. 1994. Movie. 🌐

  [00:17:00 - 00:26:21]

  [00:32:20 - 00:39:00]

L'exception socio-culturelle française

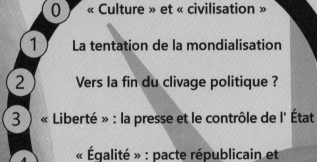

0 — « Culture » et « civilisation »

1 — La tentation de la mondialisation

2 — Vers la fin du clivage politique ?

3 — « Liberté » : la presse et le contrôle de l' État

4 — « Égalité » : pacte républicain et mondialisation

5 — « Fraternité » : un idéal à plusieurs vitesses ?

Recto :

Fig. 20.0.a : Cyclotron. *Nicolas Sarkozy et François Hollande lors de la cérémonie de passation de pouvoir du Président de la République.* 2012.

Fig. 20.0.b : DXR. *Siège de la Banque centrale européenne, à Francfort.* 2015.

Fig. 20.0.c : Vanleene, François. *Fronton de l'Assemblée nationale, à Paris.* 2009.

Fig. 20.0.d : Evans, Steve. *Une femme portant le "niqab", un vêtement préservant intégralement la pudeur féminine.* 2005.

Fig. 20.0.e : (image de fond) : Vanleene, François. *Réplique de la statue de la liberté sous le pont de Grenelle, à Paris, tournée dans la direction de New York.* 2013.

O. « Culture » et « civilisation »

§ 200 L'étude de la civilisation en tant que progrès repose sur la sélection et le recoupement de données anthropologiques, sociologiques, politiques ou culturelles replacées dans leur contexte historique. Au cours des chapitres précédents, nous avons tenté de mettre en lumière les grandes étapes de ce processus, en nous demandant ce que chacune avait apporté à la construction d'une « culture française », à supposer qu'il existe une permanence, une homogénéité et une singularité des traits culturels inconscients imprégnant les individus d'une société donnée. L'« identité culturelle », quant à elle, en tant que phénomène d'identification consciente à un groupe, résulte d'un besoin naturel de singularisation ou d'assimilation des individus. La notion de civilisation française, à la fois processus et résultat, héritage et appropriation, semble être à la croisée de ces deux concepts.

Fig. 20.1 : Boizot, Louis-Simon. *La Philosophie découvrant la Vérité*. Circa 1799. Notez le buste de Rousseau sur le mur droit.

Dans la tradition des Lumières le terme de civilisation renvoie à une éthique universaliste[1] et évolutionniste, émanant d'une nation qui a réalisé son unité nationale sur plusieurs siècles, comme c'était le cas en 1789, quand la *Déclaration des droits de l'homme et du citoyen* a été rédigée. Cette idée d'universalisme a justifié les révolutions qui se sont succédé tout au long du XIXe siècle, mais aussi la colonisation[2], l'exportation du savoir-faire à la française (la gastronomie, la mode etc.) et surtout la constitution d'un État fort, centralisateur[3] et interventionniste, dont la mission était à la fois de diffuser l'humanisme des Lumières et de veiller à ce que cet idéal soit concrétisé dans la société, par exemple avec des lois privilégiant le principe de solidarité nationale[4]. Par-delà les clivages politiques et socio-culturels qui existent dans leur pays, les Français semblent toujours croire qu'ils sont investis d'une mission civilisatrice, raison pour laquelle ils passent pour « donneurs de leçons » aux yeux de ressortissants d'autres pays.

À titre de comparaison, le terme *Zivilisation* revêt une toute autre signification dans l'Allemagne contemporaine des Lumières : il renvoie exclusivement au raffinement aristocratique et aux usages de cour, le mot *Kultur* étant préféré pour exprimer l'idée globale d'enrichissement culturel et intellectuel

---

1 À titre d'exemple, le premier article de *la Déclaration des droits de l'homme et du citoyen* : "Les hommes naissent et demeurent libres et égaux en droits. Les distinctions sociales ne peuvent être fondées que sur l'utilité commune."

2 Il s'agissait d'apporter les "lumières" de la civilisation à des pays jugés "primitifs".

3 Pour éduquer et protéger les citoyens, ainsi que pour équilibrer les relations qu'ils entretiennent les uns avec les autres.

4 La notion d'État est apparue très tôt en France, découlant principalement du géocentrisme parisien. Particulièrement vivace chez Colbert, sous le règne de Louis XIV, ce concept ne disparaît pas pour autant à la Révolution : le jacobinisme, puis l'administration territoriale de Napoléon contribuent à sa cristallisation institutionnelle, notamment avec la centralisation du pouvoir. Au cours des siècles, l'apparition de l'État obéit à une logique implacable et cette notion contribue elle aussi à définir la lexie "civilisation française".

(Kant) et, par extension, d'esprit de la nation dans sa spécificité (Herder). Comme on le sait, poussé à l'extrême, ce concept aboutira à l'idéologie ethnico-raciale allemande qui prévaudra dans la première moitié du XXe siècle. En France, la notion de culture est, en général, subordonnée aux idéaux civilisationnels (en architecture, en art plastique, dans les arts de la table, dans la mode, en littérature, en philosophie etc.) ainsi qu'aux normes fixées par l'État moderne (les lois et les règlementations).

La question que nous poserons dans ce dernier chapitre a donc trait au devenir de ces idéaux civilisationnels dans la France d'aujourd'hui, portés à la fois par l'État et la société, et dont l'aboutissement actuel constitue la Ve république. Plus particulièrement, le modèle social à la française est-il encore d'actualité dans un monde dominé par le néo-libéralisme ? Quels sont les enjeux auxquels la France doit faire face au niveau de sa politique intérieure et à l'échelle internationale ? La culture et l'identité françaises sont-elles homogènes, comme semble encore le croire les observateurs extérieurs ? La complexité de ces questions, qui sont au cœur même du débat démocratique, ne nous permet pas d'y répondre catégoriquement. Nous nous proposons seulement ici d'offrir un éventail de perspectives sur ce qu'est la France actuelle, dans un monde où, peut-être, elle fait encore figure d'exception.

1. La tentation de la mondialisation

Les élections de 2007

§ 201.a Après le succès mitigé de la présidence de Chirac qui, pour des raisons à la fois idéologiques et électorales, désirait maintenir la cohésion sociale avec un État principalement en faveur des classes populaires[5], les sirènes de la mondialisation se font entendre et remettent en question le modèle de développement social et économique à la française (Bavarez). Lors de sa campagne électorale, dans un style très direct, le nouveau candidat de l'UMP, Nicolas Sarkozy, remet ouvertement en cause l'héritage de Mai 68, souhaitant un retour aux valeurs de l'ordre moral et de la hiérarchie par le travail. Selon lui, les événements de mai 68 auraient encouragé la délinquance et la disparition de principes éthiques qui protègent la société, tout en ouvrant la porte au capitalisme sauvage pour une classe de privilégiés (Reuters, « À Bercy, Sarkozy attaque les "héritiers de Mai 68" »). Mais ce discours s'accorde mal avec la volonté du candidat Sarkozy de favoriser les entreprises, tout en rognant sur les droits des travailleurs (RFI, « Les grandes lignes du programme de Nicolas Sarkozy »), ce qui rompt avec les habitudes du libéral-conservatisme. Par ail-

Fig. 20.2 : European People's Party Flickr group. *Nicolas Sarkozy au sommet EEP*. 2010.

leurs, les dépenses exorbitantes de sa campagne électorale « à l'américaine » donne le ton : Sarkozy n'allait pas être le candidat du peuple mais celui des patrons (Rosso et Sportouch ; Rouban). Toutefois, avides de changement, séduits par sa personnalité et aiguillonnés par la promesse d'une valorisation de leur rémunération au mé-

---

5   C'est-à-dire en revendiquant l'héritage du gaullisme, contrairement aux nouveaux ténors de la droite.

Fig. 20.3 : Vigier, Nicolas. *Manifestation contre la réforme des retraites sur la place de la Bastille, à Paris.* 2010.

rite[6], les Français votent en sa faveur contre la candidate du Parti socialiste, Ségolène Royal, la première femme à s'être jamais retrouvée en lice au second tour, lors d'une élection pour la présidence de la République. Il faut dire qu'avec son argument choc de la politique sécuritaire, Sarkozy a su convaincre une partie de l'électorat du Front national (FN), le parti d'extrême-droite.

Le mandat de Nicolas Sarkozy

§ 201.b La politique de droite mise en place par Sarkozy s'est très rapidement distinguée des précédentes par sa volonté de mélanger les orientations politiques de la droite française traditionnelle avec un néo-libéralisme à l'américaine (Courmont, « Vers une américanisation de la politique française ? »), les grandes entreprises privées servant de modèles à imiter. Dans sa volonté de redresser les finances de l'État, il mène une politique très stricte de réduction des coûts avec la suppression de 100 000 postes de fonctionnaires, le recul de l'âge du départ à la retraite de 60 à 62 ans et des mesures visant à interrompre le droit à l'allocation chômage, si un chômeur décline plus de deux offres d'em-

ploi[7]. Si ces différentes initiatives ont des effets heureux sur le rétablissement du budget, elles mettent les Français en difficulté et démentent les nouvelles orientations du projet républicain de Sarkozy. En effet, non seulement les citoyens bénéficient de moins de services publics, mais en plus la réduction du nombre de gardiens de la paix et d'enseignants qualifiés dans les écoles entraîne une augmentation significative de la petite délinquance (Rouban, « Le quinquennat de Nicolas Sarkozy ou l'illusion libérale »). La classe moyenne que Sarkozy voulait voir émerger pour supplanter les élites traditionnelles n'a également pas les moyens matériels de réaliser son potentiel et l'illusion libérale se dissipe (Ibid.).

Les scandales de l'ère Sarkozy

§ 201.c Les différentes initiatives « modernes » prises par le gouvernement passent mal aux yeux des Français, notamment parce que cette américanisation de la société semble superficielle. Par exemple, la constitution de l'équipe gouvernementale, avec des ministres issus du monde du travail, de l'entreprise et même du sport[8], et

---

6 L'un de ses slogans électoraux était "travailler plus pour gagner plus".

7 Cette mesure a été très controversée à l'époque car des chômeurs se voyaient proposer des postes pour lesquels ils n'étaient pas formés.

non de la haute fonction publique, comme il est coutume, semble montrer aux yeux des Français que la politique est un « job comme les autres » (Ibid.), ce qui décrédibilise le travail des élus. Par ailleurs, l'allègement de l'impôt de solidarité sur la fortune (ISF), l'établissement d'un bouclier fiscal[9] et les affaires Lilliane Bettencourt[10] et Karachi[11] mettent l'exécutif dans une position délicate car elles semblent montrer, une fois de plus, que les élites politiques sont corrompues et qu'elles font la part belle aux gens fortunés.

§ 201.d En outre, le discours sur l'immigration des proches de Sarkozy contribue à diviser la société française, tout en rendant le gouvernement impopulaire. Les Français retiennent surtout la tentative du Président de retirer leur nationalité française aux citoyens d'origine étrangère s'ils ont été condamnés, de ne pas la conférer aux jeunes nés en France de parents étrangers à leur majorité s'ils sont dans la même situation juridique, ou encore l'interdiction du port de la *burqa* au nom du principe sacro-saint de la laïcité. De plus, le choix du Président consistant à choisir des ministres français issus de l'immigration ne parvient pas à atténuer les différents scandales suscités par les dérapages xénophobes de membres de son gouvernement vis-à-vis de citoyens musulmans ou des minorités immigrées[12]. Bien qu'elles n'inquiètent pas le mandat présidentiel de Nicolas Sarkozy, l'accumulation de toutes ces affaires fait chuter l'indice de popularité de l'exécutif.

---

8   David Douillet, ancien champion du monde de judo, est nommé ministre des Sports.

9   Destiné à plafonner l'impôt pour les plus riches en vue de limiter l'exil fiscal.

10 L'affaire Liliane Bettencourt, la propriétaire du groupe L'Oréal, est un scandale politico-médiatique à plusieurs volets impliquant le ministre du travail Éric Woerth et Nicolas Sarkozy, pour des affaires de financement politique occulte et de conflits d'intérêts. Tous les deux seront relaxés au terme de la longue enquête qui s'achève après l'élection du président Hollande.

11 L'affaire Karachi concerne des rétro-commissions que certains politiques auraient obtenus lors de la vente d'armes à l'Arabie Saoudite et au Pakistan, pour financer la campagne électorale d'Édouard Balladur.

12 Il s'agit du ministre de l'Intérieur Brice Hortefeux (Le Monde, « Hortefeux : la polémique enfle avec la diffusion de la vidéo intégrale ») et de Nadine Morano (Morano, populaire ou vulgaire ?).

Fig. 20.4 : Delarue, Jacques. *Manifestation en France contre le dictateur Ben Ali et en soutien aux insurgés, lors de la révolution tunisienne.* 2011.

La politique extérieure

§ 201.e Les relations que le gouvernement Sarkozy essaie de nouer avec le reste du monde reflètent ses orientations néo-libérales et mondialistes. Par exemple, en dépit du rejet de la Constitution européenne par les Français lors du référendum de 2005, il ratifie le traité de Lisbonne (2007), sans consultation populaire. Cet accord, reprenant l'ensemble des dispositions prévues dans la Constitution, présente une série d'amendements des traités précédents[13] qui, compromettant la souveraineté des États européens, donnent plus de poids et de liberté aux dirigeants de l'UE et accroissent la libéralisation du marché. Le gouvernement Sarkozy réintègre également la France au sein de l'OTAN et entame un rapprochement avec l'administration Obama.

§ 201.f La politique extérieure vis-à-vis de l'Afrique du Nord s'avère tout autant litigieuse,

---

13 Traités de Rome et de Maastricht.

notamment lors du printemps arabe. Apportant son soutien au Président Ben Ali lors des premières émeutes en Tunisie, Sarkozy se voit contraint d'admettre son erreur en conférence de presse et de renvoyer son ministre des Affaires étrangères (*France-Amérique* et AFP, « Sarkozy tente de relancer sa diplomatie sans Alliot-Marie ») quand l'ex-dictateur fuit en Arabie Saoudite (Chrisaphis, « Sarkozy admits France made mistakes over Tunisia »). Comprenant l'ampleur du mouvement démocratique qui saisit les pays du nord de l'Afrique, il demande l'intervention de l'OTAN en faveur des anti-khadafistes, pour la guerre en Lybie, bien qu'il en ait reçu le dictateur à l'Élysée, en 2007, lors d'une visite officielle vivement contestée par l'opposition et les médias (Boubetra). Cette politique rompt définitivement avec l'image d'une France qui, depuis sa sortie de l'OTAN en 1966, a toujours cherché la voie diplomatique.

2. Vers la fin du clivage politique ?

Fig. 20.5 : Cyclotron. *Cérémonie de passation de pouvoir sur les marches du palais de l'Élysée.* 2012.

Pas d'état de grâce pour François Hollande

§ 202.a Le soutien inconditionnel de Sarkozy aux classes sociales les plus riches n'a pas échappé à la majorité des Français, qui souffrent de la crise économique européenne de 2008, conséquence de la crise américaine des prêts hypothécaires de 2007. Face à un parti politique paraissant indifférent à la moralisation de la vie économique[14], le candidat socialiste François Hollande offre l'image d'un « président normal », roulant en scooter, proche des Français et de leurs préoccupations.

Toutefois, la victoire de celui-ci face à Nicolas Sarkozy, en 2012, au second tour des élections présidentielles, produit un enthousiasme de courte durée. En effet, la mise en application des 60 engagements que le nouveau Président a pris auprès des citoyens lors de sa campagne électorale, notamment en ce qui concerne le redressement du pays et la réduction des inégalités, satisfait peu de gens. Selon l'agence IFOP, aucun président de la Cinquième République en fonction n'a connu une telle impopularité : en novembre 2014, 19 pour cent des citoyens approuvent son action et seulement 14 pour cent souhaitent sa réélection en 2017 (« Le tableau de bord politique Paris Match / IFOP : décembre 2014 »). Pour autant, cette disgrâce ne profite

---

14 À cette époque, on parle beaucoup des "parachutes dorés" : alors que la crise donne lieu à de nombreux licenciements dans les entreprises françaises, leurs patrons bénéficient d'une prime de départ dont le montant scandalise les Français.

pas aux membres de l'opposition, trop impliqués dans des procès datant du quinquennat de Nicolas Sarkozy.

§ 202.b Pour la presse sociale-démocrate (L'Obs, « Pourquoi François Hollande est si impopulaire »), la désapprobation de l'opinion publique vis-à-vis de François Hollande repose sur une suite d'incidents sociaux et économiques ne lui ayant pas permis de bénéficier de la période d'indulgence habituelle des Français pour leur nouveau président, à son entrée en fonction. Il s'agit notamment de licenciements chez Peugeot au début de son quinquennat[15], de l'adoption de la loi sur le mariage pour tous[16], de l'exil fiscal de personnalités publiques[17], de la campagne de discrédit orchestrée contre François Hollande par son ancienne compagne, Valérie Trierweiler[18] et, d'une façon plus générale, de sa réputation « d'homme faible », systématiquement pointée du doigt dans des émissions satiriques grand public comme *Les Guignols de l'Info*[19]. Tous ces événements semblent indiquer que le Président Hollande fait face à une mauvaise conjoncture qui discrédite son action, l'empêchant de mettre en application certaines des mesures de son programme électoral.

§ 202.c Mais les journalistes de la gauche anticapitalistes se montrent moins indulgents concernant l'action économique du gouvernement. En effet, celui-ci est accusé de prolonger la politique sarkozyste qui privilégie le monde du capital, afin de rétablir la confiance des marchés, bien que le but affiché soit de relancer la consommation par

Fig. 20.6 : Menjoulet, Jeanne. *Un graffiti à Marseille qui caricature le Président sous les traits de Mickey Mouse, dénonçant ainsi sa politique néo-libérale.* 2014.

une politique néo-keynésienne, comme François Mitterrand avait tenté de le faire. Pourtant, contrairement à la majorité des autres pays européens, le système bien développé d'aides sociales, fournies aux ménages par l'État, a permis d'amortir les effets néfastes de la crise de 2009 sur la consommation. Malgré cela, une politique d'austérité, incluant la réduction des dépenses publiques de fonctionnement, ainsi que l'augmentation de la fiscalité pour les classes moyennes, finissent par étrangler la consommation. Pire, l'octroi de cadeaux aux entreprises en termes de cotisations salariales[20] et de flexibilité dans le travail[21] ne

---

15 L'usine emblématique de Peugeot, située à Aulnay-Sous-Bois, ferme en octobre 2013, avec un plan social de 3000 employés.

16 Cette loi, vivement contestée, ouvre l'institution du mariage aux homosexuels.

17 En l'occurrence, il s'agit de l'acteur Gérard Depardieu, pourtant très populaire auprès des Français, mais qui a pu faire migrer l'ensemble de sa fortune en Belgique, au nez et à la barbe de l'administration fiscale française.

18 Le magazine *Closer* rend publique la liaison que François Hollande entretient avec l'actrice Julie Gayet. La compagne du Président, Valérie Trierweiler, est humiliée et écrit un livre, *Merci pour ce moment*, où elle dresse un portrait négatif de son ancien compagnon.

19 Cette émission est diffusée de façon journalière sur la chaîne privée Canal Plus depuis plus de 30 ans.

20 Il s'agira essentiellement du Pacte de solidarité, un engagement pris entre l'État, les syndicats de travailleurs (CGT, FO, etc.) et celui des patrons (MEDEF) pour réduire les cotisations salariales, en échange d'une augmentation de l'investissement et de l'emploi.

21 Si les mauvaises conditions économiques le justifient, l'Accord national interprofessionnel (ANI) prévoit de suspendre les clauses du contrat de travail avantageuses pour l'employé, afin de permettre à celui-ci de conserver son emploi (VIᵉ publique). Dans le même esprit, la réforme du travail votée en 2016 donne plus de flexibilité à l'employeur pour la quotité horaire, les licenciements et les embauches.

Fig. 20.7 : Smith, Jason. *Ravitaillement d'un mirage 2000 français au-dessus du Mali par un avion américain.* 2013.

donne suite à aucune reprise de l'investissement : bien au contraire, le système se financiarise, avec une augmentation des versements de dividendes aux actionnaires et, conséquemment, une hausse du chômage. Bien que la reprise ait été publiquement annoncée par le Président Hollande, elle n'a pas lieu, plongeant le pays dans la stagnation économique et la précarité, ce qui compromet la crédibilité de François Hollande, aussi bien auprès des investisseurs que des électeurs de la classe moyenne (Legé, « Politique économique de François Hollande. De la persévérance dans l'échec »).

§ 202.d Attentive aux déboires de la carrière présidentielle du chef de l'État, la presse de droite commence d'abord par fustiger la « politique de gauche » menée par le Parti socialiste à son retour au gouvernement, car il n'a pas su mener les réformes structurelles qui s'imposaient, notamment en baissant le coût du travail[22], celui des impôts et en changeant le système de formation, jugé inefficace (Artus, « Politique économique de François Hollande : le grand malentendu »). Elle accuse également François Hollande de vouloir ménager à la fois la chèvre (l'aile gauche du Parti socialiste) et le chou (le MEDEF, le syndicat patronal), sans vraiment proposer de mesures concrètes pour résoudre le chômage (Le Point.fr et AFP, « François

Hollande : en attendant la croissance... »). Mais à partir d'octobre 2015, la même presse journalistique salue les bons résultats de ce qu'elle interprète comme un changement d'orientation politique du gouvernement, avec l'implémentation du crédit d'impôt compétitivité-emploi (CICE), mis en place en janvier 2013. Celui-ci permet le remboursement d'une partie de l'impôt payé par les entreprises, ce qui fait baisser le coût du travail et améliore la compétitivité (Vignaud). Toutefois, ce dispositif est critiqué par une partie de la gauche, non seulement parce qu'il n'est pas exclusivement ciblé sur les entreprises exportatrices, mais également parce qu'il n'oblige pas celles-ci à investir dans l'emploi[23].

L'intervention militaire de la France dans d'anciennes colonies

§ 202.e Bien que le Président Hollande soit critiqué pour ses choix en matière économique, l'action qu'il mène à l'échelle internationale lui vaut une certaine notoriété. Tout d'abord, en janvier 2013, la France intervient seule au Mali, sous mandat de l'ONU, pour aider l'armée gouvernementale à repousser les djihadistes, en pro-

---

22 En gelant le SMIC et en baissant les cotisations patronales.

23 Selon l'Insee, le chômage a encore augmenté en France en 2014 (Peillon, « En 2014, 74 000 emplois ont été détruits en France »). Par ailleurs, le coût du travail n'est pas nécessairement lié à l'imposition ou aux charges patronales : il peut également tenir au montant brut du salaire, plus élevé dans certains pays.

Fig. 20.8 : King, Alex. *La frégate anti-aérienne Jean Bart et le porte-avion américain Carl Vinson.* 2014.

venance du nord. Puis, en décembre, elle est de nouveau mandatée en République centrafricaine pour mettre un terme aux luttes confessionnelles entre islamistes et catholiques, ceci afin d'éviter des massacres de populations civiles. Au contraire de l'action en Lybie, ces deux interventions de la France se justifient par les liens qui attachent cette dernière aux anciens territoires coloniaux et par l'influence qu'elle entend encore y exercer, afin d'y affirmer les droits démocratiques des populations. En ce sens, elles s'inscrivent dans une logique de transmissions des valeurs civilisatrices toujours prônées par la France.

Le fiasco politico-médiatique de la guerre en Syrie

§ 202.f La situation est toute autre en ce qui concerne le conflit civil en Syrie. François Hollande y engage le pays diplomatiquement à l'été 2012, puis militairement en septembre 2015. Très rapidement, cette ingérence dans une crise d'une grande complexité est perçue par la presse à la fois comme une dérive atlantiste, semblable à celle amorcée par Sarkozy, en s'écartant davantage de la voie diplomatique adoptée par la France depuis 1966, et un amateurisme politique de la part du Président Hollande (Saint Clair, « De Sarkozy à Hollande, la dérive atlantiste de la politique étran-gère française »). En effet, dans un premier temps, celui-ci demande une intervention militaire de l'ONU pour mettre un coup d'arrêt à la répression sanglante du dictateur Bachar El-Assad contre une partie du peuple syrien, en révolte depuis 2011 (Paris Match, « Syrie : Hollande hausse le ton... pas assez pour Sarkozy »). En 2013, bien qu'il ne soit pas possible d'établir formellement la preuve de l'utilisation d'armes chimiques contre les populations par les armées loyalistes, le chef d'État français annonce l'intervention de l'aviation française pour soutenir la rébellion. Mais il doit se rétracter à l'annonce de l'accord trouvé entre le dicateur et les chefs des gouvernements russe et américain. La position de la France s'en trouve grandement affaiblie sur le plan diplomatique, à l'échelle internationale (Saint Clair, op. cit.).

§ 202.g Par la suite, le rejet de la Coalition nationale syrienne (CNS) par le Front islamique, lequel comptait sur l'intervention militaire occidentale pour renverser le régime syrien, envenime une situation qui paraissait en voie de stabilisation. En septembre 2014, suite à l'établissement d'un califat sur des territoires syriens et irakiens par les rebelles djihadistes, l'État islamique (EI), la crise syrienne paraît encore plus confuse aux yeux de l'opinion publique française : les « alliés »

Fig. 20.9 : Béchade, Corentin. *Rassemblement pacifique sur la place de la République à Paris, en hommage aux victimes de Charlie Hebdo. 7 janvier 2014.*

salafistes de naguère, soutenus dans un premier temps par la coalition internationale, deviennent les ennemis à abattre, alors que la France appuie l'action du gouvernement russe, allié traditionnel de Bachar El-Assad. L'épisode syrien, progressivement décrypté par la presse, laisse entrevoir l'amplitude d'un conflit qui ne concerne plus seulement une guerre pluriséculaire entre musulmans sunnites et chiites, mais également le prolongement de la guerre froide où des zones d'influence politique et énergétique sont disputées[24] (Walther, et al., « Comprendre la domination de l'État islamique en sept minutes »). Dans ce contexte effervescent où se jouent de multiples enjeux, les raisons de l'engagement militaire de la France deviennent de plus en plus incompréhensibles.

Les attentats en France en 2015

§ 202.h L'actualité internationale rattrape le quotidien des Français le 7 janvier 2015, lorsqu'un attentat est perpétré à Paris dans les locaux du jour-

nal satirique *Charlie Hebdo*, déjà pointé du doigt par des associations musulmanes dans l'affaire des caricatures du prophète Mahomet, en 2006[25]. Un assaut est donné à l'arme de guerre par les frères Kouachi, citoyens français radicalisés, dans une salle de réunion du journal, où toute l'équipe éditoriale est réunie. Il fait 11 morts et 11 blessés. Le lendemain, un proche des frères Kouachi, Amedy Coulibaly, lui aussi ressortissant français, tue une policière. Le jour suivant, il prend en otage et tue des clients d'un supermarché cachère, situé à la porte de Vincennes. Les assaillants, qui revendiquaient séparément l'action des organisations djihadistes Al-Qaïda[26] et DAESH[27], sont abattus par la police, mais l'événement suscite une grande inquiétude au sein de la population française. Dans les jours qui suivent, plus de quatre millions de citoyens se rassemblent publi-

24 En effet, le gouvernement russe ne souhaite pas voir se répéter l'épisode de la Lybie, au cours duquel une initiative militaire des pays de l'OTAN, destinée à protéger des civils lors du printemps arabe, s'est transformée en renversement d'un régime avec lequel il avait des affinités. Le maintien de Bachar El-Assad et la lutte contre les factions rebelles de l'État islamique, qui étaient initialement soutenues par l'Arabie Saoudite, le Qatar, la Turquie et les États-Unis, est donc capitale pour la Russie (Barthes, et al., « Comprendre la situation en Syrie en 5 minutes »)

25 À l'époque, le scandale des caricatures, commencé au Danemark, avait dégénéré et était devenu un point de friction international entre les défenseurs de la liberté d'expression et ceux qui criaient au blasphème (Remy, "L'affaire Mahomet").

26 Al-Qaïda, qui signifie "la base" (du jihad), est un mouvement salafiste né en 1987 pour contrer l'interventionnisme occidental dans les affaires des pays islamiques.

27 DAESH est l'acronyme de *Dawlat islamiya fi 'Iraq wa sham*, c'est-à-dire "l'État islamique en Irak et au levant", c'est-à-dire en Syrie. Il est né en 2006, de la fusion de différents mouvements djihadistes, dont une branche d'Al-Qaïda, et revendique la gouvernance de la région.

quement dans le calme, manifestant leur attachement aux valeurs républicaines, comme la liberté d'expression et le respect des différences religieuses, tout en craignant l'importation du conflit syrien sur le territoire français (L'Obs, « 4 millions de personnes en France pour la marche républicaine »).

§ 202.i Cette peur se concrétise 11 mois plus tard, le 13 novembre 2015, lors d'une nouvelle suite d'attentats ayant lieu à Paris et revendiqués par l'État islamique, qui fait 130 morts et 352 blessés. Les attaques ont lieu simultanément au sein de la capitale, dans la salle de spectacle du Bataclan, où se produit un groupe de rock[28], au stade de France, où un match amical France-Allemagne se joue en présence du président Hollande et du ministre de l'Intérieur, et dans des restaurants et des brasseries du 10e et 11e arrondissement. L'enquête policière qui donne suite à ces actes terroristes révèle que la majorité des commandos djihadistes étaient des ressortissants français embrigadés par des groupes extrémistes, comme dans le cas de l'attentat des locaux de *Charlie Hebdo*. L'état d'urgence est décrété en France, provoquant la fermeture des frontières et l'établissement de mesures policières d'exception[29]. Par ailleurs, suite à ce qui est considéré comme un acte de guerre, une résolution du Conseil de sécurité encourage la communauté internationale à coordonner son action contre DAESH, afin de chasser cette organisation des territoires qu'elle occupe en Irak et en Syrie. Le gouvernement français envoie un contingent de 12 chasseurs et bombardiers sur le fief de l'État islamique, en représailles des attentats, alors que les Russes, dont un avion civil a été abattu par les terroristes en octobre 2015, doublent leurs frappes déjà commencées depuis septembre 2015 (Cabirol, « En trois jours, la France frappe trois fois Daech en Syrie »).

---

28 Il s'agit du groupe Eagles of Death Metal.

29 Comme par exemple de nombreuses perquisitions, des assignations à résidence pour les suspects, le port permanent des armes de service par les forces de l'ordre, la fermeture de lieux culturels publics pendant deux jours et l'interdiction de manifester (Le Monde, « L'état d'urgence, un dispositif à géométrie variable »).

Fig. 20.10 : Salard, Éric. *Paris Bataclan : ne jamais oublier*. 2016. Des fleurs, des bougies et une guitare déposées en hommage aux victimes de la salle de spectacle.

L'attentat de Nice

§ 202.j La capitale française n'est pas la seule ville concernée par les attentats. Le 14 juillet 2016, à Nice, un forcené écrase la foule avec un camion sur la promenade des Anglais, où se sont regroupés des milliers d'habitants et des touristes venus assister au feu d'artifice traditionnel. Le véhicule parvient à parcourir une distance de 2 kilomètres avant d'être stoppé par les tirs des agents de la police nationale. Cette nouvelle attaque terroriste, perpétrée par un citoyen français d'origine maghrébine récemment radicalisé, fait 86 morts et des dizaines de blessés. Elle fait écho aux précédents attentats et prend une résonnance internationale qui donne un peu plus de poids à l'intervention de la France en Syrie. En France, même si les attaques ne sont pas ciblées, touchant tous les individus sans distinction d'origine nationale ou de religion, les paroles et les actes décomplexés à caractère raciste à l'encontre des populations musulmanes pratiquantes se multiplient, faisant naître a fortiori des désirs de revendication identitaire chez ceux qui s'estiment lésés dans leur droit à pratiquer librement leur religion. Pour les analystes, l'exacerbation des tensions entre les différentes communautés à la suite des attentats fait partie de la stratégie globale de DAESH : en incitant les populations à lancer des représailles à l'encontre des musulmans, il espère se rallier leur concours et semer le chaos dans les sociétés qu'il entend détruire (L.C., « Attentat dans une église près de Rouen : Pourquoi Daesh cible les lieux de culte chrétiens? »). Ainsi, les arrêtés pris par les maires des villes côtières contre le port du burkini[30], durant l'été 2016, au nom du principe de laïcité, ainsi que les conflits intercommunautaires répétitifs en Corse à partir de 2015, semblent illustrer cette hypothèse.

En vue des présidentielles de 2017

§ 202.k De leur côté, les personnalités politiques rebondissent sur l'actualité pour tenter de s'accaparer l'opinion des citoyens en vue des élections présidentielles de 2017, notamment en dénonçant l'incapacité du gouvernement à assurer la protection des citoyens (AFP, « L'attentat de Nice va-t-il faire basculer l'élection présidentielle ? »), quitte à saborder leur propre camp politique. Comme au cours des autres campagnes électorales, le thème principal semble donc bien être l'insécurité, ce que paraissent confirmer les différents sondages qui donnent favoris les candidats partisans d'un durcissement de la politique d'immigration et d'une application très stricte des principes de

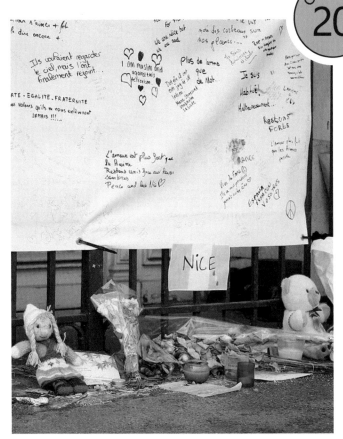

Fig. 20.11 : GrandCelinien. *Mur d'expression et espace de recueillement à Tour, pour les victimes des attentats de Nice, notamment les enfants.* 2016.

la laïcité (*Linternaute*, « Élection présidentielle 2017 : dates, candidats, sondages, résultat »). Le choix des électeurs est rendu difficile par l'imbroglio politico-médiatique des événements du moment, mettant à rude épreuve leur interprétation des principes républicains, qui paraissent pourtant si élémentaires de prime abord.

3. « Liberté » : la presse et le contrôle de l'État

Le « quatrième pouvoir »

§ 203.a Considérée comme un « quatrième pouvoir », avec les autorités exécutive, législative et judiciaire, la presse fait l'objet d'un débat permanent sur sa neutralité et le rôle qu'elle joue dans les sociétés occidentales. En France, elle est paradoxalement critiquée pour sa coopération avec le gouvernement (Les nouveaux chiens de garde),

bien qu'elle révèle périodiquement les scandales d'hommes politiques en fonction, comme l'a fait le journal *Mediapart* dans l'affaire Woerth-Bettencourt, en impliquant le ministre du travail et le Président Sarkozy (Johannès, « Procès Bettencourt #19. Pourquoi Eric Woerth est relaxé ») dans le financement illégal de la campagne électorale de l'UMP, en 2007. Historiquement, la presse française a longtemps subi le dictat de la puissance politique, notamment sous la Terreur, pendant le règne de Charles X, sous le Premier Empire, pen-

---

30 Il s'agit d'un maillot de bain intégral ne laissant visibles que le visage, les pieds et les mains.

dant la Première Guerre mondiale, sous le régime de Vichy et même après la Libération, avec la création de l'Office de radiodiffusion-télévision française (ORTF), sous contrôle de l'État. Ce n'est qu'à partir du mandat présidentiel de Valéry Giscard d'Estaing et de François Mitterrand que la liberté et l'indépendance des médias a été officiellement garantie par des lois.

La presse en France, aujourd'hui

§ 203.b Dans son fonctionnement, tous les organes de presse sont soumis au Conseil supérieur de l'audiovisuel (CSA), organisme indépendant étatique dont la fonction est de réguler leur activité, notamment en contrôlant leur impartialité et l'application des lois qui les concernent. Par ailleurs, l'Agence France presse (AFP), chargée de la collection des données journalistiques et de leur vérification, constitue la première source d'informations pour tous les journaux. Ayant un statut financier particulier qui assure sa neutralité, l'AFP n'en a pas moins été remise en cause par différentes affaires qui ont contribué à son discrédit : l'affaire des faux « charniers » de Timisoara, en 1989 (Ramonet, « Télévision nécrophile »), la propagande militaire des « frappes chirurgicales » lors de la première guerre du Golfe, en 1991 (Ramonet, « Armes d'intoxication massive : mensonges d'État »), la sous-estimation du nombre des victimes du génocide tutsi au Rwanda, en 1994 (Thompson et Annan 162-164) ou l'affaire du bagagiste de Roissy, en 2002, faussement accusé de terrorisme (Carassio, « Le bagagiste de Roissy : un "terroriste" idéal »), ont trahi ses défaillances dans la collection et le traitement de l'information par des journalistes, remettant en question la fiabilité et l'objectivité de ces derniers.

§ 203.c Toutefois, malgré ces disfonctionnements, les Français restent à l'écoute des médias, dont ils débattent les informations sur les réseaux sociaux, forçant les agences de presse à un surcroît de vigilance et à plus d'objectivité. Une enquête de l'agence Sofres, menée en janvier 2015, indique un net intérêt des Français pour l'information, ainsi qu'une forte progression de l'indice de la confiance donnée aux

Fig. 20.12 : Jules78120. *Journaliste de l'AFP filmant la manifestation contre la loi El Khomri sur le travail, à Paris.* 2016.

médias, bien qu'il faille relativiser cette amélioration, en raison du taux toujours élevé d'individus doutant des informations transmises par la presse (Marcé, Morisson et Brezet)[31]. Pourtant, le pluralisme des sources médiatiques est non seulement assuré par l'AFP[32], mais également par les 4450 organes de presse écrite, les 1200 radios et les centaines de chaînes télévisées qui sont accessibles en France. La charte déontologique, à laquelle les journalistes doivent adhérer pour pouvoir exercer leur activité, peut aussi constituer une garantie supplémentaire de l'objectivité des informations diffusées auprès du

31 Par exemple, en janvier 2009, 42% de sondés déclaraient ne pas croire ce que racontaient les journaux, contre 34% en 2015.

32 L'AFP est présente dans 150 pays et emploie plus de 2300 employés de 80 nationalités différentes (AFP).

grand public. Toutefois, le fait que la plupart des grands groupes de presse sont détenus par des multinationales constitue un argument en faveur de ceux qui pensent que l'information est manipulée à des fins démagogiques (Les nouveaux chiens de garde).

L'État français, garant du pacte républicain

§ 203.d En France, il existe une certaine autonomie de l'État par rapport à la politique, à l'économie et à l'évolution culturelle. Sa constitution correspond à un besoin de cohésion sociale et d'indépendance, car il doit être opérationnel, quels que soient ceux qui le dirigent. Par exemple, les fonctionnaires sont, en général, inamovibles, malgré les changements d'orientation politique des gouvernements qui se succèdent. Par conséquent, il existe un esprit de corps dans la classe des fonctionnaires qui, si elle rend difficile l'évolution institutionnelle, assure néanmoins la stabilité des valeurs républicaines. Contrairement à de nombreux pays anglo-saxons, où souvent l'intérêt des groupes majoritaires prime sur l'ensemble de la collectivité[33], les principes de la République française sont supposés défendre l'intérêt général. C'est ce qu'on appelle le « pacte républicain » ou le « pacte de solidarité ». Concrètement, cela signifie que l'État garantit la cohésion sociale en ne favorisant aucune catégorie au dépend des autres et qu'il s'efforce de réduire les inégalités, quelle que soit la confession politique des partis qui sont au gouvernement. Si cette emprise de l'État sur les affaires publiques constitue une forme de domination paternaliste, souvent critiquée pour les entraves qu'elle pose à la liberté individuelle, elle assure en même temps une garantie pour les droits constitutionnels et les libertés fondamentales de chacun.

Entre pacte républicain et mondialisation

§ 203.e Toutefois, à l'heure actuelle, cette vision idéale de la France est remise en cause par les enjeux du monde moderne. En effet, les Français se demandent si les contraintes de la mondialisation permettent encore l'application des aspirations

Fig. 20.13 : Henard, Charlotte. *Une affiche contre un poteau, lors de la manifestation des intermittents du spectacle.* Avril 2014.

égalitaristes de la société, qui ont pourtant mis plus de deux siècles à s'imposer, après chaque crise sanglante que la nation a traversée. Chacun des partis politiques français connaît des divisions en son sein, car tous cherchent à résoudre le problème que pose la préservation des principes du pacte républicain dans un contexte néo-libéral, où le système financier est tout puissant, ce dernier contrôlant les flux boursiers, la fluctuation monétaire et donc l'économie. Pour beaucoup de Français, cela peut signifier que des intérêts privés sont à l'œuvre dans la gestion politique et qu'ils souhaitent remodeler la notion d'État, en agissant sur l'orientation des partis politiques.

Le clivage des partis politiques s'estompe

§ 203.f Depuis le mandat de Jacques Chirac, les contraintes politiques et économiques imposées par des pouvoirs extérieurs, qu'ils soient financiers ou qu'ils viennent d'autres puissances économiques, réduisent considérablement la marge de manœuvre dont disposent les présidents français de droite ou de gauche. Pour maintenir sa place en Europe et au sein des institutions internationales, la France doit accepter des rôles de

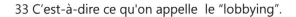

33 C'est-à-dire ce qu'on appelle le "lobbying".

249

Fig. 20.14 : Daudenarde, A. *La période électorale*. 1889. Couverture du *Petit Parisien* représentant l'enthousiasme généré par les élections sous la IIIᵉ République.

second plan et faire de nombreuses concessions avec ses partenaires politiques et économiques. Ainsi, non seulement les clivages idéologiques existant entre les deux principaux partis, le PS et les Républicains, ont tendance à s'estomper, mais en plus les principes fondamentaux du pacte de solidarité sont de moins en moins applicables, forçant tout gouvernement à adopter des orientations néo-libérales, ce qui provoque des contestations de la part d'une partie de la population.

§ 203.g Les Français ont donc des difficultés à identifier les mesures prises par les gouvernements successifs, selon les idées dont se réclament leurs partis. Par exemple, le PS privatise les entreprises publiques depuis Lionel Jospin et fait des cadeaux aux patrons, alors que le parti des Républicains, traditionnellement d'inspiration gaulliste, tient des discours s'inspirant à la fois

du néo-libéralisme et de la droite nationaliste. Par ailleurs, l'importance grandissante de sujets concernant à présent toutes les formations politiques, telles l'écologie, la construction de l'Europe, la réduction de la dette ou la radicalisation religieuse, contribuent plus encore à rendre le clivage politique inexistant, en brouillant les cartes.

La baisse de la participation électorale

§ 203.h En outre, depuis les années 80, le comportement des électeurs est devenu imprévisible, en raison de la perte de la crédibilité des citoyens dans les institutions en place, entraînant des taux d'abstention de plus en plus élevés à toutes les élections, hormis aux présidentielles (Chantrel et Lach ; Niel et Lincot). Cette évolution marque un désabusement symptomatique des Français pour la classe politique, jugée corrompue ou impuissante (Nabli, « L'abstention : signe d'une fracture politique et sociale ») ou encore perçue comme un danger pour le maintien du pacte républicain. Pour autant, même s'ils croient de moins en moins en leur gouvernement, les Français n'abandonnent pas l'ambition de changer la société. Certains se radicalisent[34] politiquement ou religieusement, tandis qu'on observe une forte participation de l'investissement des Français dans le bénévolat, qu'il soit direct ou indirect (France Bénévolat) : en effet, il constitue une forme d'engagement dans la vie publique, semblant indiquer que les Français souhaitent agir pour le bénéfice de la collectivité ou pour l'influencer.

§ 203.i En outre, à côté des nombreux partis minoritaires existant en France, il y a également des mouvements de réflexion, politisés ou non, revendiquant une mise à plat et une refonte de la Constitution. En dénonçant les contradictions d'un système politique fondé sur la représentation et sur la « surprésidentialisation », et non sur un véritable pouvoir exercé par le peuple, l'intention de leurs porte-paroles est de montrer que

---

34 La popularité croissante du Front national, d'un côté, et l'apparition d'une forme d'intégrisme religieux très violent d'un autre côté (comme le montrent, entre autres, les événements de Paris en janvier et en novembre 2015) témoignent des crises identitaires multiples, souvent en conflit les unes avec les autres, à travers lesquelles la société française est en train de passer.

le clivage politique est, de tout temps, une illusion et que les citoyens doivent prendre une part active à la fondation et à la gestion des structures communautaires[35] (Frémont). Si le principe paraît irréaliste en lui-même, ce discours fait beaucoup parler de lui sur la Toile et alimente les réseaux sociaux, ressuscitant les courants protestataires anticapitalistes.

4. « Égalité » : pacte républicain et mondialisation

Les droits constitutionnels des citoyens

§ 204.a La Constitution de 1958 renouvelle l'adhésion de la République aux principes de la *Déclaration des droits de l'homme et du citoyen*, premier texte démocratique français. Ce faisant, elle affirme le principe d'égalité et l'obligation de l'État de réduire les inégalités entre les citoyens ou de lutter contre la discrimination et l'injustice par des lois et les décrets qui les appliquent. C'est là le fondement du « pacte républicain ». Les lois sont proposées par le gouvernement et par les parlementaires, puis votées à l'Assemblée nationale ou au Sénat. Elles visent toutes à mettre en application les libertés et les droits fondamentaux de chaque citoyen.

§ 204.b Les premiers droits définis dans la Constitution sont ceux qui sont inhérents à la personne humaine, tels que définis dans le texte de la *Déclaration*, ainsi que les autres droits qui en découlent : le suffrage universel direct, l'égalité des sexes, l'égalité devant la justice, l'impôt, l'emploi ou le logement, l'égalité d'accès à la culture et à l'éducation, la liberté d'opinion, d'expression, de culte, de réunion, de liberté syndicale et le droit de grève. À cela, on peut ajouter le droit à la propriété qui, s'il pa-

Fig. 20.15 : Anonyme. *Déclaration des droits de l'homme et du citoyen*. 1793.

raît parfois opposé à l'idée d'égalité sociale, est pourtant primordial dans le respect des libertés individuelles accordées à chacun. Le droit à la sûreté, c'est-à-dire la présomption d'innocence et la défense des libertés citoyennes, est aussi inscrit dans la Constitution.

§ 204.c Il existe également des droits « évolutifs », dans la mesure où ils font l'objet de continuelles réactualisations. C'est le cas des droits sociaux, c'est-à-dire les prestations payées à cha-

---

35 Par exemple, le très controversé Étienne Chouard, professeur d'économie, avance l'argument selon lequel les peuples laissent établir les constitutions précisément par ceux qui ne devraient pas les écrire, c'est-à-dire les puissants. La pensée subversive de cette voix isolée, faisant parfois écho aux théories conspirationnistes, fait le jeu de la presse qui s'en donne à cœur joie (Sénécat, « Le discours trouble d'Étienne Chouard contre les "1% qui se gavent" »). Il faut également mentionner l'initiative plus nuancée du "M6r", le Mouvement pour une sixième république, soutenue par le candidat de la France insoumise, Jean-Luc Mélenchon (Deslandes, « L'homme qui "tweetait" pour Mélenchon »). À l'instar d'autres politiciens comme François Bayrou ou Arnaud Montebourg, il souhaite redonner au Parlement plus de pouvoir, comme au temps de la Quatrième République.

cun par la collectivité et incluant le rembourse-ment des soins médicaux[36], l'aide à l'emploi[37], le droit au logement[38] et le droit à l'éducation[39]. Les droits sociaux sont financés par les cotisa-tions des contribuables et des entreprises (Sydo et Romanello). Enfin, de nouveaux textes sont apparus dans la Constitution en 2004, avec la Charte de l'environnement : celle-ci concerne le droit à vivre dans un environnement équilibré et respectueux de la santé.

Une remise en cause du pacte républicain ?

§ 204.d Depuis les années 80, l'État se soustrait progressivement à ses obligations de garant des droits citoyens qui, dès lors, peuvent être remis en cause. En effet, les gouvernements successifs doivent de plus en plus se plier aux règlements imposés par le système financier, au travers des institutions internationales comme le FMI ou l'Union Européenne. Par sou-ci d'harmonisation de l'économie mondiale, celles-ci réclament que la dette publique des États, générée par les crises successives, soit réduite[40] et elles leur imposent des mesures draconiennes : baisse des dépenses publiques, plans d'austérité, relance de la compétitivité par la réduction des coûts des entreprises pri-vées, interdiction des entreprises publiques

Fig. 20.16 : MPD01605 *Le symbole de l'euro, à l'extérieur de la Banque centrale européenne.* 2008.

de les concurrencer et obligation de maîtriser l'inflation. Toutes ces mesures ont pour consé-quence directe de rogner les droits acquis par les Français depuis la Révolution : le départ à la retraite est reculé, les frais médicaux sont moins bien remboursés, l'imposition directe ou indirecte augmente, le budget consacré à l'éducation est réduit etc. De façon collaté-rale, on observe un creusement des inégalités et un accroissement du nombre de ménages dans les classes sociales les plus basses (Hou-dré, et al.).

Les antimondialistes et les eurosceptiques

§ 204.e Les mouvements antimondialistes sont nés en France à la fin des années 90 et donnent une toute autre explication des causes de la dette publique des États que celle avancée par les instances européennes au pouvoir ou le FMI. Pour elles, les traités de Maastricht et de Lisbonne constituent l'abou-tissement d'une évolution donnant les pleins

---

36 En France, le coût des soins médicaux est générale-ment pris en charge par l'État, à hauteur de 70 ou 80 pour cent. C'est d'ailleurs la raison pour laquelle ce dernier en négocie strictement le montant auprès des compagnies pharmaceutiques et des prestataires de service. Pour le remboursement du pourcentage restant, les Français souscrivent des polices d'assur-ance privées, des "mutuelles santé" à des prix relative-ment abordables (aux alentours de 1000 euros par an).

37 Il s'agit des allocations chômages, en cas de cessa-tion d'activité et d'inscription au Pôle Emploi, l'agence publique en charge de la réinsertion professionnelle des chômeurs.

38 Avec le paiement d'allocations, dans le cas où le salaire est insuffisant à couvrir le montant du loyer et des be-soins de première nécessité, ou avec la création de logements sociaux au loyer modéré, pour les plus dé-favorisés.

39 L'école est obligatoire et gratuite en France à partir de trois ans. Les frais d'inscriptions à l'université sont minimaux (l'équivalent de 600 euros par an).

40 Depuis le pacte budgétaire européen signé en 2012, la dette de fonctionnement des administrations pub-liques doit être inférieure à 0.5% et ne peut être fi-nancée que par les recettes de l'État (et non pas son endettement) (Giuliani).

pouvoirs aux banques et amorçant la fin des démocraties. En effet, l'article 123 du traité de Lisbonne officialise une pratique qui s'est répandue et qui oblige les États à s'endetter auprès des banques privées pour financer leur déficit, au lieu d'avoir recours à leurs banques centrales respectives. En revanche, celles-ci, peuvent prêter de l'argent aux organismes financiers comme les banques privées. Ainsi, pour les antimondialistes, et aussi pour certains hommes politiques (Rocard), le montant de la dette publique française correspond à la somme des intérêts payés aux banques privées depuis 1974. Pour les détracteurs du traité de Lisbonne, l'État emprunte donc à des taux élevés l'argent qu'il a lui-même prêté au système financier, ce qui rend la dette publique impossible à rembourser et enrichit les banques sur le dos des contribuables. Cette explication est nuancée par d'autres économistes (Le Heron).

La laïcité

§ 204.f Bien que la Révolution de 1789 ait républicanisé l'Église en s'appropriant ses biens et en obtenant l'allégeance des prêtres, la loi sur la laïcité est seulement promulguée en 1905, dans le contexte du débat sur l'enseignement public et privé. Elle établit la séparation de l'Église et de l'État, c'est-à-dire la neutralité de ce dernier par rapport aux religions et aux idéologies, lesquelles sont renvoyées dans la sphère du privé. Elle affirme et garantit les libertés de conscience et de pratique des religions, mettant celles-ci à égalité les unes avec les autres. Les avoirs et les lieux de culte de l'Église catholique, bien qu'ils deviennent la propriété de l'État s'ils ont été acquis ou construits avant 1905, sont dévolus au culte qui leur correspond initialement. Par contre, l'État n'en subventionne ni n'en salarie aucun, pour confirmer sa totale neutralité par rapport aux institutions religieuses.

§ 204.g Le débat sur la laïcité est toutefois relancé à chaque nouveau conflit entre intégristes religieux et artistes ou journalistes qui font usage de leur liberté d'expression. Les affaires de l'attentat du cinéma Saint-Michel (Caviglioli

SÉPARATION DE L'ÉGLISE ET DE L'ÉTAT

Fig. 20.17 : Léandre, Charles. *Séparation de l'Église et de l'État.* 1905.

110) et de l'affiche de la Cène[41], conséquences d'actes jugés blasphématoires par des fondamentalistes catholiques, ou celle des caricatures de Mahomet (Santi), semblent montrer que la question de la laïcité n'est jamais définitivement tranchée. Inversement, la controverse récurrente sur le port ostentatoire de signes religieux, née en 1989 et donnant suite à différentes affaires impliquant le port du voile islamique ou celui du burkini, démontre une volonté farouche de l'État et de la société de se protéger des influences religieuses. Les lois qui en découlent[42], votées par les gouvernements Chirac et Sarkozy, ont divisé la France entière : quand certains y voyaient un aboutissement logique de la loi sur la laïcité, d'autres considéraient que la religion musulmane était de nouveau stigmatisée à des

41 En 2005, une publicité pour des vêtements, s'appuyant sur une représentation de la Cène par Léonard de Vinci, est d'abord interdite par la cour d'appel de Paris pour la raison qu'elle heurte le sentiment religieux (L'Obs, "La Cène : l'affiche reste interdite."). Puis, un an après, la décision est déboutée par la Cour de cassation, donnant raison à la défense (Saphir News).

42 Ce sont la loi sur les signes religieux dans les écoles publiques françaises (2004) et celle interdisant la dissimulation du visage dans les lieux publics (2010).

fins purement électorales. Dans le contexte actuel de la lutte contre le terrorisme djihadiste international, la question de l'instrumentalisation politique des religions devient cruciale et appelle à la réflexion.

La parité homme-femme : un retard certain par rapport aux autres pays

§ 204.h En 1946, les femmes obtiennent le droit de vote, mais il faut attendre l'amendement de 1999 pour voir inscrit l'égal accès des hommes et des femmes aux mandats électoraux dans les textes. Depuis cette date, pas moins de 10 lois ont été votées pour remédier au flou juridique qui existait encore à ce sujet. Il n'empêche que la société française reste traditionnelle quant à la place laissée aux femmes dans la vie professionnelle : elles sont minoritaires en politique, restent peu nombreuses à la tête des entreprises ou dans la haute fonction publique et, en général, se font rares dans les secteurs de pointe. Les statistiques semblent indiquer qu'un tel déficit est dû au regard porté sur elles par la société, car certains secteurs d'activité qui leur sont dévolus traditionnellement leur sont toujours réservés[43]. Certes, le taux de chômage des femmes est inférieur à celui des hommes, mais c'est souvent parce qu'elles travaillent à temps partiel ou qu'elles occupent des postes peu rémunérés, demandant moins de qualifications (Dares Analyses). Conséquemment, le taux de rénumération des femmes est inférieur de 16,3 pour cent à celui des hommes, entraînant également des écarts dans le versement des retraites (Ibid.). Les progrès qu'il reste à accomplir en France en matière de parité homme-femme doivent être moins imputés au vote des parlementaires qu'à la mentalité des Français, laquelle a encore un long chemin à parcourir, tant du côté des hommes que des femmes elles-mêmes.

5. « Fraternité » : un idéal à plusieurs vitesses ?

Fig. 20.18 : Oxxo. *Plaque indicative de rue à Paris*. 2010.

§ 205.a Alors que les mots « liberté » et « égalité », inscrits dans la devise de la France, correspondent à une réalité constitutionnelle et sociale, le terme « fraternité » comporte seulement une valeur métaphorique car, pour des raisons évidentes, il ne peut pas faire force de loi. Idéalement, par les liens d'attache qui les unissent à la nation française, les « enfants de la Patrie » se respectent et s'entraident, sans distinction d'origine ou d'appartenance religieuse et idéologique, en vertu des principes républicains qu'ils souhaitent voir perdurer. Cet idéal de solidarité nationale vaut aussi en cas de guerre, contre tous ceux qui pourraient mettre en danger la République indivisible[44]. Mais dans les faits, au cours de l'Histoire, ce beau principe a souvent été mis à l'épreuve des circonstances : dissensions politiques et massacres, pendant les

---

43 Par exemple : aide à domicile, aide-soignante, assistante maternelle, infirmière, vendeuse ou secrétaire.

44 C'est littéralement le sens du message contenu dans l'hymne national, *la Marseillaise*.

Fig. 20.19 : Lancrenon, Paul. *Au port de Vénasque : Espagnols allant travailler en France.* 1907.

différents épisodes révolutionnaires, intégration des colonisés à la pleine citoyenneté, au temps de l'empire colonial, ou encore, de nos jours, rejet des traits culturels caractérisant les communautés issues de l'immigration, tous ces exemples montrent le défi que constitue la concrétisation d'une unité nationale, non pas basée sur les lois, mais sur la poursuite d'un idéal de société.

Le statut d'étranger en France jusqu'au XIXe siècle

§ 205.b Depuis la plus haute Antiquité, la France a toujours été un territoire vers lequel les flux migratoires se sont dirigés. Ce phénomène unique est non seulement dû à la spécificité de sa géographie[45], mais également à l'histoire de sa prospérité. Toutefois, jusqu'au XIXe siècle, le concept d'immigration étrangère ne fait pas beaucoup de sens, car le statut juridique de la nationalité ne figure pas dans les lois : selon la loi coutumière, celui qui réside sur les terres du seigneur local devient son sujet a fortiori et se voit soumis aux mêmes droits et obligations que les habitants du fief. Bien entendu, dans les villes et les villages, où les cultures locales et les idiolectes restent

majoritaires par rapport aux us et à la langue officiels du pays, on considère comme étranger tout individu « qui n'est pas du coin », y compris les Français d'un département ou d'une région voisine (Noiriel 36-42). Ce n'est qu'à partir de la Révolution, au cours de laquelle l'identité politique des Français se différencie vraiment de celle de leurs voisins européens[46], qu'un statut juridique national commence à apparaître[47]. Au XIXe siècle, avec la révolution industrielle, la nécessité de faire appel à une main d'œuvre étrangère, pour combler le retard du développement économique, pousse l'État à encourager l'immigration en provenance des pays voisins, surtout la Belgique, l'Italie et l'Europe centrale[48].

L'apparition d'une législation sur la nationalité française

§ 205.c Le code de la nationalité apparaît en 1889, sous la Troisième République, et se base à la fois sur le droit du sol et celui du sang. Il permet de contrer le mouvement de dépopulation qui accompagne la fin du XIXe siècle en France,

---

45 Au niveau géographique, la France est la péninsule de l'Europe située le plus à l'ouest. Par ailleurs, au niveau géopolitique, elle est un lieu de passage entre l'Europe du Sud et l'Europe du Nord.

46 Contre qui ils sont en guerre. À ce sujet, voir les chapitres 10-12.

47 Par exemple, les paysans deviennent propriétaires de leur terre, qu'ils peuvent transmettre de façon héréditaire, par le "droit du sang".

48 Ce sont essentiellement des Juifs.

Fig. 20.20 : Agence Meurisse. *Fêtes de Jeanne d'Arc : Daudet et l'Action Française*. 1934. L'Action française est une organisation monarchiste d'extrême-droite antisémite qui existe depuis le début du XXᵉ siècle.

malgré des taux d'immigration importants. En effet, les enfants des immigrés ne demandent pas leur naturalisation comme ils en ont le droit : la nationalité leur est donc imposée (Weil, *Qu'est-ce qu'un Français ? Histoire de la nationalité française depuis la Révolution*). Mais surtout, dans le contexte récent de la guerre franco-prussienne, la loi permet de déterminer la quotité du contingent militaire susceptible de participer à la prochaine guerre contre l'Allemagne, en même temps qu'elle aide au recensement du nombre d'étrangers susceptibles de nuire aux intérêts de la nation. Par la suite, d'autres flux migratoires importants ont lieu, notamment après chacune des deux guerres mondiales. Cette immigration est devenue structurelle, c'est-à-dire qu'elle vise essentiellement à l'apport de main d'œuvre pour la reconstruction du pays[49].

La France xénophobe

§ 205.d Malgré la très longue tradition d'accueil de populations étrangères en France, l'immigration y a toujours fait débat, générant divers types de replis identitaires qui vont de la paranoïa à la persécution[50]. Au XIXᵉ siècle, la mise en concurrence des ouvriers français et étrangers par les patrons, rendue possible grâce à l'absence de régulation juridique sur le travail, permet une négociation à la baisse sur les salaires et provoque des heurts entre Français et étrangers. Mais la xénophobie touche également les milieux intellectuels, comme par exemple le psychanalyste Georges Mauco, qui soutient la thèse selon laquelle il est possible de hiérarchiser les travailleurs étrangers selon leur nationalité, en fonction du degré d'adaptabilité qu'ils présentent aux normes et aux besoins professionnels en France (Weil, « Georges Mauco, expert en immigration : ethnoracisme et antisémitisme fielleux »). Dans les années 30, on cherche des bouc-émissaires pour la crise économique qui sévit et, sous le gouvernement Daladier, suite à des expulsions d'étrangers, on fait construire des « camps de transit », préfiguration des camps de concentration. Ces derniers servent également à interner des individus soupçonnés d'espionnage et de complot

49 Il faut toutefois mentionner l'asile politique de près de deux millions d'Arméniens en France, après le génocide turc de 1915-1916, et celui de Russes ayant fui la révolution de 1917.

50 En exemples, citons l'affaire Dreyfus ou la politique épuratrice du gouvernement de Vichy.

contre la France, les mystérieux agents de la « Cinquième colonne »[51]. Enfin, pendant la période des Trente Glorieuses, les immigrés arrivant en France sont considérés comme une main d'œuvre facile, car ils sont peu éduqués : au sortir de la colonisation, l'idée de hiérarchie entre les peuples est encore très répandue, la métropole ayant occupé une position centrale pendant plus d'un siècle vis-à-vis des pays de son empire colonial.

Les quartiers dits « sensibles »

§ 205.e Les mêmes mécanismes de méfiance vis-à-vis des immigrés que pendant les années 30 réapparaissent au moment de la crise des années 80. Elle se focalise sur les différences les plus marquées, en l'occurrence les pratiques religieuses et le comportement matrimonial, certains partis politiques les jugeant incompatibles avec la culture française[52], et sur l'idée que l'étranger profite du système social, ce qui creuse les déficits de l'État. Pendant les années Giscard, la loi inapplicable des 15 pour cent d'étrangers au sein des habitations à loyers limités (HLM) n'a pas empêché l'isolement socio-économique des banlieues, où des populations étrangères, mais aussi françaises « de souche », ont élevé leurs enfants (Blanc-Chaléard). Après 1973, ces « quartiers » ont été les premiers touchés par la crise, entraînant le chômage, la pauvreté et la délinquance. La réduction des moyens publics, conséquence des politiques d'austérité établies par les gouvernements successifs, sont les principales causes de cette déliquescence sociale dans ces quartiers devenus « sensibles ».

§ 205.f Par conséquent, dans les années 80, le gouvernement met en place des zones d'édu-

Fig. 20.21 : Petit_louis. *L'une des "barres" HLM dans la cité des 4000, à la Courneuve.* 2014.

cation prioritaire (ZEP), c'est-à-dire établit la liste de zones urbaines où des moyens supplémentaires sont consacrés à l'éducation. Mais le dispositif encore mal rôdé ne permet pas d'obtenir des résultats significatifs en termes de réduction de la délinquance et de réussite scolaire : encore beaucoup de jeunes de banlieue, quelle que soit l'origine de leurs parents, sont déscolarisés et se retrouvent au chômage (Bénabou, et al., « Zones d'éducation prioritaire : quels moyens pour quels résultats ? Une évaluation sur la période 1982-1992 »). En outre, par rejet de la société et démarcage identitaire, certains d'entre eux entrent dans la criminalité. D'autres, en recherche d'identité, deviennent la proie facile d'agitateurs religieux qui, par leur interprétation sectaire des textes religieux, les incitent à embrasser des positions extrémistes menant à leur radicalisation (Lemmonier, « "Il faut rendre sa face humaine à l'islam" »). C'est

---

51 Cette expression désigne les agents secrets d'une organisation hostile à l'État, comme dans le contexte de la "drôle de guerre" où un climat d'"'espionnite" avait contaminé l'ensemble de la population. À ce sujet, voir § 172.a.

52 En particulier le Front national (FN), un parti politique d'extrême-droite, dont l'aile dure ne reconnaît pas aux étrangers installés en France le droit de vivre selon leurs propres codes (J.R. et AFP, « Pour Marion Maréchal-Le Pen, les musulmans ne peuvent être français que sous condition »).

Fig. 20.22 : Beaumadier, Jiel. *Manifestation antiraciste à Paris en 2014, suite aux élections européennes de 2014*. 2014.

ainsi que de jeunes candidats au djihad mineur[53] partent s'enrôler dans les troupes de l'État islamique pour mener la « Guerre Sainte », au grand désarroi de leurs parents et des autorités (Rastello).

L'immigration, bonne pour le budget et la propagande politique

§ 205.g Selon une enquête menée en 2012, l'immigration profite pleinement à la France, grâce aux cotisations que les étrangers payent à l'État, dégageant un solde de 12 milliards d'euros (Quiñonero, « France. Les très bons comptes de l'immigration »). De nos jours, le problème ne paraît donc pas économique. Ces chiffres sont ignorés ou niés par les hommes politiques, qui semblent avoir fait le choix d'instrumentaliser le problème que constituerait l'immigration à leurs yeux, à des fins électorales. Comme au

cours des précédentes campagnes du Front national ou de l'U.M.P., ils utilisent les médias de masse pour mettre en exergue les problématiques liées à l'insécurité dans la société française multi-culturaliste, alors que les études statistiques indiquent une baisse de la délinquance (Le Jeannic, « Insécurité : perceptions et réalité »). Comme une possible conséquence de cette propagande, on constate une augmentation de la discrimination à l'égard des Français issus de l'immigration en 2008 (Observatoire des inégalités), ainsi qu'une forte hausse des actes et menaces racistes en France, en 2012 (LeMonde.fr et AFP, « Forte hausse des actes et menaces racistes en France »). Pourtant, le nombre d'arrivées d'étrangers en métropole et dans les D.O.M.-T.O.M. est stable depuis plusieurs années et, jusqu'à récemment, il ne semblait pas y avoir de fractures ethniques dans la France « Black, blanc, beur », pour les pays observateurs (AFP, « Black-Blanc-Beur : que reste-t-il ? »). Les actes de terrorisme isolés et la fuite de milliers de réfugiés en provenance de Syrie ont relancé le débat démocratique sur l'immigration en France, cheval de bataille de l'op-

---

53 Selon les textes coraniques, le "djihad mineur" consiste à agir contre les infidèles, par exemple par la lutte armée. La majorité des musulmans ne considèrent pas le djihad mineur comme une obligation et, tout comme les prêtres catholiques, de nombreux imams français invitent à une réactualisation des textes sacrés (Morice, « Mohamed, prof et imam dans un pays où "la francité perd du terrain" ») .

Fig. 20.23 : Yataghène, Maya-Anaïs. *Marche républicaine « Je suis Charlie » le 11 novembre 2015.* 2015.

portunisme électoral des dirigeants politiques. Si l'assouplissement de la mentalité et de la législation françaises vis-à-vis de pratiques communautaires perçues comme une menace pourrait aider au retour de la paix sociale, la prise en compte réelle des problèmes humanitaires, écologiques et géopolitiques à l'échelle internationale s'avère aussi nécessaire pour changer la perception des Français vis-à-vis des enjeux culturels et identitaires.

Références

Livres, articles et documents vidéo

- AFP. « Black-Blanc-Beur : que reste-t-il ? » *Eurosport,* 13 juil. 2008. Web. 15 sept. 2016. 🌐

- —. « L'attentat de Nice va-t-il faire basculer l'élection présidentielle ? ». *LePoint.fr.* Le Point, 16 juil. 2016. Web. 15 sept. 2016. 🌐

- —. « l'AFP dans le monde ». *AFP,* s.d. Web. 15 nov. 2016. 🌐

- Artus, Patrick. « Politique économique de François Hollande : le grand malentendu ». *LePoint.fr.* Le Point, 18 avril 2014. Web. 15 sept. 2016. 🌐

- Barthe, Benjamin, Flavie Holzinger, Véronique Malécot, Francesca Fattori et Donald Walther. « Comprendre la situation en Syrie en 5 minutes ». *LeMonde.fr.* Le Monde, 24 avr. 2014. Web. 15 sept. 2016. 🌐

- Bavarez, Nicolas. *La France qui tombe.* Paris: Perrin, 2003. Imprimé.

- Bénabou, Roland, Francis Kramarz et Corinee Prost. « Zones d'éducation prioritaire : quels moyens pour quels résultats ? Une évaluation sur la période 1982-1992. » *Économie et statistique.* 380 (2004): 3-34. Web. 15 sept. 2016. 🌐

- Blanc-Chaléard, Marie-Claude. « Les quotas d'étrangers en HLM : un héritage de la guerre d'Algérie ? Les Canibouts à Nanterre (1959-1968). » *Métropolitiques,* 16 mars 2012. Web. 15 sept. 2016. 🌐

- « Visite de Mouammar Kadhafi en France. » Boubetra, Nora. *19-20. Édition nationale.* France 3. 10 déc. 2007. Télévision. 🌐

- Cabirol, Michel. « En trois jours, la France frappe trois fois Daech en Syrie ». *La Tribune.* La Tribune, 18 nov. 2015. Web. 15 sept. 2016. 🌐

- Carassio, Joël. « Le bagagiste de Roissy : un "terroriste" idéal ». *Le Progrès.fr.* Le Progrès, 6 août 2011. Web. 15 sept. 2016. 🌐

- Caviglioli, François. « Le bûcher de Saint-Michel.» *Le Nouvel Observateur* 15 mars 1990: 110. Imprimé. 🌐

- Chantrel, Anne-Marie et Dominique Lach. « La participation électorale : un vote privilégiant les présidentielles ». *Flash Insee Centre.* 16 (2008). Web. 15 sept. 2016. 🌐

- Chrisaphis, Angélique. « Sarkozy admits France made mistakes over Tunisia ». *TheGuardian.com.* The Guardian, 24 jan. 2011. Web. 15 nov. 2016. 🌐

- Courmont, Barthélémy. « Vers une américanisation de la politique française ? ». *LeMonde.fr.* Le Monde, 10 oct. 2011. Web. 15 sept. 2016. 🌐

- Dares Analyses. « Femmes et hommes sur le marché du travail : les disparités se réduisent mais les emplois occupés restent différents. » *Ministère du Travail, de l'Emploi, de la Formation Professionnelle et du Dialogue Social,* 5 mars 2015. Web. 15 sept. 2016. 🌐

- —. « Ségrégation professionnelle et écarts des salaires hommes-femmes. » *Ministère du Travail, de l'Emploi, de la Formation Professionnelle et du Dialogue Social,* 6 nov. 2015. Web. 15 sept. 2016. 🌐

- Deslandes, Mathieu. « L'homme qui "tweetait" pour Mélenchon ». *L'Obs* avec *Rue89.* Le Nouvel Observateur. 25 juin 2012. Web. 15 sept. 2016. 🌐

- Fattori, Francesca, et al. « Comprendre la situation en Syrie en 6 minutes ». *Le Monde.fr. Le Monde,* 27 oct. 2015. Web. 15 sept. 2016. 🌐

- France-Amérique et AFP. « Sarkozy tente de relancer sa diplomatie sans Alliot-Marie ».

France-Amérique.com. France-Amérique Bilingual, 27 fev. 2011. Web. 15 nov. 2016. 🌍

- France Bénévolat. « Étude IFOP-France Bénévolat-Crédit Mutuel. » France Bénévolat. Communiqué de presse, juin 2013. Web. 15 sept. 2016. 🌍

- Frémont, Anne-Laure. « La VIe République en six principes. » *Le Figaro.fr*. Le Figaro, 4 mai 2013. Web. 15 sept. 2016. 🌍

- Giuliani, Jean-Dominique. « Connaître et comprendre le pacte budgétaire. » *Fondation Robert Schuman*, 1er oct. 2012. Web. 15 sept. 2016. 🌍

- Herder, Johann Gottfried von. *Une autre philosophie de l'histoire : pour contribuer à l'éducation de l'humanité, contribution à beaucoup de contributions du siècle*. Paris: Aubier, 1944. Imprimé.

- Houdré, Cédric, Nathalie Missègue et Juliette Ponceau. « Inégalités de niveau de vie et pauvreté en 2011. » *Insee Références*, 2014. Web. 15 sept. 2016. 🌍

- IFOP. « Le tableau de bord politique Paris Match / IFOP : décembre 2014 ». *IFOP*. 11 déc. 2014. Web. 15 sept. 2016. 🌍

- J.R. et AFP. « Pour Marion Maréchal-Le Pen, les musulmans ne peuvent être français que sous condition. » *Europe1.fr*. Europe 1, 1er dec. 2015. Web. 15 sept. 2016. 🌍

- Johannès, Franck. « Procès Bettencourt #19. Pourquoi Eric Woerth est relaxé ». *Libertés surveillées*. Le Monde, 29 mai 2015. Web. 15 sept. 2016. 🌍

- Kant, Immanuel. *Idée d'une histoire universelle au point de vue cosmopolitique*. Paris: Bordas, 1988.

- L.C. « Attentat dans une église près de Rouen : Pourquoi Daesh cible les lieux de culte chrétiens ? » *20 minutes*. 20 minutes, 26 juil. 2016. Web. 15 sept. 2016. 🌍

- Le Jeannic, Thomas. « Insécurité : perceptions et réalité. » *Données sociales : La société française*. Insee, mai 2006. Web. 15 sept. 2016. 🌍

- Le Monde. « Hortefeux : la polémique enfle avec la diffusion de la vidéo intégrale ». *LeMonde.fr*. Le Monde, 11 sept. 2009. Web. 15 sept. 2016. 🌍

- —. « *L'état d'urgence, un dispositif à géométrie variable* ». *LeMonde.fr*. Le Monde, 16 nov. 2015. Web. 15 sept. 2016. 🌍

- LeMonde.fr et AFP. « Forte hausse des actes et menaces racistes en France. » *LeMonde.fr*. Le Monde, 21 mars 2013. Web. 15 sept. 2016. 🌍

- LePoint.fr et AFP. « François Hollande : en attendant la croissance... ». *LePoint.fr*. Le Point, 20 août 2015. Web. 15 09 2016. 🌍

- Legé, Philippe. « Politique économique de François Hollande. De la persévérance dans l'échec ». *Contretemps*. 09 oct. 2014. Web. 15 sept. 2016. 🌍

- Le Heron, Edwin. « Question-réponse sur les emprunts de l'État». *Les économistes atterrés*, 7 avril 2012. Web. 15 sept. 2016. 🌍

- Lemmonier, Marie. « "Il faut rendre sa face humaine à l'islam". » *Bibliobs*. Le Nouvel Observateur, 14 nov. 2015. Web. 15 sept. 2016. 🌍

- *Les nouveaux chiens de garde*. Réal. Gilles Ballastre et Yannick Kergoat. Interpr. Laurence Ferrari, David Pujadas Arlette Chabot. Jem Productions, 2011. Film.

- Linternaute. « Élection présidentielle 2017 : dates, candidats, sondages, résultat ». *Linternaute*, 12 sept. 2016. Web. 15 sept. 2016. 🌍

- L'Obs. « "La Cène" : l'affiche reste interdite. » *L'Obs*. Le Nouvel Observateur, 12 avr. 2005. Web. 15 sept. 2016. 🌍

- —. « 4 millions de personnes en France pour la marche républicaine ». *L'Obs*. Le Nouvel

Observateur, 11 jan. 2015. Web. 15 sept. 2016. 🌐

—. « Pourquoi François Hollande est si impopulaire ». *L'Obs*. Le Nouvel Observateur, 18 juin 2013. Web. 15 sept. 2016. 🌐

Marcé, Carine, Morisson Camille et Clémence Brezet. « Baromètre de confiance dans les média 2016 ». *Kantar TNS*, 02 févr. 2016. Web. 15 sept. 2016. 🌐

« Morano, populaire ou vulgaire ? ». Sophia Aram. *Le billet de Sophia Aram*. France Inter. 4 jan. 2012. Radio. 🌐

Morice, Louis. « Mohamed, prof et imam dans un pays où "la francité perd du terrain". » *L'Obs*. Le Nouvel Observateur, 25 jan. 2015. Web. 15 sept. 2016. 🌐

Nabli, Béligh. « L'abstention : signe d'une fracture politique et sociale ». *Le Huffington Post*. Le Huffington Post, 23 mars 2014. Web. 15 sept. 2016. 🌐

Niel, Xavier et Liliane Lincot. « L'inscription et la participation électorales en 2012 ». *Insee Première*. 1411 (2012). Web. 15 sept. 2016. 🌐

Noiriel, Gérard. *Immigration, antisémitisme et racisme en France : (XIXe -XXe siècle) : discours publics, humiliations privées*. Paris: Fayard, 2007. Imprimé.

Observatoire des inégalités. « Discrimination à l'égard des Français d'origine africaine. » *Observatoire des inégalités*, 21 jan. 2008. Web. 15 sept. 2016. 🌐

Paris Match. « Syrie : Hollande hausse le ton… pas assez pour Sarkozy ». *ParisMatch.com*. Paris Match, 29 juil. 2012. Web. 15 sept. 2016. 🌐

Peillon, Luc. « En 2014, 74 000 emplois ont été détruits en France ». *Libération.fr*. Libération, 11 mars 2015. Web. 15 sept. 2016. 🌐

Quiñonero, Juan Pedro. « France. Les très bons comptes de l'immigration. » *Courrier International*. Courrier International, 27 avril 2012. Web. 15 sept. 2016. 🌐

Ramonet, Ignacio. « Armes d'intoxication massive : mensonges d'État ». *Le Monde diplomatique*, juil. 2003. Imprimé. 🌐

—. « Télévision nécrophile ». *Le Monde diplomatique*, mars 1990. Imprimé. 🌐

Rastello, Céline. « "Des gamins du quartier m'ont dit que mon fils était en Syrie". » *L'Obs*. Le Nouvel Observateur, 28 fév. 2015. Web. 15 sept. 2016. 🌐

Remy, Jacqueline. « L'affaire Mahomet ». *L'Express*. L'Express, 9 fev. 2006. Web. 15 sept. 2016. 🌐

Reuters. « À Bercy, Sarkozy attaque les "héritiers de Mai 68" ». *L'Express.fr*. L'Express, 30 avril 2007. Web. 15 sept. 2016. 🌐

RFI. « Les grandes lignes du programme de Nicolas Sarkozy ». *RFI*. RFI, 20 avril 2007. Web. 15 sept. 2016. 🌐

Rocard, Michel. Entretien radiophonique avec Olivier Duhamel. *Mediapolis*. Europe 1. 22 déc. 2012. Radio. 15 sept. 2016. 🌐

Rosso, Romain et Benjamin Sportouch. « La chère campagne de Sarkozy en 2007. » *L'Express.fr*. L'Express, 27 sept. 2011. Web. 15 sept. 2016. 🌐

Rouban, Luc. « Le quinquennat de Nicolas Sarkozy ou l'illusion libérale ». *Linternaute.com*, 2 mai 2011. Web. 15 sept. 2016. 🌐

Saint Clair, Frédéric. « De Sarkozy à Hollande, la dérive atlantiste de la politique étrangère française ». *LeFigaro.fr*. Le Figaro. 28 juil. 2014. Web. 15 sept. 2016. 🌐

Santi, Pascale. « "Charlie Hebdo" publie les caricatures de Mahomet ». *LeMonde.fr*. Le Monde, 03 nov. 2011. Web. 15 sept. 2016. 🌐

Saphir News. « La publicité parodiant "La Cène" est déclarée légale. » *Saphir News*. 15 sept. 2006. Web. 15 sept. 2016. 🌐

- Sénécat, Adrien. « Le discours trouble d'Étienne Chouard contre les "1% qui se gavent" ». *L'Express.fr.* L'Express, 17 nov. 2014. Web. 15 sept. 2016. 🌐

- Sydo et Lucile Romanello. « Dessine-moi l'éco : la protection sociale ». *Dessine-moi l'éco*, 2015. Web. 9 dec. 2016. 🌐

- Thompson, Allan et Kofi Annan. *The Media and the Rwanda Genocide.* London: Pluto Press, 2007. Imprimé.

- Vie publique. « Accord sur la compétitivité et la sécurisation de l'emploi : des mesures à la portée encore incertaine. » *Vie publique*, 18 fév. 2013. Web. 15 sept. 2016. 🌐

- Vignaud, Marc. « Coût du travail : la politique de François Hollande commence à payer ! » *LePoint.fr.* Le Point, 28 oct. 2015. Web. 15 sept. 2016. 🌐

- Walther, Donald et Flavie Holzinger. « Comprendre la domination de l'État islamique en sept minutes ». *LeMonde.fr.* Le Monde, 26 juin 2015. Web. 15 sept. 2016. 🌐

- Weil, Patrick. « Georges Mauco, expert en immigration : ethnoracisme et antisémitisme fielleux. » Targuieff, Pierre-André. *L'antisémitisme de plume, 1940-1944, études et documents.* Paris: Berg International Editeurs, 1999. Imprimé.

- —. *Qu'est-ce qu'un Français ? Histoire de la nationalité française depuis la Révolution.* Paris: Grasset, 2002. Imprimé.

Liens utiles à consulter

- Dessine-moi l'éco

  « Austérité ou bien relance, comment ça marche ? » 🌐

  « Comment un État peut-il faire faillite ? » 🌐

  « Peut-on concilier diversité des modèles européens et monnaie unique ? » 🌐

- Ina.fr

  « Les émeutes dans les banlieues françaises en 2005 » 🌐

  « Sarkozy et les banlieues » 🌐

- The Local.fr

  « French bashing: Why the hatred towards France? » 🌐

- YouTube

  « Débat sur le voile islamique » 🌐

  Étienne Chouard sur le plateau de l'émission *Ce soir ou jamais* 🌐

  « Le traité de Lisbonne » 🌐

  « Manifestation Lyon retraites » 🌐

  « Suprême NTM - *Laisse pas traîner ton fils* » 🌐

Médiathèque

- *French Bashing.* Réal. Jean-Baptiste Pérétié. Interpr. John Malkovich, Justin Vaïsse, Tom Shone. Canal Plus. 2015. Documentaire. 🌐

  [00:46:30 - 01:00:30]

- *Intouchable.* Réal. Réal. Éric Toledano & Olivier Nakache. Interpr. François Cluzet, Omar Sy, Anne Le Ny. TF1 films / Chaocorp / Gaumont. 2011. Film. 🌐

  [00:13:10 - 00:20:51]

- *La conquête.* Réal. Denis Podalydès, Florence Pernel, Bernard Le Coq. Mandarin Cinéma / Gaumont / Canal Plus. 2011. Film. 🌐

  [00:42:00 - 00:47:40]

  [01:09:00 - 01:16:00]

Attributions et licences des contenus iconographiques

Avertissement : l'utilisation des contenus iconographiques du *Cours de civilisation française interactif* est soumise à la législation américaine concernant le droit d'auteur. Dans l'état actuel de son développement, cet ouvrage ne peut être légalement diffusé qu'aux États-Unis.

C.C. = creative common ● D.P. = domaine public ● T.P. = travail personnel

Fig. 12.0.a : Antonio Bonamore (D.P.) ● Fig. 12.0.b : Antoine-Jean Gros (D.P.) ● Fig. 12.0.c : Horace Vernet (D.P.) ● Fig. 12.0.d : Charles Lock Eastlake (D.P.) ● Fig. 12.0.e : Jacques-Louis David (D.P.) ● Fig. 12.1 : Jean Auguste Dominique Ingres (D.P.) ● Fig. 12.2 : Jacques-Marie-Gaston Onfroy de Breville (D.P.) ● Fig. 12.3 : Édouard Detaille (D.P.) ● Fig. 12.4 : Jacques-Marie-Gaston Onfroy de Breville (D.P.) ● Fig. 12.5 : Horace Vernet (D.P.) ● Fig. 12.6 : Jean-Léon Gérôme (D.P.) ● Fig. 12.7 : François Bouchot (D.P.) ● Fig. 12.8 : Jean-Auguste-Dominique Ingres (D.P.) ● Fig. 12.9 : Louis-François Lejeune (D.P.) ● Fig. 12.10 : Jacques-Louis David (D.P.) ● Fig. 12.11 : François Gérard (D.P.) ● Fig. 12.12 : Édouard Detaille (D.P.) ● Fig. 12.13 : Francisco Goya (D.P.) ● Fig. 12.14 : Illarion Pryanishnikov (D.P.) ● Fig. 12.15 : Jean-Louis-Ernest Meissonier (D.P.) ● Fig. 12.16 : Antoine Alphonse Montfort (D.P.) ● Fig. 12.17 : George Sanders (D.P.) ● Fig. 12.18 : Johann Lorenz Rugendas (D.P.) ● Fig. 12.19 : Jacques-Marie-Gaston Onfray de Breville (D.P.) ● Fig. 13.0.a : John Jones (D.P.) ● Fig. 13.0.b : François Baron Gérard (D.P.) ● Fig. 13.0.c : François Gérard (D.P.) ● Fig. 13.0.d : Frédéric Bazille (D.P.) ● Fig. 13.0.e : Eugène Delacroix (D.P.) ● Fig. 13.1 : Louis-Philippe Crépin (D.P.) ● Fig. 13.2 : François Gérard (D.P.) ● Fig. 13.3 : François Vanleene (T.P) ● Fig. 13.4 : Henry Bone & François Gérard (D.P.) ● Fig. 13.5 : Jean-Victor Schnetz (D.P.) ● Fig. 13.6 : Horace Vernet (D.P.) ● Fig. 13.7 : Franz Xaver Winterhalter (D.P.) ● Fig. 13.8 : Honoré Daumier (D.P.) ● Fig. 13.9 : Henri Félix Emmanuel Philippoteaux (D.P.) ● Fig. 13.10 : César Bouton (D.P.) ● Fig. 13.11 : Thibault (D.P.) ● Fig. 13. 12 : Anonyme (D.P.) ● Fig. 13.13 : Gaspard-Félix Tournachon (D.P.) ● Fig. 13.14 : Anonyme (D.P.) ● Fig. 13.15 : Franz Xaver Winterhalter (D.P.) ● Fig. 13.16 : B.H.C. (D.P.) ● Fig : 13.17 : Anonyme (D.P.) ● Fig. 13.18 : Édouard Manet (D.P.) ● Fig. 13.19 : Caspar David Friedrich (D.P.) ● Fig. 13.20 : Jean Ignace Isidore Gérard Grandville (D.P.) ● Fig. 13.21 : Étienne Carjat (D.P.) ● Fig. 13.22 : Charles Léandre (D.P.) ● Fig. 13.23 : Léon Augustin Lhermitte (D.P.) ● Fig. 13.24 : Fernand Pelez (D.P.) ● Fig. 14.0.a : Jean-Louis-Ernest Meissonier (D.P.) ● Fig. 14.0.b : Frédéric Lix (D.P.) ● Fig. 14.0.c : Jules-Arsène Garnier (D.P.) ● Fig. 14.0.d : Édouard Manet (D.P.) ● Fig. 14.0.e : Étienne Neurdein (D.P.) ● Fig. 14.1 : Alphonse Liébert (D.P.) ● Fig. 14.2 : P. Loescher & Petsch (C.C.) ● Fig. 14.3 : Wilhelm Camphausen (D.P.) ● Fig. 14.4 : Alphonse-Marie-Adolphe de Neuville (D.P.) ● Fig. 14.5 : Jules Didier et Jacques Guiaud (D.P.) ● Fig. 14.6 : Castellani (D.P.) ● Fig. 14.7 : François-Marie-Louis-Alexandre Gobinet de Villecholle Franck (D.P.) ● Fig. 14.8 : Clément Maurice (D.P.) ● Fig. 14.9 : Agence France-Presse (D.P.) ● Fig. 14.10 : Claude Monet (D.P.) ● Fig. 14.11 : Albert Bettanier (D.P.) ● Fig. 14.12 : Anonyme (D.P.) ● Fig. 14.13 : Henri Meyer (D.P.) ● Fig. 14.14 : Émile Zola (D.P.) ● Fig. 14.15 : Valerian Gribayedoff (D.P.) ● Fig. 14.16 : Bain News Service (D.P.) ● Fig. 14.17 : Henri de Toulouse-Lautrec (D.P.) ● Fig. 14.18 : Henri Privat-Livemont (D.P.) ● Fig. 14.19 : Pierre-Auguste Renoir (D.P.) ● Fig. 14.20 : Pablo Picasso (D.P.) ● Fig. 15.0.a : Anonyme (D.P.) ● Fig. 15.b : John Warwick Brook (D.P.) ● Fig. 15.c : James Montgomery Flagg (D.P.) ● Fig. 15.d : Section photographique des armées (D.P.) ● Fig. 15.0.e : Captain Frank Hurley (D.P.) ● Fig. 15.1 : Léon Gimpel (D.P.) ● Fig. 15.2 : Henri Meyer (D.P.) ● Fig. 15.3 : Historicair / Augusta89 (C.C.) ● Fig. 15.4 : Le Petit Journal (D.P.) ● Fig. 15.5 : Agence Meurisse (D.P.) ● Fig. 15.6 : Max (D.P.) ● Fig. 15.7 : Photo Belge (D.P.) ● Fig. 15.8 : John Singer Sargent (D.P.) ● Fig. 15.9 : Abel Faivre (D.P.) ● Fig. 15.10 : American Press Association (D.P.) ● Fig. 15.11 : Le Pays de France (D.P.) ● Fig. 15.12 : Agence Meurisse (D.P.) ● Fig. 15.13 : Agence Meurisse (D.P.) ● Fig. 15.14 : Anonyme (D.P.) ● Fig. 15.15 : Agence Rol (D.P.) ● Fig. 15.16 : Le Petit Journal (D.P.) ● Fig. 16.0.a : Agence Rol (D.P.) ● Fig. 16.0.b : Acme Newspicture (D.P.) ● Fig. 16.0.c : Agence Meurisse (D.P.) ● Fig. 16.0.d : Charles Russel (D.P.) ● Fig. 16.0.e : Lucien Waléry (D.P.) ● Fig. 16.1 : Paul Colin (D.P.) ● Fig. 16.2 : Anonyme (D.P.) ● Fig. 16.3 : R. Moritz (D.P.) ● Fig. 16.4 : Leonard Raven-Hill (D.P.) ● Fig. 16.5 : Anonyme (D.P.) ● Fig. 16.6 : Agence Rol (D.P.) ● Fig. 16.7 : Lucien Waléry (D.P.) ● Fig. 16.8 : Max Ernst (D.P.) ● Fig. 16.9 : Pierre Legrain (D.P.) ● Fig. 16.10 : Anonyme (D.P.) ● Fig. 16.11 : Agence Meurisse (D.P.) ● Fig. 16.12 : Police Magazine (D.P.) ● Fig. 16.13 : Agence Meurisse (D.P.) ● Fig. 16.14 : Agence Meurisse (D.P.) ● Fig. 16.15 : Centre de propagande des Républicains nationaux (D.P.) ● Fig. 16.16 : Anonyme (D.P.) ● Fig. 16.17 : Anonyme (D.P.) ● Fig. 16.18 : Anonyme (D.P.) ● Fig. 16.19 : Agence Rol (D.P.) ● Fig. 16.20 : Anonyme (D.P.) ● Fig. 16.21 : NSDAP (D.P.) ● Fig. 16.22 : Agence Rol (D.P.) ● Fig. 16.23 : Agence Meurisse (D.P.) ● Fig. 16.24 : Mikhail Koltsov (D.P.) ● Fig. 16.25 : Vänrikki E. Blomberg (D.P.) ● Fig. 17.0.a : Anonyme (D.P.) ● Fig. 17.0.b : Anonyme (D.P.) ● Fig. 17.0.c : United States Army Signal Corps (D.P.) ● Fig. 17.0.d : E. G. Malindine (D.P) ● Fig. 17.0.e : Heinrich Hoffman (D.P.) ● Fig. 17.1 : Anonyme (D.P.) ● Fig. 17.2 : Le Petit Journal (D.P.) ● Fig. 17.3 : Anonyme (D.P.) ● Fig. 17.4 : Anonyme (D.P.) ● Fig. 17.5 : Julien Bryan (D.P.) ● Fig. 17.6 : Anonyme (D.P.) ● Fig. 17.7 : Charles de Gaulle (D.P.) ● Fig. 17.8 : Anonyme (D.P.) ● Fig. 17.9 : Rama et Éric Gaba (C.C.) ● Fig. 17.10 : Anonyme (D.P.) ● Fig. 17.11 : Anonyme (D.P.) ● Fig. 17.12 : Anonyme (D.P.) ● Fig. 17.13 : Jean Breton / LVF (D.P.) ● Fig. 17.14 : Len Chetwyn (D.P.) ● Fig. 17.15 : H.A. Mason (D.P.) ● Fig. 17.16 : Anonyme (D.P.) ● Fig. 17.17 : Donald, I. Grant (D.P.) ● Fig. 17.18 : Anonyme (D.P.) ● Fig. 17.19.: Anonyme (D.P.) ● Fig. 17.20 : Anonyme (D.P.) ● Fig. 17.21 : Jack Downey (D.P.) ● Fig. 17.22 : Anonyme (D.P.) ● Fig. 17.23 : Lt. Moore (D.P.) ● Fig. 18.0.a : Anonyme (D.P.) ● Fig. 18.0.b : US army center of military history (D.P.) ● Fig. 18.0.c : Anonyme (D.P.) ● Fig. 18.0.d : Charley Kieffer (C.C.) ● Fig. 18.0.e : Anonym (D.P.) ● Fig. 18.1 : Department of Navy (D.P.) ● Fig. 18.2 : Anonyme (D.P.) ● Fig. 18.3 : Anonyme (D.P.) ● Fig. 18.4 : German Federal Archives (D.P.) ● Fig 18.5 : Anonyme (D.P.) ● Fig. 18.6 : Anonyme (D.P.) ● Fig. 18.7 : Anonyme (D.P.) ● Fig. 18.8 : Jlogan (D.P.) ● Fig. 18.9 : Charles01 (D.P.) ● Fig. 18.10 : Anonyme (D.P.) ● fig. 18.11 : Liu Dong'ao (D.P.) ● fig. 18.12 : Anonyme (D.P.) ● Fig. 18.13 : Agence Meurisse (D.P.) ● Fig. 18.14 : AP-Photo (D.P.) ● Fig. 18.15 : Detroit Publishing Co. (D.P.) ● Fig. 18.16 : Anonyme (D.P.) ● Fig. 18.17 : Ministère Algérien des Moudjahidine (D.P.) ● Fig. 18.18 : Anonyme (D.P.) ● Fig. 18.19 : Ministère Algérien des Moudjahidine (D.P.) ● Fig. 18.20 : Anonyme (D.P.) ● Fig. 18.21: Agence Meurisse (D.P.) ● Fig. 18.22 : Pline (C.C.) ● Fig. 18.23 : Abbie Rowe (D.P.) ● Fig. 18.24 : Rob Mieremet (C.C.) ● Fig. 18.25 : Edvard Munch (D.P.) ● Fig. 18.26 : F. Jullien (D.P.) ● Fig. 18.27 : Michael (C.C.) ● Fig. 19.0.a : Jean Poussin (C.C.) ● Fig. 19.0.b : Charles Perussaux (D.P.) ● Fig. 19.0.c : Arpingstone (D.P.) ● Fig. 19.0.d : Jac. de Nijs (C.C.) ● Fig. 19.0.e : François Vanleene (T.P) ● Fig. 19.1 : Diliff (C.C.) ● Fig. 19.2 : Anonyme (D.P.) ● Fig. 19.3 : Christophe Marcheux (C.C.) ● Fig. 19.4 : Musée national de la Révolution algérienne (D.P.) ● Fig. 19.5 : Jean Poussin (C.C.) ● Fig. 19.6 : Ludwig Wegmann (C.C.) ● Fig. 19.7 : L'Enragé (D.P.) ● Fig. 19.8 : Action (D.P.) ● Fig. 19.9 : Jac. De Nijs (C.C.) ● Fig 19.10 : Atelier populaire de l'ex-École des beaux-arts (D.P.) ● Fig. 19.11 : Rob C. Croes (C.C.) ● Fig. 19.12 : Ignis (C.C.) ● Fig. 19.13 : Oliver F. Atkins (D.P.) ● Fig. 19.14 : National Archives and Records Administration (D.P.) ● Fig. 19.15 : James Cavalier (D.P.) ● Fig. 19.16 : Jacques Paillette (C.C.) ● Fig. 19.17 : Frédéric Tournade (C.C.) ● Fig. 19.18 : Alfcatraz (C.C.) ● Fig. 19.19: Jlogan (D.P.) ● Fig. 19.20 : Gyrostat (C.C.) ● Fig. 19.21 : Éric Pouhier (C.C.) ● Fig. 19. 22 : Davis Art (D.P.) ● Fig. 19.23 : Justinc (C.C.) ● Fig. 19.24 : A.J. (C.C.) ● Fig. 19.25 : Christophe Finot (C.C.) ● Fig. 19.26 : Anonyme

CPSIA information can be obtained at www.ICGtesting.com
Printed in the USA
BVIW12n1643210818
524769BV00004B/1